国家马铃薯产业技术体系项目(CARS-9)资助

中国马铃薯产业竞争力与发展战略研究

高明杰　罗其友　刘　洋　等著

气象出版社
China Meteorological Press

内 容 简 介

马铃薯以其粮菜兼用、营养全面、适应性广的特点成为全球重要的粮食作物。本书基于国家马铃薯产业技术体系项目“马铃薯产业经济研究”，是由 2018—2020 年阶段的成果梳理拓展而成的，其主要内容包括马铃薯生产效率与竞争力、马铃薯价格与市场、马铃薯产业态势与转型升级、马铃薯区域格局与地区发展和马铃薯技术经济评价等几个方面，目的是提升指导我国马铃薯产业发展的决策准确性。本书可供研究马铃薯的相关科研和业务人员参考合作。

图书在版编目（CIP）数据

中国马铃薯产业竞争力与发展战略研究 / 高明杰等著. -- 北京 : 气象出版社, 2023.11
ISBN 978-7-5029-8086-3

Ⅰ. ①中… Ⅱ. ①高… Ⅲ. ①马铃薯－产业竞争－研究－中国②马铃薯－产业发展－研究－中国 Ⅳ. ①F326.11

中国国家版本馆CIP数据核字(2023)第211292号

中国马铃薯产业竞争力与发展战略研究

Zhongguo Malingshu Chanye Jingzhengli yu Fazhan Zhanlue Yanjiu

出版发行:气象出版社
地　　址:北京市海淀区中关村南大街 46 号　　**邮政编码**:100081
电　　话:010-68407112(总编室)　010-68408042(发行部)
网　　址:http://www.qxcbs.com　　**E-mail**: qxcbs@cma.gov.cn
责任编辑:张　媛　　**终　　审**:张　斌
责任校对:张硕杰　　**责任技编**:赵相宁
封面设计:艺点设计
印　　刷:北京建宏印刷有限公司
开　　本:787 mm×1092 mm　1/16　　**印　　张**:13
字　　数:324 千字
版　　次:2023 年 11 月第 1 版　　**印　　次**:2023 年 11 月第 1 次印刷
定　　价:85.00 元

《中国马铃薯产业竞争力与发展战略研究》编委会

前　　言

马铃薯以粮菜兼用、营养全面、适应性广等优良特性成为人类近现代历史中最有价值的食物来源之一。恩格斯在《家庭、私有财产和国家的起源》一文的“野蛮和文明”部分，将马铃薯的出现和人类使用铁器的重要性相提并论，认为两者在促进了人类社会发展的进程中都起到过革命性作用。正如马铃薯与欧洲 19 世纪的人口增长密切相关，其在中国近几个世纪的社会发展历史进程中，也扮演了不可忽视的角色，是我国近代历史上百姓赖以度荒救灾的重要粮食作物，拯救了千百万平民。

苏联解体后，我国马铃薯生产规模跃居世界第一，且这种生产规模优势不断加强，进入新世纪，虽然我国马铃薯播种面积不再明显增加，但总产量却有明显增长。虽然近 20 年我国马铃薯极其制品贸易总额持续增加，排名位次也有明显提升，但占全世界总额的比重仍然很低，不足 3%。而且，在中国马铃薯及其制品出口结构中占据绝对主导地位的是鲜或冷藏的非种用马铃薯和速冻马铃薯块、马铃薯丁等冷冻马铃薯产品，均为马铃薯初级产品，加工程度和附加值都比较低，而进口产品以附加值很高的冷冻薯条等非醋方法制作或保藏的冷冻马铃薯为主，充分反映出我国马铃薯产业及其制品国际竞争力不足的现状。

2008 年，国家马铃薯现代产业技术体系建立后，马铃薯单产持续稳定提升，品种结构不断优化，生产效率不断提升。在我国整个国民经济“立足新发展阶段，贯彻新发展理念，构建新发展格局，推动高质量发展”的大背景下，通过提高竞争力促进产业转型升级也是马铃薯产业必须选择的发展战略。本书汇集了国家马铃薯产业技术体系经济研究室近几年的科研成果，从马铃薯生产效率、产业国际比较、市场态势、区域格局演变等角度，阐述提升我国马铃薯产业竞争力的发展战略，对于马铃薯产业从业者、科研工作人员、行政管理人员系统了解我国马铃薯产业内在竞争力与国际市场竞争力具有一定的参考价值。在此感谢团队成员的辛劳付出，感谢国家马铃薯产业技术体系金黎平首席的悉心指导，感谢各位岗位专家和综合试验站站长在产业经济调研及相关资料获取中所给予的大力支持！

本书即将付梓之际，在此向各位马铃薯产业工作者和关心中国马铃薯产业发展的同仁致以崇高的敬意！

作者
2023 年 6 月

目 录

马铃薯技术经济评价

马铃薯生产效率与竞争力

中国马铃薯生产效率时空特征分析*

鲁洪威，李婷婷，罗其友，高明杰

（中国农业科学院农业资源与农业区划研究所，北京 100081）

一、引言

马铃薯以其粮菜兼用、营养全面、适应性广的特点成为全球重要的粮食作物[1]。据联合国粮食及农业组织（FAO）数据显示，1995 年以来我国马铃薯面积和产量一直位居世界第一[2]，2018 年我国马铃薯种植面积为 475.8 万 hm^2，产量 1798.37 万 t（折粮），马铃薯在我国及世界粮食生产中占有重要地位。单产高低是衡量农业生产效率的直接指标，2018 年我国马铃薯单产为 18.91 t/hm^2，远低于发达国家如美国（49.8 t/hm^2）、英国（35.9 t/hm^2）和德国（35.4 t/hm^2）的单产水平，我国马铃薯生产效率与发达国家相比仍有不小差距[3]。有研究表明，我国马铃薯主产区和中西部低收入地区空间分布高度契合，低收入区马铃薯种植面积和产量占到了全国马铃薯面积和产量的一半左右。在决胜全面建成小康社会的时代背景下，马铃薯在保障我国粮食安全，推动中西部地区产业扶贫中具有重要地位[4]。

生产效率的研究一直是农业经济领域的热点问题，测算生产效率的方法主要包括参数法和非参数法两种[5]，其中非参数法数据包络分析（DEA）模型以其无须进行参数估计等优势在农业生产效率研究中得到了广泛运用[6]。生产效率高低体现了产业的现代化水平，投入要素使用效率影响着生产效率[7,8]，技术进步为创新要素使用方式提供了条件也同样影响生产效率[9]，李勤志等[10]和张萌等[11]研究发现技术进步缓慢是我国马铃薯生产效率下降的主要原因。全要素生产率可以用来衡量除有形要素以外的纯技术进步所形成的生产效率，可以体现某一产业的技术水平。罗屹等[12]发现技术进步是影响马铃薯全要素生产率的最直接原因，而刘洋等[13]发现技术进步水平低下是我国马铃薯全要素生产率呈下降趋势的主要原因。综合技术效率可以衡量某一产业综合生产效率，其构成主要包括技术使用效率和要素投入规模效率[14]。唐江云等[15]认为规模报酬较低是四川省马铃薯生产投入要素冗余较多的主要制约因素。还有一些学者尝试将 DEA 和探索性空间数据分析（ESDA）方法结合在测算效率的同时研究其空间特征。张丽娜等[16]、李辉尚等[17]和张凡凡等[18]通过运用 DEA—ESDA 模型分别对我国玉米、小麦和粮食生产效率进行了时空研究，在测算出不同作物生产效率值的同时，从空间层面研究了集聚特征，对因地制宜制定区域生产效率提升策略提供了依据。

我国幅员辽阔，不同地区自然社会经济条件不同，马铃薯生产也呈现不同特点[19]，在此背景下研究我国马铃薯生产效率特征唯有加入空间维度才能使研究更具现实意义。通过 DEA

* 本文发表于《农业现代化研究》，2020，41(5)：833-842.

模型测算我国马铃薯生产效率可以了解当下我国马铃薯生产现代化水平，准确把握我国马铃薯生产效率提升制约因素，而引入 ESDA 模型对我国不同省份马铃薯生产效率空间集聚特征进行研究，可以进一步了解我国马铃薯生产效率空间分布特点和集聚态势，依此制定不同省份马铃薯生产效率提升方案，可大大提升决策针对性和有效性。因此，本文运用 DEA 模型和 ESDA 相结合的方法，在测度我国马铃薯生产效率的基础上，借助 ESDA 方法研究生产效率的空间相关性和时空演变特征，以期深入了解我国马铃薯生产效率变化的时空规律，提升指导我国马铃薯产业生产效率改善的决策准确性。

二、研究方法与数据来源

(一)DEA—Malmquist 模型

1984 年 Charnes 和 Cooper 提出了非参数的效率测量方法——DEA 模型[20]，该方法不需要构建生产函数，不受数据量纲的影响。基本原理是在决策单元(DMU)的输入或输出不变的情况下，运用数学规划模型确定生产前沿面，通过对 DMU 偏离前沿面的程度测度 DMU 相对效率。由于 DEA 模型在投入产出效率研究中的较强解释力在农业生产中得到了广泛的应用，有别于参数法对模型构建的严格要求，DEA 模型不需要事先构建生产函数，在农业生产效率这一多投入多产出的应用场景下可以更为灵活调整投入产出要素指标[21]。1990 年 Fare 等[22]将 Malmquist 指数与 DEA 模型相结合，构建了 Malmquist 生产率指数，可用来测算全要素生产率变化(TFP)。本文采用假定规模报酬可变的产出导向型 DEA—VRS 模型，如下：

$$\text{s.t}\begin{cases}\min\theta \\ \sum_{j}^{n}\lambda_j X_j + S^- = \theta X_0 \\ \sum_{j}^{n}\lambda_j Y_j - S^+ = Y_0 \\ \sum_{j}^{n}\lambda_j = 1 \\ S^+ \geqslant 0, S^- \geqslant 0, \lambda_j \geqslant 0, j = 1,2,\cdots,n\end{cases} \tag{1}$$

式中：θ 是全国或某一省份马铃薯生产的效率值，且 $0\leqslant\theta\leqslant1$，若 $\theta=1$，则位于效率前沿面上，DEA 有效；若 $\theta<1$，则位于效率前沿面外，DEA 无效；s.t 为在方程组的约束下求 $\min\theta$ 的最小值；X_0 和 Y_0 分别为马铃薯效率目标投入量和产出量，X_j 和 Y_j 分别为第 j 个决策单元的马铃薯投入量和产出量；λ_j 为第 j 个决策单元的权值；S^- 和 S^+ 为松弛量，是达到效率目标所需要的马铃薯投入或产出的调整量。

Malmquist 生产效率指数模型如下：

$$\begin{cases}M_i(x_s,y_s;x_t,y_t) = \left(\dfrac{D_i^s(x_t,y_t)}{D_i^s(x_s,y_s)}\dfrac{D_i^t(x_t,y_t)}{D_i^t(x_s,y_s)}\right)^{1/2} = \dfrac{D_i^t(x_t,y_t)}{D_i^t(x_s,y_s)}\left(\dfrac{D_i^s(x_t,y_t)}{D_i^t(x_t,y_t)}\dfrac{D_i^s(x_t,y_t)}{D_i^t(x_s,y_s)}\right)^{1/2} \\ E_{ch} = \dfrac{(x_t,y_t)}{D_i^t(x_s,y_s)} \\ T_{ch} = \left(\dfrac{D_i^s(x_t,y_t)}{D_i^t(x_t,y_t)}\dfrac{D_i^s(x_t,y_t)}{D_i^t(x_s,y_s)}\right)^{1/2}\end{cases} \tag{2}$$

式中：$M_i(x_s, y_s; x_t, y_t)$为 i 时期马铃薯全要素生产率变化，(x_s, y_s)和(x_t, y_t)分别为 s 和 t 时期的马铃薯投入量和产出量；D_i^s和 D_i^t分别为以 s 和 t 时期为参照的距离函数；E_{ch}和 T_{ch}分别为 t 时期相对 s 时期马铃薯技术效率和技术进步效率的变化；若 M_i指数大于 1，则表示 TFP 处于增加状态；若 T_{ch}或 E_{ch}其中一个大于 1 则其为 TFP 增长主因，反之，为 TFP 下降主因；马铃薯规模效率指数和纯技术效率指数的高低反映其对马铃薯技术效率指数的影响程度。

（二）探索性空间数据分析（ESDA）

ESDA 方法可以揭示不同地理空间某现象或属性与相邻地理空间的相关程度，研究地理空间关联机制，揭示不同地理单元的空间集聚和异质特征，共有全局空间自相关分析和局部空间自相关分析两大类[23]。

马铃薯生产效率全局空间自相关可研究全国不同省份生产效率的关联度和异质性。计算公式如下：

$$\text{Moran's I} = \frac{\sum_{i=1}^{n}\sum_{j=1}^{n} W_{ij}(Z_i - \overline{Z})(Z_j - \overline{Z})}{S^2 \sum_{i=1}^{n}\sum_{j=1}^{n} W_{ij}} \tag{3}$$

式中：n 为马铃薯研究省份个数；Z_i和 Z_j表示 i 和 j 省份属性值；W_{ij}表示空间权重矩阵，若相邻为 1，若不相邻为 0；S^2 为观测值方差，$\overline{Z}$为属性值平均；若 Moran′s Ⅰ>0，马铃薯研究省份存在生产效率空间集聚；若 Moran′s Ⅰ<0，则存在空间差异。

但全局自相关 Moran′s Ⅰ指数仅能得出不同马铃薯研究省份差异程度的平均，无法研究局部空间内的异质性[24]。局部空间自相关可研究不同马铃薯研究省份之间技术效率的相似性，得出局部空间存在的马铃薯生产效率异质性，可弥补全局空间自相关的缺陷。其计算公式为

$$\text{Moran's I} = \frac{\sum_{j=1}^{n} W_{ij}(Z_i - \overline{Z})(Z_j - \overline{Z})}{S^2} \tag{4}$$

式中：符号含义与前式同，若 Moran′s Ⅰ>0 并显著，研究区域为马铃薯生产效率高值集聚；若 Moran′s Ⅰ<0 并显著，则存在马铃薯生产效率低值集聚。通过显著性检验的马铃薯生产效率 LISA 集聚图可更为直观地得出存在显著空间相关性（空间集聚效应）的区域。

（三）评价指标构建

参考已有文献对农业生产效率研究构建的指标体系[25]，根据指标的代表性和可获得性，从马铃薯投入和产出两方面构建中国马铃薯生产效率研究指标体系（表 1）。农业投入主要由物质要素、劳动力和土地三方面组成，选取种子、肥料和农药费用代表马铃薯投入的物质要素，选取作业费和用工数量代表马铃薯投入的劳动力要素，选取土地成本代表土地投入要素，可基本涵盖农业投入的三个方面，以此来衡量我国马铃薯生产的投入产出效率。

表 1　中国马铃薯生产效率投入产出指标

指标类型	指标构成	指标性质	指标说明
投入指标	单位面积种子费(X_1)	种子投入(元/hm^2)	每公顷种薯投入费用
	单位面积肥料费(X_2)	肥料投入(元/hm^2)	每公顷化肥费和农家肥费
	单位面积农药费(X_3)	农药投入(元/hm^2)	每公顷农药费用
	单位面积作业费(X_4)	作业投入(元/hm^2)	每公顷租赁作业、机械作业、排灌和畜力费用
	单位面积土地成本(X_5)	土地投入(元/hm^2)	每公顷流转地租金和自营地租金
	单位面积用工数量(X_6)	劳动力投入(人·d/hm^2)	每公顷家庭内部劳动力和雇佣劳动力投入量
产出指标	单位面积产品产量(Y 折粮)	实物产出量(kg/hm^2)	每公顷马铃薯产量

(四)数据来源与研究区域

考虑数据的可得性与一致性，采用国家发展改革委编著的历年《全国农产品成本收益资料汇编》中 2011—2018 年 16 个马铃薯主产省投入产出面板数据，研究时段内 16 个马铃薯主产省面积之和均占到全国面积的 80%以上，具有较好的代表性。2011 年以来我国马铃薯生产效率增长较快，单产由 3255 kg/hm^2 增加到 2018 年的 3779 kg/hm^2，总增幅达 16%，研究此段时期马铃薯生产效率有一定现实意义。为剔除通货膨胀因素，投入要素价格均采用 2019 年《中国农村统计年鉴》中以 2011 年为基期的农业生产资料价格指数进行了平减。为分析我国马铃薯生产效率区域特征，根据《中国马铃薯优势区域布局规划(2008—2015 年)》对各主产省进行分区，其中华北优势区包括河北省、山西省、内蒙古自治区、山东省；东北优势区包括辽宁省、黑龙江省；西北优势区包括陕西省、甘肃省、青海省、宁夏回族自治区、新疆维吾尔自治区；西南优势区包括湖北省、重庆市、四川省、贵州省、云南省。

三、结果与分析

(一)中国马铃薯生产效率时序特征分析

借助 Deap2.1 软件工具，通过对 2011—2018 年我国 16 个省(区、市)马铃薯投入产出数据进行生产效率测算，得到了我国马铃薯生产效率的总体时间序列变化情况。由表 2 可知，从 2011—2018 年，我国马铃薯综合技术效率、纯技术效率和规模效率平均值分别为 0.936、0.973 和 0.962，均未超过 DEA 有效的临界值 1。其中规模效率均值比纯技术效率均值略低，说明综合技术效率非有效的主要原因是规模效率较低，也就是我国马铃薯生产投入要素的规模效益较低，当前我国马铃薯生产还处于规模报酬递减时期。由表 2 可知，从 2011—2018 年我国马铃薯生产综合技术效率波动性较强，从 2011—2013 年综合技术效率从 0.898 迅速增加到 0.961，此后逐年下滑，直到 2016 年的波谷值 0.921，并在 2017 年极速反弹到峰值 0.973，2018 年又下降到 0.925，说明全国马铃薯生产效率的稳定性较差，在技术应用和投入要素结构合理化方面还有许多有待改进的地方。

表2 2011—2018年我国马铃薯各生产效率指标

年份	综合技术效率(TE)	纯技术效率(PTE)	规模效率(SE)	综合技术效率变化指数(E_{ch})	技术进步变化指数(T_{ch})	纯技术效率变化指数(Pech)	规模效率变化指数(SEch)	全要素生产率变化指数(TFPch)
2011	0.898	0.965	0.931					
2012	0.911	0.95	0.959	1.012	0.924	0.979	1.034	0.936
2013	0.961	0.977	0.984	1.062	0.949	1.033	1.028	1.008
2014	0.956	0.959	0.997	0.992	1.006	0.979	1.013	0.998
2015	0.944	0.994	0.950	0.987	0.958	1.043	0.946	0.945
2016	0.921	0.967	0.952	0.973	1.005	0.969	1.004	0.977
2017	0.973	0.994	0.979	1.064	0.97	1.032	1.031	1.032
2018	0.925	0.979	0.945	0.945	1.083	0.984	0.961	1.024
平均	0.936	0.973	0.962	1.005	0.985	1.003	1.002	0.989

通过运用Malmquist指数对我国马铃薯全要素生产率变化进行测算，发现2011—2018年我国马铃薯全要素生产率变化指数均值为0.989，全要素生产率进步为−1.1%，表明我国马铃薯全要素生产率呈负增长。由全要素生产率变化指数分解得到的纯技术效率变化指数、规模效率变化指数和技术进步变化指数均值分别为1.003、1.002和0.985，我国马铃薯纯技术效率和规模效率呈正增长，而技术进步呈负增长。由此可知，由现有技术应用效率和投入要素规模效率推动的全要素生产率提升被马铃薯生产技术进步的滞后所消减，我国马铃薯生产存在着适用高效技术推广应用缓慢、科研转化率低的问题，技术进步成为制约我国马铃薯全要素生产率提升的最大瓶颈。在2017年以前，除2013年外我国马铃薯全要素生产率基本都处于负增长状态，近两年我国马铃薯全要素生产率出现了超过2%的明显正增长，主要是近两年综合技术效率和技术进步都出现了较为明显的改善(变化指数大于1)，说明我国马铃薯生产在投入要素规模效益、技术应用效率提升和技术进步上已经出现了一定的积极变化。2011—2018年有4个年份，技术进步变化指数小于综合技术效率变化指数，有5个年份规模效率变化指数大于1，说明在规模效益逐步增加的情况下，技术进步和技术使用效率成为我国马铃薯全要素生产率提升的最大制约因素。

(二)中国马铃薯生产效率空间特征分析

1. 综合技术效率及分解

为了研究我国马铃薯生产效率空间分布特征，进一步测算了我国马铃薯16个主产省份的生产效率(表3)，结果显示，有10个省份的马铃薯生产综合技术效率平均值小于1，说明有超过50%的省份马铃薯生产效率处于DEA非有效的状态，存在着投入要素结构不合理的问题，我国马铃薯整体资源利用效率较低。其中陕西省和甘肃省马铃薯生产综合技术效率值分别为0.646和0.697，远低于其他各省，说明该两省马铃薯投入产出效率较低的问题更为突出。根据不同省份测算了我国马铃薯不同优势产区综合技术效率值，其中西南优势区数值最大，为0.939，其他三个产区效率值相差不大，华北优势区、东北优势区和西北优势区效率值分别为0.891、0.881和0.869，由此可知西南马铃薯优势种植区投入产出效率最高，这也与近些年不同产区马铃薯生产实际情况相符合。

通过对各省综合技术效率分解后得到的纯技术效率和规模效率平均值进行分析，发现在全部16个研究省份中有12个省份在纯技术效率上处于DEA有效水平，有6个省份在规模效率上处于DEA有效。纯技术效率有效比例明显大于规模效率有效比例，说明我国马铃薯生产技术应用效率明显好于规模效益，在近80%比例的省份纯技术效率明显改善的前提下，仍有超过50%的省份在综合技术效率上处于非DEA有效，主要原因可以归结为种植投入要素的规模报酬较低。由表3可知，华北优势区和西北优势区纯技术效率均值较高，东北优势区和西南优势区规模效率均值较高，说明华北和西北优势区技术利用效率较高，而东北和西南优势区在投入要素规模报酬上更有优势，进一步可知华北、西北优势区着重优化投入要素结构，提升马铃薯生产规模效益，东北、西南优势区大力推广适用高效生产技术是推动各自产区马铃薯生产综合技术效率提升的主攻方向。

表3　2011—2018年我国马铃薯主产省(区、市)生产效率平均值

区域		综合技术效率(TE)	纯技术效率(PTE)	规模效率(SE)	综合技术效率变化指数(E_{ch})	技术进步变化指数(T_{ch})	纯技术效率变化指数(Pech)	规模效率变化指数(SEch)	全要素生产率变化指数(TFPch)
华北优势区	河北	0.909	1.000	0.909	0.988	1.008	0.981	1.007	0.996
	山西	0.915	1.000	0.915	0.951	0.943	1.000	0.951	0.897
	内蒙古	1.000	1.000	1.000	1.000	1.018	1.000	1.000	1.018
	山东	0.741	1.000	0.741	1.044	0.961	1.000	1.044	1.003
	平均	0.891	1.000	0.891	0.996	0.983	0.995	1.001	0.979
东北优势区	辽宁	0.761	0.793	0.960	1.040	1.016	1.034	1.006	1.057
	黑龙江	1.000	1.000	1.000	1.000	0.981	1.000	1.000	0.981
	平均	0.881	0.897	0.980	1.020	0.999	1.017	1.003	1.019
西南优势区	湖北	0.932	0.935	0.997	1.010	1.020	1.010	1.000	1.030
	重庆	1.000	1.000	1.000	0.979	0.885	0.979	1.000	0.867
	四川	0.872	1.000	0.872	1.020	1.022	1.000	1.020	1.042
	贵州	0.959	1.000	0.959	1.006	0.992	1.000	1.006	0.998
	云南	0.932	0.966	0.964	1.010	1.014	1.005	1.005	1.024
	平均	0.939	0.980	0.958	1.005	0.987	0.999	1.006	0.992
西北优势区	陕西	0.646	1.000	0.646	1.009	0.977	1.000	1.009	0.987
	甘肃	0.697	0.749	0.930	1.015	0.984	1.030	0.986	0.999
	青海	1.000	1.000	1.000	1.000	0.978	1.000	1.000	0.978
	宁夏	1.000	1.000	1.000	1.000	0.968	1.000	1.000	0.968
	新疆	1.000	1.000	1.000	1.000	0.984	1.000	1.000	0.984
	平均	0.869	0.950	0.915	1.005	0.978	1.006	0.999	0.983

2. 全要素生产率及分解

由表3可知，在全部16个省份中，只有5个省份全要素生产率变化指数大于1，内蒙古、山东、辽宁、湖北和四川马铃薯全要素生产率处于正增长，其余省份皆为负增长。进一步研究可知，有11个省份技术进步变化指数小于综合技术效率变化指数，技术进步成为制约我国各马铃薯主产省份全要素生产率提升的最大瓶颈。全要素生产率变化指数低于0.9的有山西和重庆，此两地马铃薯全要素生产率年均降低超过10%，主要原因是技术进步的缓慢，技术进步率均值分别为−5.7%和−11.5%，不同省份马铃薯生产科技进步水平成为决定各省份全要素生产率提升的关键因素。四大马铃薯优势区中仅东北优势区全要素生产率变化指数大于1，为1.019，说明东北优势区马铃薯生产全要素生产率年均增长1.9%，而其余产区马铃薯全要素生产率均处于下降状态。

通过对综合技术效率变化指数进一步进行分解，发现仅有河北省和重庆市的马铃薯生产纯技术效率呈负增长（Pech<1），说明大多数省份的马铃薯种植技术应用效率都在不断改善，并且仅有山西省和甘肃省马铃薯生产规模效率呈负增长（SEch<1），我国各省份马铃薯种植投入规模效益持续优化，正处于规模报酬递增时期。四大优势区规模效率变化指数除西北优势区略低于1（为0.999），其余产区规模效率均为正增长，并且有11个省份规模效率变化指数不小于纯技术效率变化指数，说明规模效率进步成为综合技术效率提升的主要推动因素。

3. 生产效率空间分异

为了探究我国马铃薯生产效率的空间分布差异，根据Jenks自然断裂点分级法，对2011年、2015年和2018年各省（区、市）马铃薯生产综合效率、纯技术效率和规模效率分级（表4）。按综合技术效率高低分为以下三类区域。

表4 我国各省马铃薯生产效率分级

效率类型	效率水平	2011年	2015年	2018年
综合技术效率	相对低效率	甘肃、陕西、山东、辽宁	陕西、山西	陕西、山西
	相对中等效率	山西、河北、四川、湖北、云南、贵州	甘肃、重庆	甘肃、重庆、河北
	相对高效率	新疆、青海、内蒙古、黑龙江、宁夏、重庆	新疆、青海、内蒙古、黑龙江、宁夏、山东、辽宁、河北、四川、湖北、云南、贵州	新疆、青海、内蒙古、黑龙江、宁夏、山东、辽宁、四川、湖北、云南、贵州
纯技术效率	相对低效率	甘肃、辽宁	重庆	重庆、河北
	相对中等效率	湖北、云南	甘肃	甘肃
	相对高效率	陕西、山东、山西、河北、四川、贵州、新疆、青海、内蒙古、黑龙江、宁夏、重庆	辽宁、湖北、云南、陕西、山东、山西、河北、四川、贵州、新疆、青海、内蒙古、黑龙江、宁夏	辽宁、湖北、云南、陕西、山东、山西、四川、贵州、新疆、青海、内蒙古、黑龙江、宁夏
规模效率	相对低效率	甘肃、陕西、山东、山西、河北、四川	陕西、山西、重庆	甘肃、陕西、山西
	相对中等效率	辽宁、云南、贵州	甘肃	河北
	相对高效率	湖北、新疆、青海、内蒙古、黑龙江、宁夏、重庆	山东、河北、四川、辽宁、云南、贵州、湖北、新疆、青海、内蒙古、黑龙江、宁夏	山东、四川、辽宁、云南、贵州、湖北、新疆、青海、内蒙古、黑龙江、宁夏、重庆

(1)相对低效率区。2011 年共有甘肃、陕西、山东和辽宁 4 省综合技术效率最低，占研究区总数的 25.0%。2015 年有陕西、山西两省综合技术效率最低，占研究区总数的 12.5%。2018 年综合技术效率最低的省份与 2015 年相同。甘肃省近年来马铃薯产业快速发展，其定西市已经成为全国著名的"薯都"，而山东省由于耕地、技术条件优良，马铃薯生产效率也得到了很大提升，两省跳出相对低效率区是必然的。

(2)相对中等效率区。2011 年山西、河北、四川、湖北、云南、贵州 6 省综合技术效率处于中等水平，占总数的 37.5%。2015 年仅有甘肃省和重庆市处于中等综合技术效率水平。2018 年处于中等综合技术效率的省份除 2015 年两省(市)外，又新增河北省。这些省份都是马铃薯传统产区，马铃薯产业在当地农业产业中有着特殊地位，为其马铃薯生产技术效率提高提供了较为良好的发展条件。

(3)相对高效率区。2011 年共有新疆、青海、内蒙古、黑龙江、宁夏、重庆 6 省(区、市)处于高综合技术效率水平，占研究区总数的 37.5%。2015 年除以上省份之外又增加了辽宁、河北、山东、湖北等 6 个高综合技术效率省份，相对高效率省份占比达到 75.0%。2018 年高综合技术效率省份有 11 个，相较于 2015 年减少了河北省。相对高效率省份的增加体现了我国马铃薯生产总体水平的提升，以上省份均为我国马铃薯生产传统优势区，其生产的技术优势以及良好的生产者科技素养是生产效率提升的主因。

总体而言，2011—2018 年，我国各马铃薯主产省份综合技术效率水平不断提高，相对低效率省份大幅减少，相对高效率省份持续增加。由表 4 可知，我国马铃薯综合技术效率的提升主要来自于投入要素规模效率的持续改善，规模效率较低的省份由 2011 年的 6 个减少到 2018 年的 3 个，各省份马铃薯种植投入要素规模报酬的提升使生产的规模经济逐渐凸显。而纯技术效率改善的省份数量较少，在各地技术应用效率已经处于较高水平的情况下，技术使用效率的改善对综合技术效率的推动力非常有限，规模效率对综合技术效率的制约更为显著。在大多数省份综合技术效率改善的情况下，河北省综合技术效率从 2015 年到 2018 年却出现了下降，主要原因是纯技术效率和规模效率都出现了小幅降低，保持综合技术效率的持续高水平必须同时做好高效适用技术推广工作和引导种植户优化投入要素结构。

研究发现，综合技术效率高的省份纯技术效率水平一定较高，而纯技术效率水平高的省份综合技术效率水平不一定高，此时的主要制约因素是规模效率的低下。由此可见，纯技术效率高是综合技术效率高的必要非充分条件，当下各省份在提升种植户技术使用效率的同时必须推动当地马铃薯种植投入结构的优化，才能真正推动当地综合技术效率水平的改善。通过对 16 个马铃薯主产省技术效率的研究发现，共有以下三种情况：①纯技术效率和规模效率均较高：包括内蒙古、黑龙江、山东、四川、云南等 11 个省份，这些省份在先进种植技术推广应用和马铃薯投入要素规模报酬两方面均处于较高水平。②纯技术效率较高而规模效率较低：陕西、山西、甘肃三省，该省份马铃薯先进技术应用水平较高但投入要素规模不经济问题较为突出。③规模效率较高而纯技术效率较低：重庆、河北两省份，该省份投入要素规模效益良好但先进技术应用水平较低。

(三)中国马铃薯生产效率时空演变分析

1. 全局空间自相关分析

为研究我国马铃薯主产区综合技术效率的空间集聚特征，运用 GeoDa 软件通过重复随机排列法构建标准正态统计量，计算马铃薯生产技术效率全局 Moran′s Ⅰ指数及其 Z 统计量，采用空间邻近矩阵 Rook 准则设定空间权重矩阵[26]，结果见表 5。从表 5 可知，从 2011—2018 年，我国马铃薯生产综合技术效率的全局自相关 Moran′s Ⅰ指数处于[0.230,0.280]，且 P 值均远小于 0.05，Z 统计量通过了显著性检验，说明近 8 年研究区域马铃薯生产综合技术效率具有显著的空间正相关性，我国马铃薯生产效率空间集聚特征明显（高—高、低—低效率相邻）。由表 5 可知，2011—2018 年，我国马铃薯生产效率空间集聚程度有略微起伏，2013 年达到峰值 0.280，此后空间集聚程度有下降趋势，除 2017 年有所提升外，近几年 Moran′s Ⅰ指数均小于前三年，其中 2016 年生产效率空间集聚程度最弱，为 0.230，说明近些年我国马铃薯生产效率空间差异性增强。

表 5　2011—2018 年我国马铃薯主产省（区、市）综合技术效率全局 Moran′s Ⅰ指数及其检验值

年份	Moran′s Ⅰ指数	P①	平均值	标准差	期望 E(Ⅰ)	Z 统计量
2011	0.266	0.009	−0.030	0.110	−0.030	2.700
2012	0.273	0.006	−0.029	0.109	−0.030	2.770
2013	0.280	0.006	−0.029	0.109	−0.030	2.819
2014	0.255	0.007	−0.030	0.109	−0.030	2.610
2015	0.258	0.007	−0.030	0.109	−0.030	2.653
2016	0.230	0.013	−0.030	0.109	−0.030	2.404
2017	0.272	0.006	−0.029	0.109	−0.030	2.761
2018	0.248	0.009	−0.030	0.109	−0.030	2.558

2. 局部空间自相关分析

全局自相关分析仅从全局角度研究了 2011 年以来我国马铃薯生产效率空间集聚特征，而空间集聚的局部特征无法有效反映，偏离整体空间特征的集聚关系也可能会被掩盖[27]。局部空间自相关分析可以有效弥补这一不足，用 Moran′s Ⅰ散点图和 LISA 集聚图来研究局部空间集聚态势。运用 GeoDa 软件以各省份马铃薯生产综合效率值为横坐标，各省份马铃薯生产综合效率空间滞后向量为纵坐标，做出了 2011 年和 2018 年我国马铃薯生产综合技术效率的 Moran′s Ⅰ散点图（图 1），得出该两年我国马铃薯综合技术效率局部空间集聚类型表。

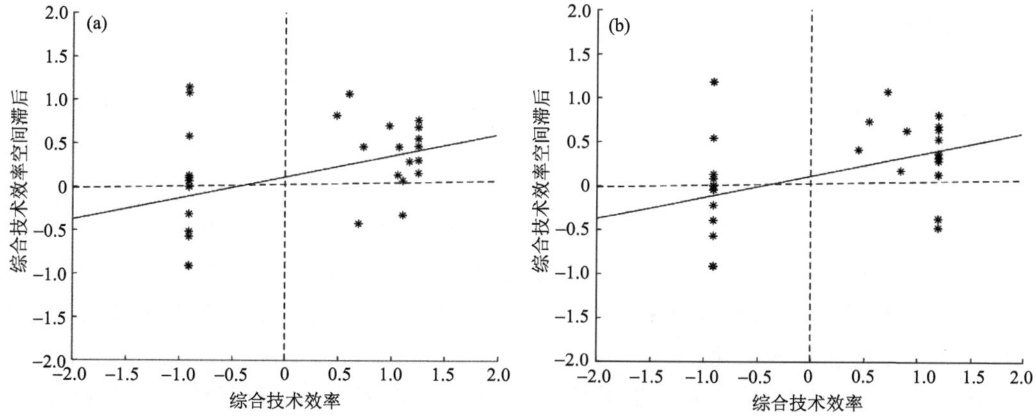

图 1　2011 年(a)、2018 年(b)我国马铃薯主产省(区)综合技术效率 Moran′s Ⅰ散点图

① P 代表概率值，下同。

散点图的四个象限分别表示低—高、高—高、低—低、高—低四种类型的空间聚类关系。其中处于第一、三象限的表示呈空间正相关性，即空间聚类特征相似，处于第二、四象限的与之相反[28]。由以上散点图可知，大多数省份都处于“高—高”或“低—低”象限，表明不同省份马铃薯生产效率呈现显著空间正相关性，即生产效率局部集聚性显著，并且生产效率高值集聚性更为明显。2011 年和 2018 年位于“高—高”和“低—低”象限的省份分别占全国样本总数的 69.2%和 76.9%，表明我国马铃薯生产效率空间集聚程度不断增强，生产效率的局部空间异质性在缩小。

LISA 集聚图可以用来研究不同空间单元属性相似区域的空间集聚类型[29]。为进一步研究局部范围内各省马铃薯生产综合技术效率的空间集聚情况，利用 GeoDa 软件计算 2011 年和 2018 年我国马铃薯各主产省生产效率 LISA，并得出通过 Z 统计值检验（$P<5\%$）的各省份 LISA 聚集类型。

由表 6 可知，大部分省份马铃薯生产技术效率并没有明显的局部空间集聚性，即空间相关性较强的省份较少，且存在空间正相关性的省份较为稳定，主要分布在西北黄土高原区和西南地区。在空间聚类类型上，主要以“高—高”聚类为主，其他类型较少，表明我国马铃薯生产主要呈现高综合技术效率区域集聚的特点。其中 2011 年和 2018 年“高—高”聚类的省份均为内蒙古自治区、陕西省、甘肃省和四川省，主要集中在西北和西南地区，这些省份全都是马铃薯生产传统优势区，并且生产效率空间集聚的稳定性较高。表明这些省份马铃薯生产综合技术效率集聚性较强，与周边省马铃薯生产关联较为紧密，对区域生产效率具有较强的辐射带动能力。

表 6　2011 年、2018 年我国马铃薯主产省（区）综合技术效率集聚类型

集聚类型	2011 年	2018 年
高—高集聚	内蒙古、甘肃、陕西、四川	内蒙古、甘肃、陕西、四川
低—高集聚	辽宁、青海	辽宁、青海
低—低集聚	福建、浙江、广东	浙江、广东

四、结论

本文运用 DEA—Malmquist 指数模型和探索性空间数据分析（ESDA）相结合的方法，从时间和空间两个维度深入研究了我国马铃薯生产效率的时空变化和空间相关性，得出如下结论：

（1）我国马铃薯生产综合技术效率水平较低，规模效率是主要制约因素。2011—2018 年我国马铃薯生产综合技术效率均为 DEA 非有效，说明我国马铃薯生产投入要素规模不经济的问题较为突出。但近年来综合效率有增长态势，主要是由于马铃薯生产者种植管理水平的提升，投入要素结构在不断优化。

（2）我国马铃薯全要素生产率进步缓慢，空间不均衡性突出。研究区域仅有内蒙古、山东、辽宁、湖北和四川马铃薯生产全要素生产率处于正增长，四大马铃薯优势区中仅东北优势区全要素生产率正增长，其余省份和产区均处于下降状态。

（3）我国马铃薯整体资源利用效率空间差异性明显。陕西省和甘肃省马铃薯生产综合技术效率值远低于其他各省，西南马铃薯优势种植区综合技术效率在四大优势区最高，华北优势区和西北优势区纯技术效率较高，东北优势区和西南优势区规模效率较高。

(4)我国马铃薯生产综合技术效率具有显著空间正相关性，主要呈“高—高”集聚特点。我国马铃薯生产主要呈现高综合技术效率区域集聚的特点，内蒙古自治区、陕西省、甘肃省和四川省均为“高—高”集聚区，表明这些省份马铃薯生产效率扩散效应显著，对区域生产效率提升具有较强的辐射带动能力。

五、对策建议

(1)加大政策支持和产业扶持力度。马铃薯作为一种高投入、高产出的作物，生产效率的提高离不开一系列体现现代农业特点要素的持续投入，在此过程中政府政策支持可以起到对生产力提升积极推动的作用，尤其在马铃薯良种、化肥和高效农机具方面的补贴对农户提升马铃薯生产水平起到很大的促进作用。需求端对马铃薯生产有指引作用，政府在提升马铃薯消费潜力中应有所作为，2015 年农业部①提出了马铃薯主粮化战略，即从国家层面对马铃薯食物性消费作出鼓励与支持。

(2)推动马铃薯现代种业体系建设，加大马铃薯生产技术科研投入。良种是马铃薯生产效率的第一推动力，通过构建灵活有效的脱毒种薯监管推广体系，加快良种培育步伐。在提升脱毒种薯应用率的同时，选育高产、抗逆性强的新品种。用高新装备武装马铃薯生产者，提升种植端生产技术水平，并加大马铃薯生产技术研发投入，推广性价比高、使用便捷、适应不同地区自然条件的马铃薯生产技术设备[30]。

(3)根据不同地区生产效率现状制定针对性提升策略。由研究可知，我国马铃薯生产不同优势区制约因素不同，华北、西北优势区应着力提升马铃薯生产投入要素规模效益，在调整投入要素结构中多做文章；东北、西南优势区则应着力提升适用高效生产技术使用效率，加大先进生产技术推广应用，培育掌握先进生产技术的新型职业农民。

(4)进一步提升马铃薯生产效率高值聚集区辐射带动能力，畅通马铃薯先进生产技术扩散渠道。积极总结内蒙古、陕西等省份马铃薯生产效率提升经验，加大不同省份马铃薯相关人才交流力度，对生产效率高值区域人才、技术向其他省份流动提供政策支持。营造全国范围内互相学习马铃薯先进生产经验，尊重马铃薯生产经营人才的良好氛围。

参考文献

[1] 罗其友，刘洋，高明杰，等. 中国马铃薯产业现状与前景[J]. 农业展望，2015，11(3)：35-40.
[2] 马力阳，罗其友，高明杰，等. 2005—2015 年我国马铃薯增产空间分异与贡献因素[J]. 中国农业资源与区划，2019，40(9)：125-130.
[3] 马力阳，罗其友，高明杰. 山地地区不同规模农户马铃薯生产技术效率研究——基于甘肃、重庆、广东453 个农户的实证分析[J]. 华中农业大学学报(社会科学版)，2019(4)：72-80，172-173.
[4] 陈萌山，王小虎. 中国马铃薯主食产业化发展与展望[J]. 农业经济问题，2015，36(12)：4-11.
[5] 李寅秋，陈超. 细碎化、规模效应与稻农投入产出效率[J]. 华南农业大学学报(社会科学版)，2011，10

① 2018 年，中华人民共和国农业部更名为中华人民共和国农业农村部。

(3)：72-78.

[6] 祝宏辉，徐光艳．肉羊生产效率及其影响因素研究——基于DEA-SFA方法对新疆肉羊生产率的分析[J]．价格理论与实践，2019(9)：63-66.

[7] 杨国梁．DEA模型与规模收益研究综述[J]．中国管理科学，2015，23(S1)：64-71.

[8] 王志刚，李腾飞，黄圣男，等．基于随机前沿模型的农业生产技术效率研究——来自甘肃省定西市马铃薯生产的数据[J]．华中农业大学学报(社会科学版)，2013(5)：61-67.

[9] 张建，诸培新．不同农地流转模式对农业生产效率的影响分析——以江苏省四县为例[J]．资源科学，2017，39(4)：629-640.

[10] 李勤志，冯中朝，李然．我国马铃薯生产效率的DEA分析[J]．陕西农业科学，2009，55(4)：156-159.

[11] 张萌，罗其友，高明杰．基于DEA模型的中国马铃薯生产效率分析[J]．农业展望，2018，14(2)：52-56，64.

[12] 罗屹，王鑫．基于DEA模型的中国马铃薯生产效率分析[J]．中国农业文摘——农业工程，2018，30(4)：13-18.

[13] 刘洋，罗其友．中国马铃薯生产效率的实证分析——基于非参数的Malmquist指数方法[J]．中国农学通报，2010，26(14)：138-144.

[14] 刘秉镰，李清彬．中国城市全要素生产率的动态实证分析：1990—2006年基于DEA模型的Malmquist指数方法[J]．南开经济研究，2009(3)：139-152.

[15] 唐江云，向平，杨红，等．基于超效率DEA模型的四川省马铃薯生产效率分析[J]．江苏农业科学，2018，46(15)：313-317.

[16] 张丽娜，陈志，杨敏丽，等．我国玉米生产效率时空特征分析[J]．农业机械学报，2018，49(1)：183-193.

[17] 李辉尚，胡晨沛，曲春红．中国小麦主产区生产效率时空演变特征分析[J]．中国农业资源与区划，2018，39(10)：91-99.

[18] 张凡凡，张启楠，李福夺，等．中国粮食生产效率空间分异特征及驱动机理[J]．水土保持通报，2018，38(4)：317-323.

[19] 杨亚东，胡韵菲，栗欣如，等．中国马铃薯种植空间格局演变及其驱动因素分析[J]．农业技术经济，2017(8)：39-47.

[20] CHARNES A，COOPER W W，LEWIN A Y，et al. Sensitivity and stability analysis in dea[J]. Annals of Operations Research，1984，2(1)：139-156.

[21] COOK W D，LIANG L，ZHA Y，et al. A modified super-efficiency DEA model for infeasibility[J]. Journal of the Operational Research Society，2009，60(2)：276-281.

[22] FARE R，GROSSKOF S. The fisher ideal index and the indirect Malmquist productivity index：A comparison[J]. New Zealand Economic Papers，1990，24(1)：66-72.

[23] 沈怡静，刘彦花，贾莉．广西北部湾经济区土地利用效率演变及空间分异研究[J]．江苏农业科学，2017，45(18)：278-283.

[24] 夏永久，朱喜钢，储金龙．基于ESDA的安徽省县域经济综合竞争力空间演变特征研究[J]．经济地理，2011，31(9)：1427-1431，1438.

[25] 杨国涛，张特，东梅．中国农业生产效率与减贫效率研究[J]．数量经济技术经济研究，2020，37(4)：46-65.

[26] 麻永建，徐建刚．基于ESDA的河南省区域经济差异的时空演变研究[J]．软科学，2006，20(5)：51-54.

[27] 关伟，朱海飞．基于ESDA的辽宁省县际经济差异时空分析[J]．地理研究，2011，30(11)：2008-2016.

[28] 王蕾，于成成，王敏，等．我国农业生产效率的政策效应及时空差异研究——基于三阶段DEA模型的

实证分析[J]. 软科学，2019，33(9)：33-39.

[29] 李宁，李铁滨，房艳刚，等. 吉林省县域经济效率时空格局演化研究[J]. 地理科学，2019，39(8)：1293-1301.

[30] 白丽，陈曦，孙洁，等. 产业融合视角下中国马铃薯加工业发展问题研究[J]. 农业工程学报，2019，35(8)：316-323.

山地地区不同规模农户马铃薯生产技术效率研究*

马力阳，罗其友，高明杰

（中国农业科学院农业资源与农业区划研究所，北京 100081）

一、引言

生产技术效率是农业经济领域的热点问题，国内外学者已取得了丰硕成果，已有研究主要聚焦特定因素与生产技术效率关系。陈超等[1]认为组织化的农业生产方式能够改善和优化农业生产要素配置，不同组织模式桃农生产技术效率差异显著，“农户＋合作社”模式下桃农生产技术效率高于“农户＋市场”的传统模式；Marcelo 等[2]研究发现农场管理信息系统（farm management information systems，FMIS）的使用显著提高了巴西柑橘的生产技术效率；农田租赁使耕地从效率较低的农户转移到效率较高农户，从而提高了越南农户生产技术效率[3]，这与曾雅婷等对我国粮农土地流转的研究结论一致[4]；年龄结构对生产技术效率有明显影响，60岁以上农户降低了泰国农业生产技术效率，而 15～59 岁农户则对生产技术效率有促进作用[5]；专业化程度与小农生产技术效率呈“倒 U 型”关系[6]。土地规模与农业生产技术效率的关系目前仍存在较大的争议，主要观点有 3 种：第一种观点认为，农地的扩张会形成粗放化经营，造成农业资源的浪费，对生产效率有负向影响，但也可能随着时间推移这种反向关系逐渐减小[7]。第二种观点认为，规模越大越有利于机械化操作和先进技术的投入，农户生产专业化程度也更高，从而提高生产技术效率[8]。第三种观点认为规模与生产技术效率为非线性关系，杨万江等对我国稻农的研究表明面积与生产效率为“U 型”关系[9]，而周曙东等[10]则认为二者为“倒 U 型”曲线关系，生产规模过大或过小都会造成规模不经济现象。

综上所述，国内外学者对农业生产技术效率的研究已取得了一定成果，但仍存在一些不足。地形是传统农业生产以来的基本条件，已有文献大多以行政区为单元，鲜有从某种地形的视角出发进行相关研究，因此其典型性和代表性会有所欠缺。此外，生产技术效率研究由于作物的不同往往结果有所差异。目前大部分研究主要聚焦在粮食作物[11－13]，也有针对仙桃、油菜[14]等经济作物和油料作物的研究。虽然针对马铃薯已经有了相应研究，但还停留在宏观层面[15]，从微观用户视角的研究还较少。因此，本研究基于地形视角，分析不同规模马铃薯农户生产技术效率并揭示其影响因素，试图为我国山地地区马铃薯适度规模经营发展提供理论依据。

---

* 本文发表于《华中农业大学学报（社会科学版）》，2019(4)：72-80，172-173.

二、理论分析与模型假定

(一)随机前沿生产函数模型与变量说明

目前关于生产技术效率的研究方法主要分为非参数法和参数法两种。由于非参数法(主要为数据包络分析)未考虑随机因素对生产效率的影响,因此本研究采用参数法的典型方法随机前沿模型(SFA)。随机前沿生产函数由 Aigner 等[16]于 1977 年提出,其基本模型取对数后如下:

$$\ln y_i = \ln f(x_i, \beta) + v_i - \mu_i, i=1,2,\cdots,N \tag{1}$$

式中:y_i 代表第 i 个农户的实际产出,$f(x_i,\beta)$代表第 i 个农户在已有生产条件下的最佳产出,x_i 为各投入要素,β 为待估参数,v_i 为反映统计噪声的随机误差项,并假设其服从 $N(0,\sigma_v^2)$正态分布,μ_i 为技术无效率项,服从半正态分布,且与随机误差项 v_i 独立。产出值以 $\exp(x'_i\beta + v_i)$为上限,因此随机前沿产出围绕模型确定部分 $\exp(x'_i\beta)$波动。第 i 个农户技术效率 TE_i 计算公式如下:

$$TE_i = \frac{\exp(x'\beta_i + v_i - \mu_i)}{\exp(x'\beta_i + v_i)} = \exp(-\mu_i) \tag{2}$$

显然,TE_i 取值范围在[0,1],TE_i 越接近 1,说明效率越高,TE_i 越接近 0,效率越低。

目前在农业技术效率分析中广泛应用的是柯布—道格拉斯(Cobb-Douglas)生产函数(简称 C-D 函数)和超越对数(Translog)生产函数。超越对数生产函数考虑了各项投入之间相互作用对产出的影响,同时由于 C-D 函数将生产函数要素的替代弹性假定为 1,而事先对马铃薯农户生产投入要素替代性未知,因此选择更加灵活的 Translog 生产函数。进行初步检验后,模型接受备择假设,进一步确定 Translog 生产函数模型更为适合。本研究把投入要素 x_i 分为土地投入(L)、劳动力投入(K)和资金(C)投入三大类,农户实际产出用马铃薯总产值(单位:元)表示(Y_i)。土地投入指农户马铃薯实际种植面积(单位:hm^2),劳动力投入指家庭中从事马铃薯生产人数(单位:个),资金投入包括种薯、化肥、农药、机械燃油、农膜和雇工等成本费用(单位:元)。对原始函数取对数后,得到模型基本形式如下:

$$\ln Y_i = \beta_0 + \beta_1 \ln L_i + \beta_2 \ln K_i + \beta_3 \ln C_i + \frac{1}{2}\beta_4 (\ln L_i)^2 + \frac{1}{2}\beta_5 (\ln K_i)^2 + \frac{1}{2}\beta_6 (\ln C_i)^2 + \beta_7 \ln L_i \times \ln K_i + \beta_8 \ln L_i \times \ln C_i + \beta_9 \ln K_i \times \ln C_i + v_i - \mu_i \tag{3}$$

(二)Tobit 模型及变量说明

SFA 模型测算得到的生产技术效率是在 0～1 范围内的离散截断数据,为了识别农户马铃薯生产技术效率关键影响因素,将 SFA 测算得到的效率值作为因变量,土地禀赋等影响因素作为自变量,进行回归分析。为了避免对截断数据使用最小二乘法(OLS)造成的偏误,本研究使用基于极大似然法(ML)的 Tobit 模型进行影响因素分析,具体公式如下:

$$Q_i = \bar{\omega}_0 + \bar{\omega}_i X_i + \varepsilon_i \tag{4}$$

式中:Q_i 为因变量;$\bar{\omega}_0$ 为回归常数项,$\bar{\omega}_i$ 为自变量的回归系数,X_i 为影响因素自变量,ε_i 为随机误差向量。

理论上，农户马铃薯生产技术效率是在众多影响因素共同作用下的结果，所有因素大体可分为两类，一类是内源驱动因素，即农户自身条件、家庭特征等农户可控因素；另一类是外部环境因素，如自然灾害、技术传播、政策支持等因素。本研究基于农户均为“理性人”的假设，借鉴理性选择理论[17]，从经济理性的角度，参考国内外已有研究成果，并结合问卷调研数据可获得性，假设农户马铃薯生产技术效率影响因素主要包括土地禀赋、劳动力禀赋、生产经营特征、农户认知水平和地区虚拟变量 5 大类共 11 项变量。各变量选择依据及其预期影响阐述如表 1 所示。

表 1　影响因素变量及其说明

变量	变量代码	变量性质及说明
生产技术效率	Y_i	实值，连续变量，SFA 计算结果
土地规模	x_1	实值，连续变量，单位：hm^2
土地细碎化	x_2	实值，连续变量，单位：hm^2/块
受教育水平	x_3	实值，文盲＝0，小学＝1，初中＝2，高中＝3，大专及以上＝4
户主年龄	x_4	实值，连续变量，单位：岁
劳动力数量	x_5	实值，连续变量，单位：个
专业化程度	x_6	实值，连续变量，马铃薯收入/全家总收入
是否参加合作社	x_7	虚值，是＝1，否＝0
是否熟悉品种	x_8	虚值，是＝1，否＝0
是否需要技术	x_9	虚值，是＝1，否＝0
西北山区	x_{10}	虚值，是＝1，否＝0
东南山区	x_{11}	虚值，是＝1，否＝0

注：“文盲＝0”表示数字 0 代表文盲，其他类同。

土地禀赋：用土地规模（x_1）和土地细碎化程度（x_2）两个指标表示农户种植马铃薯的土地禀赋。目前已有研究对土地规模与生产技术效率的关系还有一定的争议，基于不同地区和不同作物可能结果会有不同。山地地区特殊的地形地貌不利于农户大规模经营，假设农地规模与技术效率为负相关关系。已有研究多认为土地越细碎越不利于机械的应用，本研究用平均每块土地面积表征土地细碎化，因此假设土地细碎化与技术效率呈正相关关系。

劳动力禀赋：包括户主受教育水平（x_3）、户主年龄（x_4）和劳动力数量（x_5）3 个指标。一般来讲，户主受教育水平越高，其对新技术、新信息的接受程度就越高，能够间接提高生产技术效率；户主年龄越大，马铃薯的种植经验也越丰富，更有利于提高马铃薯种植效率，但另一方面年龄过大也会造成劳动力下降而降低效率，因此年龄对效率的影响有待检验；一定数量的家庭劳动力可提高劳动效率，但过多劳动力可能会从事其他生计活动或形成剩余劳动力，因此山地地区劳动力数量与技术效率的关系有待进一步检验。

生产经营特征：用专业化程度（x_6）和是否参加合作社（x_7）两个指标表示农户马铃薯生产经营特征。专业化程度用农户马铃薯总产值与家庭总收入的比值表示，比值越大，表示马铃薯专业化水平越高。专业化水平越低，说明农户生计来源大部分来自其他收入，可能会造成马铃薯的粗放式经营从而降低生产效率，因此假设专业化程度与生产技术效率为正向关系。近年来，多地出现“农户＋合作社”“农户＋企业”的生产模式，在新型经营主体的带动作用下，农户马铃薯生产能够更加精细化和标准化，有利于生产效率的提升，因此假设参加合作组织与效率呈正向关系。

农户认知水平：包括是否熟悉马铃薯品种（x_8）和是否需要专业技术（x_9）2 个指标。一般来讲，农户对品种越了解，就越有利于对其实施精准化的耕种、施肥等生产过程，从而提高技术效率。对专业技术有需求的农户更希望精耕细作，效率较高；而排斥专业技术的一般都为粗放经营，效率较低，因此假设其与效率为正相关。

地区变量：由于样本点 3 个地区社会经济发展水平存在差异，因此加入一组地区虚拟变量，设置以西南山区巫溪县为参照组的西北山区（x_{10}）和东南山区（x_{11}）两个地区虚拟变量，分析不同地区对技术效率的影响。

三、数据来源与描述性统计

（一）数据来源

本研究所使用的数据来源于国家马铃薯产业技术体系产业经济研究室于 2018 年 1—9 月，在甘肃省定西市安定区、广东省惠州市惠东县、重庆市巫溪县 3 省（市）3 县开展的农户实地问卷调研。以上 3 个县（市）均是我国马铃薯种植的重要基地，对于了解农户马铃薯种植情况具有典型性和代表性，其中定西市有“中国马铃薯之乡”之称，惠东县被誉为“中国冬种马铃薯之乡”，巫溪县被称为“中国绿色生态马铃薯之乡”。安定区地处黄土高原、青藏高原和内蒙古高原交界处，属于典型的黄土丘陵沟壑区，平均海拔为 2000 m；巫溪县地处大巴山东段，最高海拔为 2800 m，是典型的山区农业县；惠东县位于广东省东南部，境内最高海拔为 1337 m，属于东南沿海山区县。正式调研前，项目组于 2017 年 10 月对安定区农户马铃薯种植情况进行了预调研，随后对问卷进行修改与完善。调研采取随机抽样的方式，在每个样点县（市）选择 3～5 个乡镇，每个乡镇选择 2～6 个行政村，每个村随机选择 10 户左右马铃薯种植农户，进行一对一入户问卷调查和半结构式访谈，每个农户访谈时间大约 30 min。最终共获取 461 份调研问卷，剔除 8 份无效问卷后，共获得 453 份有效问卷，问卷有效率 98.26%。无效问卷主要是关键数据缺失和存在明显错误造成。

（二）描述性统计

对种植规模进行分类，能够更好地反映不同规模内马铃薯种植农户的生产特征和技术效率的差异，也是进一步分析不同规模组别农户技术效率影响因素的基础，同时能为适度规模经营和相关政策的制定提供参考。但目前对土地经营规模的划分还没有一个统一的标准，大多学者的划分标准由于地区和作物的不同，结果有所差异。参考前人对其他作物划分的方法[18,19]，并结合实地调研情况划分我国山地地区农户马铃薯种植规模。调研数据表明，0.40 hm^2 和 0.80 hm^2 是农户种植马铃薯出现频次较高的 2 个峰值点。同时在与农户的交流中发现，0.40 hm^2 和 0.80 hm^2 也是农户较为认可的小规模和大规模合适的节点。基于此，本研究将马铃薯种植面积小于 0.40 hm^2 定义为小规模农户，在 0.40 hm^2（包括 0.4 hm^2）和 0.80 hm^2（包括 0.80 hm^2）之间的定义为中规模农户，大于 0.80 hm^2 定义为大规模农户。

统计结果表明(表 2)，中等规模农户在 3 种规模中占比最大(47.24%)，其次是小规模(36.65%)，大规模农户最少，仅有 73 户，占所有样本量的 16.11%。说明我国山地地区大部分农户马铃薯种植规模较小，仅有少量农户实现了土地集约化、规模化经营。不同规模农户投入产出差异显著。从总产值来看，随着规模增加，总产值的均值和最大值提升明显；在劳动力投入方面，大规模和中规模农户平均劳动力明显大于小规模农户，但大规模和中规模之间差异不显著，主要由于大规模农户多采用雇工的方式进行种植，雇工部分的投入计算在资金投入中；从资金投入来看，大规模是小规模平均值的近 10 倍，其中投入最大值超过 30 万元，而小规模的资金投入最小值仅有 390 元。

表 2　马铃薯生产投入产出变量描述性统计

规模	变量	均值	标准差	最大值	最小值	样本量
小	总产值(元)	5809.29	6662.11	30000.00	300.00	166 个(36.65%)
	土地投入(hm^2)	0.26	0.06	0.37	0.13	
	劳动力投入(人·d)	1.76	0.49	3.00	1.00	
	资金投入(元)	3738.69	4429.88	18875.00	390.00	
中	总产值(元)	10828.50	11464.52	52000.00	300.00	214 个(47.24%)
	土地投入(hm^2)	0.55	0.13	0.80	0.40	
	劳动力投入(人·d)	1.91	0.53	4.00	1.00	
	资金投入(元)	7654.34	9363.30	46320.00	1302.00	
大	总产值(元)	39812.33	72683.30	500000.00	1000.00	73 个(16.11%)
	土地投入(hm^2)	1.90	2.69	16.67	0.87	
	劳动力投入(人·d)	1.99	0.69	5.00	1.00	
	资金投入(元)	33761.27	55216.64	305200.00	2550.00	

对生产技术效率的影响因素变量进行统计(表 3)，结果表现出以下特点：①我国山地地区马铃薯种植农户户均土地规模较小，仅有 0.659 hm^2；农户之间差异显著，最大达到 16.667 hm^2，最小仅有 0.133 hm^2。②土地细碎化现象严重，块均土地面积 0.151 hm^2，其中最小的地块均仅有 0.020 hm^2。③农户受教育水平普遍较低，小学及以下农户占到总样本量的 56.51%，高中及以上仅占 10.15%。④马铃薯种植农户年龄偏大，平均年龄为 55.6 岁。在实地调研中发现，当前我国农村留守人员基本都是老人和妇女儿童，很难见到青壮年劳动力全职务农。在定西黄土高原山区和巫溪秦巴山区，出现了大量的“空心村”，土地和房屋有大量荒废。⑤农户马铃薯种植专业化程度较低，马铃薯收入占全家总收入一半以上的家庭仅有 11.70%。传统小农生产的农业比较收益较低，部分农户在种植马铃薯的同时还会从事其他生计活动，进城务工是一项重要的收入来源。⑥参加合作社的农户还较少，占全部农户的 12.40%。专业合作社和农业龙头企业等新型经营主体的种植专业化和管理精细化程度更高。但在调研过程中农户反映对合作社了解不够，且信任程度较低，因此造成参与度比较低。⑦有接近一半的农户渴望得到专业技术人员的指导。样本地区马铃薯种植历史悠久，大部分农户反映从其有记忆以来村里就种植马铃薯。因此，部分农户认为已经掌握了马铃薯种植技术，不再需要技术人员指导。

表 3 生产技术效率影响因素描述性统计

变量	合计				小规模			
	均值	标准差	最大值	最小值	均值	标准差	最大值	最小值
土地规模(hm^2)	0.659	1.219	16.667	0.133	0.261	0.062	0.367	0.133
土地细碎化(hm^2/块)	0.151	0.181	2.778	0.020	0.102	0.067	0.333	0.020
受教育水平	1.415	0.869	4.000	0.000	1.337	0.875	4.000	0.000
户主年龄(岁)	55.574	9.609	84.000	22.000	57.488	9.944	84.000	26.000
劳动力数量(个)	3.263	1.366	9.000	0.000	3.331	1.394	8.000	1.000
专业化程度	0.200	0.235	1.000	0.001	0.124	0.201	1.000	0.001
是否参加合作社	0.124	0.329	1.000	0.000	0.120	0.326	1.000	0.000
是否熟悉品种	0.466	0.499	1.000	0.000	0.386	0.487	1.000	0.000
是否需要技术	0.472	0.499	1.000	0.000	0.494	0.500	1.000	0.000
西北山区	0.547	0.498	1.000	0.000	0.380	0.485	1.000	0.000
东南山区	0.225	0.418	1.000	0.000	0.229	0.420	1.000	0.000
变量	中规模				大规模			
	均值	标准差	最大值	最小值	均值	标准差	最大值	最小值
土地规模(hm^2)	0.547	0.131	0.800	0.400	1.897	2.688	16.667	0.867
土地细碎化(hm^2/块)	0.150	0.083	0.467	0.020	0.264	0.393	2.778	0.031
受教育水平	1.425	0.865	4.000	0.000	1.562	0.844	1.000	0.000
户主年龄(岁)	56.621	9.441	78.000	22.000	54.014	8.568	73.000	26.000
劳动力数量(个)	3.248	1.101	9.000	1.000	3.151	1.178	7.000	1.000
专业化程度	0.218	0.239	1.000	0.007	0.324	0.232	1.000	0.011
是否参加合作社	0.126	0.332	1.000	0.000	0.123	0.329	1.000	0.000
是否熟悉品种	0.477	0.499	1.000	0.000	0.616	0.486	1.000	0.000
是否需要技术	0.463	0.499	1.000	0.000	0.452	0.498	1.000	0.000
西北山区	0.673	0.469	1.000	0.000	0.562	0.496	1.000	0.000
东南山区	0.206	0.404	1.000	0.000	0.274	0.446	1.000	0.000

从不同规模农户来看,其技术效率影响因素变量表现出明显的差异化特征。①随着规模增大,土地细碎化有所改善。大规模样本块均土地面积达到 0.264 hm^2,是小规模均值的 2.59 倍。②受教育水平随着规模增大而逐渐提升,而户主年龄随着规模的增加而减小。反映出年轻人更有可能、更有意愿增加种植面积。③大规模农户的专业化程度也比中小规模农户更高。大规模农户由于投入更多、风险更大,因此将大部分精力投入到马铃薯生产。④中规模农户参加合作社的比例最高。小规模农户往往都是粗放经营,专业化程度低,大多认为地太少不值得参加合作社;而大规模农户由于承担风险较大,大多不信任合作社,因此参与程度较低。⑤小规模农户熟悉品种比例最低,大规模农户比例最高。种薯是马铃薯生产的基础,大规模农户在种植前会广泛了解种薯情况,因此,对品种的了解程度更高。⑥随着规模增加,农户对专业技术的需求越来越低,这可能与大规模农户已经较为熟悉马铃薯新兴品种和技术有关。

四、结果分析

(一)不同规模农户马铃薯生产技术效率

假定所有农户均处于同一技术前沿面,运用Frontier4.1软件对超越对数随机前沿生产函数进行极大似然估计(表4)。从模型运算结果来看,技术非效率项(γ)占比0.90,且在1%水平上显著,表明混合误差选项中有90%的变异来自于技术无效率项,同时模型通过LR单边检验,研究适合采用超越对数随机前沿生产模型。

表4 农户马铃薯随机前沿生产函数系数估计结果

	系数	标准差		系数	标准差
常数项	6.15***	1.21	土地×劳动力	0.05	0.19
土地	1.09**	0.46	土地×资金	−0.17**	0.08
劳动力	0.26	0.62	劳动力×资金	−0.09	0.10
资金	−0.35*	0.34	总体方差(σ2)	1.63***	0.46
土地二次项	0.22*	0.16	技术非效率占比(γ)	0.90***	0.03
劳动二次项	−0.41	0.40	log似然函数值	−376.33	
资金二次项	0.17***	0.05	LR单边检验误差	30.12	

注:***、**、*分别表示通过1%、5%、10%的显著性检验。

我国山地地区农户马铃薯种植生产技术效率较低。所有样本平均技术效率值为0.684(表5),表明若消除技术无效率项,产出还有31.6%的提高空间。其中最大值为0.911,最小值仅0.087。从效率分布来看,大部分农户集中在0.5～0.8的中等水平,占到64.46%;0.5以下的低效率占比共11.70%。

表5 不同规模农户马铃薯生产技术效率

效率值	总样本		小规模		中规模		大规模	
	样本数(个)	占比(%)	样本数(个)	占比(%)	样本数(个)	占比(%)	样本数(个)	占比(%)
TE≤0.3	16	3.53	7	4.22	5	2.34	4	5.48
0.3<TE≤0.5	37	8.17	10	6.03	18	8.41	9	12.33
0.5<TE≤0.8	292	64.46	114	68.67	135	63.08	43	58.90
0.8<TE≤1	108	23.84	35	21.08	56	26.17	17	23.29
均值	0.684		0.683		0.696		0.649	
最大值	0.911		0.911		0.900		0.885	
最小值	0.087		0.168		0.087		0.088	
标准差	0.154		0.147		0.143		0.188	

从不同规模农户看,中规模农户技术效率明显高于小规模和大规模农户。中规模农户生产技术效率均值为0.696,高于小规模和大规模农户的0.683和0.649,说明小规模和大规模均会出现“规模不经济”现象,反驳了规模越大越好的传统观念。我国农户马铃薯种植行为,特

别是山地地区马铃薯种植，是一个劳动密集型的生产过程，种植规模过小会造成人力资源的损失和资本的浪费，而规模过大则会导致粗放化生产，精细化程度降低，同时增加了生产交易费用和监督管理成本。在中规模农户中，有26.17%的样本达到0.8以上的高效率，在三种规模中高效率占比最大；0.3以下的低效率农户占比也是三种规模中占比最小；同时标准差在三组中最小，说明农户效率稳定性相对较高。大规模农户平均效率值最低，且小于0.3的低效样本在三组中数量最多，而大于0.5的中高效样本所占比值也为三组中最低。同时应该注意到，所有样本中效率最大值出现在小规模农户中，表明小规模农户马铃薯生产更有可能实现精耕细作，从而获得较高的效率。

(二)影响因素结果分析

超越对数随机前沿模型结果显示，复合误差项有90%来自技术无效率项，说明技术效率损失是造成农户马铃薯生产技术效率低下的主要原因，若能消除技术无效率项，产出将有31.6%的提升。对比发现，不同规模马铃薯种植农户效率差异明显，从土地禀赋、劳动力禀赋、生产经营特征、农户认知水平等方面，并加入地区虚拟变量，探究山地地区农户马铃薯生产技术效率损失的影响因素。Tobit模型回归结果如表6所示，对数似然值为232.270，$P=0.000$，表明模型通过了显著性检验。

1. 土地禀赋对农户马铃薯生产技术效率的影响

土地规模和土地细碎化分别通过了1%和10%的显著性检验。土地规模估计系数为负，说明随着规模的扩大，山地地区马铃薯生产技术效率不一定会有所提升，反而会出现下降的情况，这也验证了适度规模经营理论。土地细碎化估计系数为正，说明土地块均面积越大，马铃薯生产技术效率越高。块均面积越大，越有利于机械化作业和施肥、农药等生产技术服务实施。山地地区马铃薯地块分散，同时由于土地分配制度的原因，每户土地地块之间可能距离相对较远，加之山地交通条件较差，农户如果种植规模过大，则会提高相应的交通成本和时间成本，显著降低生产技术效率。因此，在我国山地地区，应根据地形和地区生产技术条件，探索农户马铃薯种植的适度经营规模，将户均种植规模控制在合理范围内，避免盲目扩张带来的效率低下。

2. 劳动力禀赋对农户马铃薯生产技术效率的影响

劳动力禀赋的三个指标中仅有劳动力数量通过了1%显著性检验，户主受教育水平和户主年龄未通过显著性检验。劳动力变量的估计系数为负，说明劳动力数量越多，越有利于马铃薯生产技术效率的提高。虽然现阶段在我国大部分农村地区出现了大量剩余劳动力，但在山地地区，由于土地分散，细碎化程度较为严重，不利于大型机械进行标准化作业，造成农村劳动力边际效应递减的趋势不显著。在这些地区，劳动力数量的增加有利于生产技术效率的提高。受教育水平未通过显著性检验，理论上讲，受教育水平越高，农户学习能力、接受信息和新兴技术的能力越强。但在调研中发现，大部分农户虽然接受了初中教育，但普遍反映由于历史原因，基本只接受过1年且基本都是在劳动过程中，实质性的教育几乎没有。户主年龄未通过显著性检验。一方面，留守在农村进行马铃薯种植农户有很大一部分是60岁以上老年人，身体条件较差，种植行为较为粗放；另一方面，年龄较大的农户由于长期种植马铃薯，形成了路径依赖，对于新品种和新技术的采用程度较低，也影响了马铃薯生产技术效率。

3. 生产经营特征对农户马铃薯生产技术效率的影响

农户生产经营特征的两个变量专业化程度和是否参加合作社均通过了1%显著性检验。调研中发现，大部分农户存在兼业生产的情况，家庭收入主要来源于进城务工或畜禽养殖，农户马铃薯收入占比最少的一户收入中仅有0.1%来自马铃薯。专业化程度越低，农户对于马铃薯生产投入的时间和精力就会越少，形成粗放式经营，造成马铃薯生产技术效率降低。新型农业经营主体是农业现代化的重要特征，也是我国未来农业发展的重要方向和趋势。在我国山地地区马铃薯产业发展过程中，已经出现了一批专业合作社和农业龙头企业。新型经营主体为参与成员提供服务，包括马铃薯种薯统一订购、农资发放、马铃薯销售、运输、储藏等方面，同时向农户提供技术支撑，大大减少了农户种植的盲目性和资源浪费，且能够保证有较好的销售价格，有效提高了农户收入，对生产技术效率有促进作用。但当前我国马铃薯种植农户参与合作社的还较少，存在对合作社不信任的情况，大多还是散户经营；同时也存在部分名存实亡、为套取国家相关政策经费而成立的合作社，实际上并未对农户起到积极作用。

表6 山地地区农户马铃薯生产技术效率影响因素Tobit回归结果

变量	系数	标准误差	T统计量	概率值($P>t$)
土地规模	−0.002***	0.0007	−2.69	0.007
土地细碎化	0.009*	0.005	1.77	0.078
受教育水平	0.013	0.0007	1.63	0.104
户主年龄	−0.0003	0.0007	−0.49	0.626
劳动力数量	0.017***	0.006	2.78	0.006
专业化程度	0.202***	0.036	5.61	0.000
是否参加合作社	0.080***	0.023	3.48	0.001
是否熟悉品种	−0.011	0.015	−0.79	0.432
是否需要技术	0.024*	0.014	1.71	0.088
西北山区	0.024	0.021	1.15	0.252
东南山区	0.049*	0.025	1.95	0.052
常数	0.548***	0.049	11.16	0.000
对数似然值	232.270			
P	0.000			

注：***、*分别表示通过1%、10%的显著性检验。

4. 农户认知水平对农户马铃薯生产技术效率的影响

农户认知水平中是否需要专业技术通过了10%的显著性检验，是否熟悉品种未通过显著性检验。是否需要技术估计系数为正，说明农户认知水平越高，越有利于提高生产技术效率。调研样本点都是我国马铃薯种植历史较为悠久的地区，用农户的话说就是“自盘古出世就种洋芋”。长期种植马铃薯让部分农户自认为已经掌握了种植的技术和方法，因此不需要专业农技人员进行指导。然而，随着我国马铃薯产业不断发展，马铃薯种薯不断更新优化，病虫害种类更加多样，耕作技术趋向精准化，使得农户长久以来积累的种植经验已经不能完全适应当前的马铃薯种植特征。因此，认知水平较高的农户更有可能采用新技术，及时淘汰退化的老品种，促进技术效率的提高。

5. 地区差异对农户马铃薯生产技术效率的影响

地区虚拟变量中东南地区通过了10%显著性检验，估计系数为正，说明相对西南地区的巫溪县，广东惠东县农户马铃薯种植有更高的技术效率。惠东县地处珠三角地区，社会经济条件相比西北和西南地区更为发达，马铃薯生产技术更为先进。同时调研过程中了解到，惠东马铃薯主要供给周边广州、深圳等特大城市，且有部分出口东南亚，销售情况明显好于西部地区，因此农户收入和技术效率都较高。

五、结论与建议

本文利用国家马铃薯产业技术体系产业经济研究室2018年对甘、渝、粤3地453个马铃薯种植农户的实地调研数据，运用随机前沿生产模型和Tobit模型，实证分析了山地地区不同规模农户马铃薯生产技术效率及影响因素，得到以下结论：我国山地地区农户马铃薯种植生产技术效率较低，所有样本平均生产技术效率值为0.684，若消除技术无效率项，产出仍有31.6%的提高空间。将我国山地地区农户马铃薯种植规模分为大、中、小三种类型，中规模农户马铃薯生产技术效率最高，小规模次之，大规模最低，实施适度规模经营是山地地区马铃薯种植农户的未来方向。土地规模对生产技术效率有负向影响，土地块均面积、劳动力数量、农户专业化程度、参加合作社以及农户认知水平等因素对马铃薯生产技术效率有正向影响。

根据上述研究结论，对我国山地地区农户马铃薯生产经营提出以下建议：

第一，政府应通过改革土地制度等措施，积极引导农户马铃薯种植从非适度向适度规模转向。一方面，基于当前我国马铃薯农户大部分依然是传统小农经营模式的现状，应鼓励小农户进行土地流转，破解“插花地”等原因造成的土地细碎化现象；另一方面，由于我国马铃薯主产县大多位于山地地区，给马铃薯生产带来了较大的交通成本和时间成本，因此应及时消除部分农户的“规模崇拜”，避免盲目扩大面积造成的“规模不经济”。

第二，政府在大力培育专业合作社和龙头企业等新型农业经营主体的同时，更应加强监管力度，促进其规范化经营，避免出现为了套取国家政策经费而名存实亡的合作社。新型经营主体应建立完善的社会化服务体系，为农户提供优质的农资、农机等服务，同时积极向农户宣传相关政策，及时破解农户的抵触心理，取得农户信任。

第三，农户作为马铃薯生产最重要主体，一方面要消除自身因长期种植马铃薯而形成的“路径依赖”，提高认知水平，积极参加政府农技服务部门组织的培训，拓宽信息渠道，多方位了解马铃薯生产最新技术、种薯品种，及时掌握市场行情变化情况；另一方面，积极与新型经营主体合作，实现标准化、规模化生产，有效规避经营风险，最终实现小农户与现代农业发展的有机衔接。

参考文献

[1] 陈超，陈亭，翟乾乾. 不同生产组织模式下农户技术效率研究——基于江苏省桃农的调研数据[J]. 华中农业大学学报(社会科学版)，2018，38(1)：31-37,157-158.

[2] MARCELO J C, HILDO M S F, MÁRIO O B, et al. Farm management information systems (FMIS) and technical efficiency: An analysis of citrus farms in Brazil [J]. Computers and Electronics in Agriculture, 2015, 119: 105-111.

[3] HOANG T H, TRUNG T N. Cropland rental market and farm technical efficiency in rural Vietnam [J]. Land Use Policy, 2019, 81: 408-423.

[4] 曾雅婷，吕亚荣，刘文勇. 农地流转提升了粮食生产技术效率吗？——来自农户的视角[J]. 农业技术经济，2018，37(3)：41-55.

[5] 程竹，陈前恒. 种植专业化会提高小农生产技术效率吗？[J]. 财经科学，2018(9)：50-62.

[6] MADHUR G, MANSUR A. Too small to be beautiful? The farm size and productivity relationship in Bangladesh [J]. Food Policy, 2018,

[7] 沈雪，张俊飚，张露，等. 基于农户经营规模的水稻生产技术效率测度及影响因素分析——来自湖北省的调查数据[J]. 农业现代化研究，2017，38(6)：995-1001.

[8] 刘天军，蔡起华. 不同经营规模农户的生产技术效率分析——基于陕西省猕猴桃生产基地县 210 户农户的数据[J]. 中国农村经济，2013(3)：37-46.

[9] 杨万江，李琪. 我国农户水稻生产技术效率分析——基于 11 省 761 户调查数据[J]. 农业技术经济，2016，(1)：71-81.

[10] 周曙东，王艳，朱思柱. 中国花生种植户生产技术效率及影响因素分析——基于全国 19 个省份的农户微观数据[J]. 中国农村经济，2013(3)：27-36,46.

[11] 张利国，鲍丙飞，潘丹. 鄱阳湖生态经济区粮食生产技术效率时空演变及环境协调性探究[J]. 经济地理，2016，36(11)：116-123.

[12] 孙顶强，卢宇桐，田旭. 生产性服务对中国水稻生产技术效率的影响——基于吉、浙、湘、川 4 省微观调查数据的实证分析[J]. 中国农村经济，2016(8)：70-81.

[13] 江东坡，朱满德，伍国勇. 收入性补贴提高了中国小麦生产技术效率吗？——基于随机前沿函数和技术效率损失函数的实证[J]. 农业现代化研究，2017(1)：15-22.

[14] 李然，李谷成，冯中朝. 不同经营规模农户的油菜生产技术效率分析——基于湖北、四川等 6 省市 689 户农户的调查数据[J]. 华中农业大学学报(社会科学版)，2015(1)：14-22.

[15] 易晓峰，罗其友. 基于三阶段 DEA 的中国马铃薯主产区生产效率分析[J]. 中国农学通报，2015(3)：270-276.

[16] AIGNER D, LOVELL K C A, SCHMIDT P. Formulation and estimation of stochastic frontier production function models[J]. Journal of Econometrics, 1977, 6(1): 21-37.

[17] 刘军伟. 基于理性选择理论的农民工参加新型农村养老保险制度影响因素研究[J]. 浙江社会科学，2011，(4)：77-83,157-158.

[18] 周曙东，乔辉. 花生价格对农户生产决策与收益的影响分析——基于规模分化的视角[J]. 农业现代化研究，2017，38(6)：930-937.

[19] 刘颖，金雅，王嫚嫚. 不同经营规模下稻农生产技术效率分析——以江汉平原为例[J]. 华中农业大学学报(社会科学版)，2016，36(4)：15-21,127.

中国马铃薯产业国际比较分析*

罗其友，高明杰，张烁，伦闰琪

（中国农业科学院农业资源与农业区划研究所，北京 100081）

一、引言

我国马铃薯种植面积和产量均居世界首位，但在生产效率等方面与欧美传统马铃薯种植国家仍然存在较大差距。该文从产业结构、生产效率、贸易和消费等角度，对中国与美国、英国、德国、荷兰和俄罗斯这5个马铃薯产业发展强国进行系统比较研究，从而揭示中国马铃薯产业发展的比较优势与突出短板，对于稳定马铃薯生产、进一步提升我国马铃薯产业的国际竞争力、促进我国马铃薯产业持续健康发展具有重要的现实意义。

二、马铃薯规模与结构国际比较

（一）马铃薯生产情况

从种植面积来看，根据国家统计局和联合国粮食及农业组织（FAO）统计数据，2010—2018年我国马铃薯种植面积呈波动下降的态势。2018年我国马铃薯种植面积达到489.09万hm^2，比2010年减少2.17%，虽然种植面积略有下滑，但仍占世界总种植面积的27.82%，远超欧美马铃薯生产强国的种植面积。从产量来看，2010—2018年我国马铃薯产量呈快速增长态势，从8077.72万t增长到9645.33万t，增长19.41%，年均增长2.57%。2018年我国马铃薯总产量达到9645.33万t，占该年世界总产量的26.21%，总产量明显高于美国、英国、德国、荷兰和俄罗斯等欧美国家。根据已有研究结果可知，马铃薯单产水平的快速提高是我国马铃薯总产量增加的主要原因[1]，见表1。

（二）马铃薯种植结构

2010年以来，我国马铃薯种植品种不断丰富，不同地区农户选择合适的品种种植，主要以荷兰薯系列、青薯系列、威芋系列和陇薯系列为主。截至2019年，我国共审定、登记马铃薯品种843个，其中，绝大多数为鲜食品种，各类加工品种数量有所增加，品种类型进一步丰富。20世纪60年代育成的克新1号依然是我国种植面积最大的品种。2017年以后，年推广面积最大的品种由克新1号变成荷兰引进品种费乌瑞它。2003—2019年累计推广面积最大的前5

* 本文发表于《中国农业资源与区划》，2021，42(7)：1-8.

个马铃薯品种分别是克新 1 号、费乌瑞它、米拉、威芋 3 号、会一2，见表 2。

表 1　2010—2018 年马铃薯生产情况国际比较

类别	年份	中国	美国	英国	德国	荷兰	俄罗斯
面积(万 hm^2)	2010	499.96	40.83	13.80	25.44	15.70	210.91
	2015	490.45	42.67	12.90	23.67	15.57	211.16
	2016	492.46	41.99	13.90	24.26	15.56	142.56
	2017	500.05	42.27	14.60	25.05	16.08	133.56
	2018	489.09	41.41	14.00	25.22	16.47	131.35
产量(万 t)	2010	8077.72	1835.00	605.62	1014.30	684.35	2114.04
	2015	8752.50	2001.27	564.43	1037.03	665.17	3364.58
	2016	9033.82	2042.64	539.47	1077.22	653.43	2246.34
	2017	9481.90	2045.34	621.80	1172.04	739.19	2170.77
	2018	9645.33	2060.73	502.77	892.10	602.97	2239.50

注：数据来源于国家统计局和 FAO，表中产量为鲜薯产量。

表 2　2003—2019 年累计推广面积最大的前 5 个马铃薯品种

名称	主要特性	累计推广面积(万 hm^2)	取得效益(亿元)
克新 1 号	丰产抗逆性好，商品性差	1163.74	2269.21
费乌瑞它	抗病抗逆性差，商品性好	535.12	1733.92
米拉	丰产抗逆性好，商品性差	428.49	1542.53
威芋 3 号	丰产抗逆性好，商品性差	282.72	950.03
会一2	丰产，多抗性	223.24	609.39

注：面积数据来源于全国农业技术推广服务中心。效益＝总产×单价。

美国马铃薯产业的特征之一是品种专业化。不同类型的马铃薯品种其用途不同，主要品种类型包括白皮白肉品种(用于薯片加工)、红皮品种(鲜食类型)、赤褐皮品种(薯条加工及鲜食兼用)以及黄肉品种(鲜食类型)，以赤褐皮品种为主要种植类型[2]。目前，荷兰马铃薯主要品种包括 Spunta、Fontane、Agria、Innovtor、Dessiree、Bintje 和 Agata，占全国种植总面积 80％左右。比利时马铃薯品种以加工薯为主，主要品种包括 Bintje、Fontane、Innovtor 等，其他鲜食品种大约占 1/10[3]。

我国马铃薯品种类型单一。与欧美国家品种结构相比，我国马铃薯品种数量不及荷兰和比利时的 1/2，且种植品种类型单一，大部分为高产鲜食菜用品种，加工专用型品种较少。长此以往可能形成鲜食品种市场过剩，而加工专用品种却满足不了加工企业需求的现状，进而导致原料供需矛盾突出，生产加工企业效益低，不利于中国马铃薯产业的全面发展。

(三)马铃薯种植环境

马铃薯在我国广泛种植，主要分布在"胡焕庸线"两侧，地形多为丘陵山地，气候干旱少雨，与我国贫困地区分布高度契合，主要有东北一季作区、华北一季作区、西北一季作区、西南混作区和南方二季作区五大区域。其中，东北一季作区地处高纬度地区，属中温带大陆性季风气候，冬季漫长而寒冷，土壤为黑土，适于马铃薯生长。华北一季作区大部分处于中纬度地区，属温带大陆性季风气候，气候冷凉，日照充足，年降雨量在 300 mm 左右，土壤以栗钙土为主。西北一季作区地处中高纬度地区，气候凉爽，昼夜温差大，海拔差异较大，有 110～180 d 的无霜期，土壤以黄土、黄绵土、黑垆土、栗钙土、沙土为主。西南混作区地处中低纬度地区，地形多样，垂直气候特征明显，年平均气温较高，雨量充沛，无霜期长，比较适合马铃薯生产。南方二季作区大部分地处低纬度地区，属于亚热带气候，夏长冬短，阳光充足，降雨充沛，积温较高，无霜期长达 230 d 以上，非常适合马铃薯的秋冬栽培。美国马铃薯最大的主产区分布在西北部三州，第二大集中产地分布在北部四州。拥有适宜的种植温度、肥沃的土壤，现代化的加工处理设备，以及代代相承的专业经验，使美国马铃薯产业在国际上一直处于领军位置。在欧洲地区，荷兰马铃薯产区分布在温带海洋性气候区，有利于马铃薯免受极端气温影响，充足的降雨和营养物质丰富的土壤确保马铃薯生长。俄罗斯马铃薯产区主要分布在西北部地区，该地区属于黑土区，土壤肥沃，有利于马铃薯生长。

（四）马铃薯产业结构

我国马铃薯产业结构以种植业为主体。马铃薯加工业消耗鲜薯量的比例较低，加工业生产水平不高，估计 2018 年中国马铃薯产值结构中种植业占 70%、加工业占 30%。全国 15% 左右马铃薯鲜薯用于加工，加工品主要有马铃薯淀粉、薯条、薯片、全粉、粉丝、粉皮等，加工结构以淀粉等初加工、低附加值产品为主，契合中国消费习惯的方便食品、休闲食品等深加工、高附加值的加工品（比如馒头、面条、面包、饼干、蛋糕等）亟待开发和市场化[4]。

美国马铃薯产业结构以加工业为主体。马铃薯产业链完整，加工业比较发达，表现出多途径深加工、高附加值等特征。估计 2018 年美国马铃薯产值结构中加工业占 85%、种植业占 15%。美国 65%马铃薯用于加工，马铃薯加工品很丰富，主要包括薯条、薯片、脱水马铃薯等。马铃薯加工结构中，冷冻薯条和其他冷冻产品占 60%，薯片、脱水马铃薯、罐头及其他罐装产品等其他加工品占 40%。

三、马铃薯生产水平国际比较

（一）马铃薯单产水平

2010—2018 年我国马铃薯单产水平稳步提升，从 16.16 t/hm^2 增长到 19.72 t/hm^2，年均增长 2.89%。2018 年的单产水平高于俄罗斯（17.05 t/hm^2），与美国（49.76 t/hm^2）、英国（35.91 t/hm^2）、德国（35.37 t/hm^2）和荷兰（36.61 t/hm^2）等欧美发达国家仍有较大差距，增产空间巨大。造成这种差距的主要原因是我国马铃薯生产主要分布在山区或旱地，灌溉条件较差，而东北和华北等具备灌溉条件、又能实现一定规模化的地区平均单产也能实现 45.00 t/hm^2 以上，与欧美马铃薯强国单产水平接近，见表 3。

表 3　2010—2018 年马铃薯单产国际比较　单位：t/hm^2

年份	中国	美国	英国	德国	荷兰	俄罗斯
2010	16.16	44.94	43.88	39.87	43.60	10.02
2015	17.85	46.90	43.75	43.81	42.73	15.93

续表

年份	中国	美国	英国	德国	荷兰	俄罗斯
2016	18.34	48.65	38.81	44.40	42.00	15.76
2017	18.96	48.39	42.59	46.79	45.97	16.25
2018	19.72	49.76	35.91	35.37	36.61	17.05

注:数据来自FAO。

(二)马铃薯生产效率

与世界其他主产国比较,我国马铃薯投入产出率和土地产出率在全球大体处于中上水平,但劳动生产率比较低,提升空间大。未来应围绕劳动生产率和土地产出率提升进行技术攻关,进一步加大马铃薯品种和机械等重点领域创新,突破短板制约。

土地产出率方面,我国与俄罗斯持平,低于欧美国家。2014—2018年我国马铃薯土地产出率不断提升,马铃薯土地产出率从2.04万元/hm^2提高到2.55万元/hm^2,增加了0.51万元/hm^2,年均增长率为5.74%,年均增速明显高于美国(2.09%)、英国(-4.00%)、德国(-5.83%)、荷兰(4.04%)和俄罗斯(-7.49%)。2018年我国马铃薯土地产出率略高于俄罗斯土地产出率(2.27万元/hm^2),但与美国(6.16万元/hm^2)、英国(4.40万元/hm^2)、德国(4.68万元/hm^2)、荷兰(4.44万元/hm^2)等欧美发达国家的差距比较大,仅为其土地产出率的1/2,“藏粮于地”潜力巨大。详见表4。

表4 2014—2018年马铃薯土地产出率国际比较 单位:万元/hm^2

年份	中国	美国	英国	德国	荷兰	俄罗斯
2014	2.04	5.67	5.18	5.95	3.79	3.10
2015	2.17	5.64	4.99	3.87	3.40	2.14
2016	2.18	6.46	5.41	6.53	5.29	1.60
2017	2.23	6.61	5.37	6.24	5.53	2.18
2018	2.55	6.16	4.40	4.68	4.44	2.27

注:数据来自全国农产品成本收益资料汇编和FAO,各国货币数据均按当年平均汇率折算为人民币。

投入产出率方面,我国接近荷兰的投入产出率水平。2016—2018年我国马铃薯的投入产出率为0.99 kg/元,与2004—2006年相比,下滑30.28%,主要原因是近年来我国生产资料和劳动力等要素投入成本在快速上涨,但2018年我国马铃薯投入产出效率居全球中上水平,与荷兰差距不大。

劳动生产率方面,我国不足荷兰的1%。2004—2018年我国马铃薯劳动生产率快速提升,每个工日生产马铃薯产量从52.67 kg提高到208.47 kg,增长295.80%。但与欧美国家差距很大,2016—2018年我国马铃薯平均劳动生产率仅及荷兰的1/116,主要是因为我国马铃薯生产机械化程度低、劳动用工量比较大。

四、马铃薯成本收益国际比较

(一)马铃薯生产成本

根据全国农产品成本收益资料汇编的数据,2009—2018 年我国马铃薯生产成本快速上升,马铃薯生产成本从 1.73 万元/hm^2 增加到 2.29 万元/hm^2,增加 0.56 万元//hm^2,增长 32.54%。其中人工成本占比从 2009 年的 34.00%提高到 2018 年的 43.00%,人工费用尤其是雇工费用的增加成为马铃薯生产成本上涨的主要推手[5]。

由表 5 可知,2011—2015 年我国马铃薯生产成本在 0.71~0.96 元/kg,与美国马铃薯生产成本(0.96~0.99 元/kg)基本持平,低于英国马铃薯生产成本(1.29~1.77 元/kg),说明我国马铃薯生产具有一定的成本优势。

表 5 2011—2015 年马铃薯生产成本国际比较 单位:元/kg

年份	中国	美国	英国
2011	0.71	0.96	1.33
2012	0.83	0.99	1.77
2013	0.96	0.99	1.48
2014	0.92	0.97	1.29
2015	0.95	0.98	—

注:数据来源于全国农产品成本收益资料汇编、美国马铃薯协会和英国马铃薯协会,德国、荷兰、俄罗斯相关数据暂缺。

(二)马铃薯价格

我国马铃薯价格水平与欧美差距不大。由表 6 可知,2009—2018 年我国马铃薯生产者价格最低年份的是 2009 年,仅 1.08 元/kg,此后价格逐步回升,保持在 1.20 元/kg 左右的价格水平。马铃薯价格波动主要影响因素是蔬菜等相关替代品价格以及城镇化水平、消费者收入水平和恩格尔系数等因素,价格受到消费层面因素的影响要大于生产层面因素的影响。2018 年中国马铃薯生产者价格 1.30 元/kg,与美国(1.24 元/kg)、英国(1.22 元/kg)、德国(1.33 元/kg)、荷兰(1.21 元/kg)和俄罗斯(1.32 元/kg)等欧美国家基本持平。

表 6 2009—2018 年马铃薯生产者价格水平国际对比 单位:元/kg

年份	中国	美国	英国	德国	荷兰	俄罗斯
2009	1.08	1.24	1.26	1.22	0.87	1.79
2010	1.83	1.37	1.37	1.49	1.14	2.12
2014	1.15	1.20	1.24	1.26	0.83	2.06
2015	1.22	1.20	1.14	0.88	0.79	1.35
2016	1.19	1.33	1.39	1.47	1.26	1.02
2017	1.18	1.37	1.26	1.33	1.21	1.34
2018	1.30	1.24	1.22	1.33	1.21	1.32

注:数据来源于全国农产品成本收益资料汇编和 FAO。

(三)马铃薯利润率

2011—2015 年我国马铃薯利润率波动增长,从 23.88%增长到 28.43%;美国马铃薯利润率相对较稳定,在 30.00%左右波动;英国马铃薯利润率波动幅度大,2013 年达到 36.94%,2014 年仅 12.09%,年际间差异较大。从马铃薯多年平均资本利润率来看,我国高于美国和英国,资本效率优势比较突出,详见表 7。

表 7　2011—2015 年马铃薯资本利润率国际比较　　单位:%

年份	中国	美国	英国
2011	23.88	39.28	14.52
2012	37.37	21.21	—
2013	56.32	35.63	36.94
2014	14.60	24.09	12.09
2015	28.43	22.62	—
均值	32.12	28.57	21.19

注:数据来源于全国农产品成本收益资料汇编和美、英两国马铃薯协会,德国、荷兰、俄罗斯相关数据暂缺。

五、马铃薯贸易优势国际比较

(一)马铃薯出口现状

马铃薯出口是我国提升地区经济发展水平,特别是贫困地区农业经济发展水平的优先选项之一,通过马铃薯出口实现获取贸易利益和延长马铃薯产业链的重要目的[6]。2009—2018 年我国马铃薯出口额从 1.51 亿美元增加到 3.12 亿美元,增长约 1 倍,占全球总出口额的比例从 1.41%提高到 2.04%。我国马铃薯出口以鲜薯为主,鲜薯出口额占我国马铃薯总出口额的比例在 80.00%左右[7,8],详见表 8。

表 8　2009—2018 年马铃薯及其制品出口额及其世界占比

年份	中国		美国		英国		德国		荷兰		俄罗斯	
	金额(亿美元)	占比(%)	金额(亿美元)	占比(%)	金额(亿美元)	占比(%)	金额(亿美元)	占比(%)	金额(亿美元)	占比(%)	金额(亿美元)	占比(%)
2009	1.51	1.41	11.80	10.98	3.27	3.04	10.24	9.53	24.93	23.20	0.34	0.32
2010	1.49	1.30	12.83	11.12	3.64	3.17	10.40	9.06	25.71	22.40	0.10	0.08
2014	3.22	2.24	17.13	11.92	3.96	2.76	12.38	8.61	31.52	21.93	0.81	0.56
2015	2.79	2.24	16.81	13.52	3.84	3.09	10.67	8.58	25.88	20.81	0.66	0.53
2016	2.72	1.98	17.42	12.68	3.91	2.85	11.33	8.25	29.99	21.83	0.71	0.51
2017	3.30	2.22	18.22	12.27	4.12	2.77	12.31	8.29	30.94	20.84	0.83	0.56
2018	3.12	2.04	18.08	11.81	4.69	3.06	13.40	8.75	32.33	21.11	1.00	0.65

注:数据来源于联合国商贸数据库。

(二)马铃薯贸易比较

根据表8可知,2018年美国、德国、荷兰等马铃薯出口大国出口额分别达到18.08亿美元、13.40亿美元和32.33亿美元,市场占有率分别达11.81%、8.75%和21.11%。并且以非用醋制作的冷冻马铃薯条、非醋方法制作或保藏的未冷冻马铃薯等附加值较高的马铃薯制品为主[9]。

六、马铃薯消费特征国际比较

(一)马铃薯消费量

FAO的数据显示,2010—2018年我国马铃薯消费总量从8225.20万t增加到9885.83万t,人均食用消费量从41.79 kg增加到43.62 kg,高于世界平均水平近10.00 kg,但与欧美国家仍有较大差距。2018年俄罗斯人均马铃薯消费量是我国的两倍以上,人均消费量超过100.00 kg,马铃薯成为名副其实的"第二面包",英国、荷兰、德国和美国分别达到了76.67 kg、70.06 kg、58.73 kg和52.26 kg[10]。虽然近年来由于我国马铃薯生产规模快速扩张,形成了四季供给充足、春季销售压力大的供求关系新格局,但从长远看我国马铃薯消费增长潜力很大,马铃薯传统主力群体和新兴消费群体的消费能力有望稳步提升,消费基本面良好,见表9。

表9 2010—2018年马铃薯人均食用消费量国际比较 单位:kg

年份	中国	美国	英国	德国	荷兰	俄罗斯
2010	41.79	51.58	99.14	63.36	92.47	105.09
2014	43.97	52.28	89.05	63.38	91.22	111.22
2015	44.71	50.22	85.83	66.31	90.73	112.54
2016	41.96	52.53	83.89	65.15	90.38	96.06
2017	41.11	52.80	91.67	65.98	89.69	90.34
2018	43.62	52.26	76.67	58.73	70.06	101.11

注:数据来源于FAO。

(二)马铃薯消费结构

我国马铃薯消费结构比较单一,60.00%以上用于鲜食。欧、美等国家直接以马铃薯为原料加工的各类食品有300多种,制成淀粉、各种类型的变性淀粉及淀粉深加工产品1000种。美国和英国每年冷冻或冷藏马铃薯消费量约占消费总量的一半。荷兰和比利时的冷冻马铃薯加工量甚至占到其加工总量的80.00%以上,绝大部分用于出口。价格、收入、设施、销售渠道和生活方式等多种原因决定了我国马铃薯加工率及消费量较低。但是,随着快餐食品在全球的迅速普及,我国对冷冻马铃薯的需求也在持续增长。

七、结论与建议

(一)主要结论

1. 种植结构以菜用品种为主,加工专用品种少

加工结构以淀粉等初加工、低附加值产品为主,缺少深加工、高附加值的加工品。美国马铃薯产业结构以加工业为主体,产业链完整,加工业比较发达,表现出多途径深加工、高附加值等特征,种植结构以加工品种为主,品种极其丰富。

2. 我国马铃薯单产水平存在较大增长空间

我国马铃薯单产水平高于俄罗斯,但仅及美国、德国、荷兰等欧美国家的 1/3～1/2,这种差距主要来自马铃薯种植地自然条件的差异。

3. 我国是世界马铃薯贸易小国

近年来我国马铃薯出口持续稳步增长,出口产品以附加值较低的鲜薯为主,国际市场占有率仅为 2.00%,荷兰、美国等马铃薯贸易大国出口数量大、国际市场占有率高,且以附加值较高的产品为主。

4. 我国马铃薯消费未来仍有较大增长空间

我国马铃薯消费方式以鲜食菜用为主,人均消费量较欧美国家有不小的差距,欧美马铃薯消费方式以马铃薯加工品为主,俄罗斯马铃薯作为主食消费,人均消费量是我国 2～3 倍。

(二)对策建议

1. 加快专用型马铃薯品种选育

建立国家马铃薯种质资源库,积极扩充原始栽培种和野生种等育种材料,为我国马铃薯育种提供更加丰富的种质资源。利用科研院所和高校的科研资源,对优质种薯研发进行联合攻关,培育出具有较强栽培适应性和抗病性,兼具高产优质特点的种薯品种,在此基础上,选育针对不同用途的专用型品种,满足市场需求。同时,进一步完善我国马铃薯种薯质量标准体系,强化种薯市场监管。

2. 推进良田良种良法组合应用

针对马铃薯主产区多分布在干旱贫瘠地区,加大对农田基础设施建设的投入力度,积极推进标准薯田建设,大力改善马铃薯种植环境;加大对马铃薯生产技术和品种创新的投入,建立健全马铃薯良种和良法推广体系,因地制宜推广马铃薯高产高效栽培技术;加强国际交流与合作,加强马铃薯人才往来与技术合作,引进荷兰、比利时等发达国家的优良品种、先进生产技术和管理经验,提高马铃薯单产水平。

3. 完善健全马铃薯出口策略

应稳步提升我国马铃薯产品的综合竞争力,提高马铃薯初加工产品和深加工的品质,也要积极开拓新兴市场,扩大出口范围,形成多元化的出口结构,抢占国际马铃薯贸易份额。同时,应大力开发"一带一路"沿线国家市场,促进马铃薯产业转型升级以迎合未来市场需求,同时建立产业内外协调平台推动我国马铃薯国际贸易健康发展。

4. 加大马铃薯产业支持政策倾斜

在农业资源环境约束日益趋紧的背景下，马铃薯作为一种高产高效作物，国家应加大政策支持力度，加速马铃薯产业发展。建议实施马铃薯初加工机械补贴、农机购置补贴、地膜回收补贴和良种补贴等政策性补贴措施。同时，在产业强镇、现代农业产业园、优势特色产业集群等项目上向马铃薯优势主产区倾斜；并从生产、加工、销售、流通等各环节制定支持政策，形成促进马铃薯产业发展的政策支撑与服务体系。

5. 研发和应用全程机械化技术，提高劳动生产率

针对马铃薯产业经营规模小，劳动力素质偏低，年龄偏大，人力成本上涨等突出问题，重点推进以机械替代劳动为核心的生产机械化、装备智能化建设。加大丘陵山地马铃薯全程机械化生产关键技术及中小型装备研发力度，支持产学研协同攻关，为大型联合马铃薯机械装备的研发提供技术支持。开展联合攻关，加快选育、推广宜机化专用品种，示范推广宜机化种植技术模式，促使良种、良法、良机配套，为机械化生产创造良好条件，力争在有条件的地区要实现马铃薯种植全程机械化，加快提高马铃薯劳动生产率。

参考文献

[1] 张千友，罗雪妹. 马铃薯生产的长期趋势、影响因素与目标预测研究[J]. 农村经济，2016(7)：60-64.

[2] 姚春光，隋启君，白建明，等. 美国马铃薯产业发展现状与启示[J]. 中国马铃薯，2019,33(2)：119-128.

[3] 李文华，吕典秋，闵凡祥. 中国、荷兰和比利时马铃薯生产概况对比分析[J]. 中国马铃薯，2018，32(1)：54-60.

[4] 潘寻. 马铃薯质量标准体系构建的分析与思考[J]. 世界农业，2017(7)：44-49.

[5] 张千友，刘巧茹. 马铃薯主粮化战略面临的挑战与应对——基于成本收益的实证研究[J]. 天府新论，2016(4)：113-119.

[6] 刘俊霞，贾金荣. 中国马铃薯国际贸易趋势分析[J]. 西北农林科技大学学报(社会科学版)，2012，12(4)：57-62.

[7] 万晓宁，孙爱军. 中国鲜、冷藏马铃薯出口贸易的比较优势及影响因素研究[J]. 中国农业资源与区划，2016，37(6)：70-75，132.

[8] 王瑞波，高明杰，张晴. 基于"一带一路"倡议的中国马铃薯国际贸易策略选择[J]. 世界农业，2017(9)：157-162，244.

[9] 王静怡，陈珏颖，刘合光. 中国马铃薯贸易现状和出口影响因素分析[J]. 江苏农业科学，2015，43(11)：610-613.

[10] 郭燕枝，王秀丽. 马铃薯在世界的传播及中国消费现状原因探析[J]. 农业经济，2015(10)：123-124.

中美马铃薯产业竞争力比较分析报告

一、国内马铃薯产业现状

马铃薯生产规模和人均占有量快速增加。我国是世界上最大的马铃薯生产国，近年来全国马铃薯生产规模快速扩展，根据公开发布的统计数据(图 1)，2016 年我国马铃薯播种面积 8622 万亩①，鲜薯总产量 10280 万 t，比 1982 年分别增加了 1.34 倍和 3.31 倍。而根据马铃薯产业技术体系的统计(表 1)，国家公开发布的数据对我国马铃薯播种面积低估 10%左右，鲜薯总产量低估 20%左右。

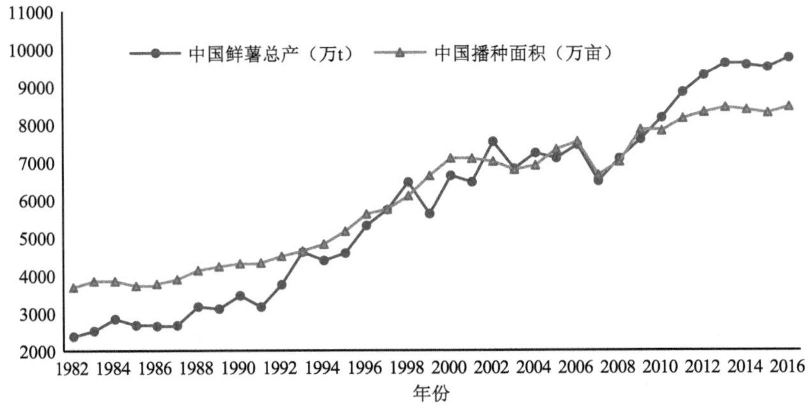

图 1 全国马铃薯生产规模统计数据

马铃薯产业的扶贫增收作用有弱化趋向。虽然近几年马铃薯市场价格不甚理想，但得益于马铃薯单产的不断提升，马铃薯平均每亩总收益不断提高，净收益也呈现稳定提高的趋势。但是，马铃薯生产成本的快速增加不容忽视，尤其是人工成本的已经成为影响马铃薯生产收益的关键首要因素(表 2)。

表 1 国家马铃薯产业技术体系估计数据

	2015 年	2016 年	2017 年	2018 年
播种面积(万亩)	9234	9589	9964	8963
鲜薯产量(万 t)	12220	12377	13434	12267

表 2 2015—2018 年农户亩均马铃薯生产成本收益

项目	2015 年	2016 年	2017 年	2018 年
净收益(元)	981.00	1369.75	1140.84	1215.57
总收益(元)	2524.77	3027.64	3012.51	3220.39

① 1 亩≈666.67 m^2，下同。

续表

项目	2015 年	2016 年	2017 年	2018 年
亩均产量(kg)	1898.32	1823.88	2077.59	2038.22
售价(元/kg)	1.33	1.66	1.45	1.58
总成本(元)	1543.77	1657.89	1871.67	2004.82
直接费用(元)	950.39	880.80	929.93	1007.11
种薯费(元)	375.90	398.64	416.34	445.22
化肥费(元)	211.71	207.14	222.18	230.23
间接费用(元)	37.66	39.49	45.08	55.46
人工成本(元)	555.72	737.60	896.66	942.25
家庭用工费(元)	407.64	517.21	584.38	557.54
雇工费用(元)	148.08	220.39	312.27	384.71

二、中美马铃薯产业比较

中国马铃薯生产成本较美国具有一定的优势。中国马铃薯单位生产成本明显低于美国。中国几乎所有地区的马铃薯单位生产成本都低于爱达荷州的任何地区,特别是青岛地区的马铃薯每成本几乎只有爱达荷州生产成本的一半。

中国马铃薯产业在国际市场与美国相比处于绝对劣势。长期以来,出口额排名前 10 的国家占世界出口额的比例一直在 80%以上,但总体上集中度有缓慢下降的趋势。从地域上来看,近 20 年出口额前 10 名的国家出现 10 次以上的国家都位于欧洲和北美洲,前 3 名全部被荷兰、比利时、美国和加拿大占据,这 4 个国家占比常年在 60%左右。这表明,马铃薯制品国际贸易主要出口国相对稳定,主要为具有技术工艺优势的欧美发达国家,这些国家的出口产品主要为种薯、全粉、薯条薯片等高技术含量和高附加值产品,具有生产技术要求高、进入门槛高的特点,因此,能够长期占据市场的领先地位。

三、马铃薯制品国际贸易情况

从总量看,中国马铃薯制品国际贸易地位不断提升。中国马铃薯及其制品国际贸易的进出口总额都呈现快速增长态势,国际贸易中的相对地位不断提升。近 20 年,中国马铃薯及其制品出口总额占全世界的比例增加 13.5 倍,进口总额占全世界比例增加 9 倍;出口位次由 1995 年的第 27 位稳步提升,到 2009 年已经跻身前 10 位,2015 年进一步提升至第 8 位;进口位次出现的波动较大,但总体仍然是上升趋势,由 1995 年的第 43 位提高到了 2015 年的第 15 位。相对于出口额的频繁波动,中国马铃薯制品进口额增长趋势稳定。

从结构看,中国马铃薯制品出口低附加值依赖、进口高附加值依赖。出口端,中国马铃薯及其制品出口结构中占据绝对主导地位的是鲜或冷藏的非种用马铃薯和速冻土豆块、土豆丁等冷冻马铃薯产品,均为马铃薯初级产品,加工程度和附加值都比较低。而且,中国马铃薯初级产品出口所占比例有波动增加的趋势,从 2000 年前的不足 50%增加到近期的 80%以上,已然在一定程度上形成出口的低端依赖;进口端,中国马铃薯及其制品进口长期处于种薯、全粉、薯条薯片等附加值高、技术含量较高的产品的大量进口状态。导致这种结构主要是由于中国国内符合高附加值产品加工标准的原料薯不能保证供应,加之加工工艺的落后,致使马铃薯加工制品成本普遍较高。

从区域看,"一带一路"沿线国家和地区是我国马铃薯制品出口的主要贸易伙伴。2015年,世界上与中国有马铃薯制品贸易往来的共有91个国家和地区。中国马铃薯制品共出口到60个国家和地区,其中对"一带一路"沿线国家和地区的出口额占比为65.12%,2015年出口额前10名中包括8个"一带一路"国家和地区,集中于东南亚、东亚和俄罗斯;中国从34个国家进口马铃薯制品,其中"一带一路"国家和地区的进口额占比为16.67%,从区域分布来看,主要进口地集中于欧美等发达国家,2015年进口额前10名中只有马来西亚属于发展中国家。因此,中国马铃薯制品的国际贸易地位较大幅度地提升,主要贡献来自于对东亚、东南亚和西亚等"一带一路"国家的出口,其主要原因在于自然条件的限制这些区域的国家不适合马铃薯生产,而长期以来中国马铃薯得益于较低的生产成本而在这些地区占据了价格优势。

基于引力模型的中国鲜薯或冷藏马铃薯出口贸易潜力研究*

张玉胜[1,2],吴培[2],刘洋[1],罗其友[1]

(1. 中国农业科学院农业资源与农业区划研究所,北京 100081;
2. 中国农业科学院研究生院,北京 100081)

一、引言

马铃薯在全球广泛种植,在中国也是重要的粮食和经济作物。中国是全球马铃薯第一大生产国,也是马铃薯产品贸易大国。近 20 年来,中国马铃薯产品出口贸易总额持续上涨,据联合国贸易数据,1999 年我国马铃薯产品出口额为 1638.51 万美元;2018 年我国马铃薯产品出口额达到了 30725.92 万美元,较 1999 年增长了 17.75 倍。从中国马铃薯出口的产品结构来看,鲜薯或冷藏马铃薯的出口始终占主导,2018 年中国出口鲜薯或冷藏马铃薯 447453.74 t,总金额为 25966.36 万美元,占全部马铃薯产品进口总额的 84.51%。为进一步分析我国鲜薯或冷藏马铃薯出口的影响因素,并考察不同因素对贸易量的影响,本文建立引力模型对该类马铃薯产品的出口影响因素进行计量估计。

二、贸易引力模型

(一)理论形式

引力模型是在 20 世纪 60 年代,分别由 Tinbergen[1] 和 Poyhonen[2] 独立地引入到国际贸易的研究中,并指出两国之间的贸易流量和各自的经济规模成正比,和两国之间的距离成反比。贸易引力模型的基本形式如下:

$$T_{ij}=AY_iY_j/D_{ij} \tag{1}$$

式中:i 和 j 分别表示 i 国和 j 国;T_{ij} 表示两国之间的贸易量(额);A 是常数项;Y_i 和 Y_j 分别表示 i 国和 j 国的经济规模;D_{ij} 表示 i 国和 j 国之间的距离。

此后该模型被广泛应用于双边和多边贸易流的研究,被认为是自 20 世纪 50 年代以来最为成功的贸易实证工具[3]。目前引力模型的应用已遍及国际贸易研究的各个方面。由于其具有解释变量可观,形式清晰直观,对数据适应能力强等特点,发展至今,引力模型已成为国际贸

* 本文发表于《农业展望》,2020,16(10):115-121.

易问题研究中的一种基本模型，具有重要的经济学意义[4]。

在实证检验中，引力模型一般采用对数线性的形式，通过对等式两边取对数并添加误差项：

$$\ln(T_{ij})=\beta_0+\beta_1\ln(Y_iY_j)+\beta_2\ln(D_{ij})+\varepsilon \quad (2)$$

式中：β_0 为常数项，ε 为随机误差项，β_1 和 β_2 分别为 T_{ij} 对 Y_i、Y_j 和 D_{ij} 的弹性。

(二)实证形式

在贸易引力模型理论形式中，被解释变量为中国马铃薯鲜薯或冷藏马铃薯产品出口额(T_{ij})。而对解释变量的选取，除了两国的经济规模与距离之外，不同学者们则根据研究需要，还引入人口[5]、人均收入[6]、汇率[7]、是否加入同一个经济组织[8]、是否接壤[9]等进行分析。本文参考前人研究成果，引入中国及马铃薯产品进口国的国内生产总值(GDP_i/GDP_j)(i 代表中国，j 代表马铃薯进口国，下同)、中国及马铃薯产品进口国人均国民总收入(GNI_i/GNI_j)、中国与马铃薯产品进口国马铃薯产量($Prod_i/Prod_j$)、马铃薯产品进口国替代品进口额(ST_{ij})、中国与马铃薯产品进口国首都距离(D_{ij})、人民币对美元汇率(R)、中国与马铃薯产品进口国是否拥有共同边界(BD)、中国与马铃薯产品进口国是否签订"一带一路"合作协议(BR)、马铃薯进口国是否为东盟成员国(AS)作为解释变量；因此，贸易引力模型可表示为：

$$\ln(T_{ij})=\beta_0+\beta_1\ln GDP_i+\beta_2\ln GDP_j+\beta_3\ln GNI_i+\beta_4\ln GNI_j+\beta_5\ln Prod_i+\beta_6\ln Prod_j$$
$$+\beta_7\ln ST_{ij}+\beta_8\ln D_{ij}+\beta_9\ln R+\beta_{10}BD+\beta_{11}BR+\beta_{12}AS+\varepsilon \quad (3)$$

式中：中国与贸易国首都距离，来自 https://www.timeanddate.com，通过其"Distance Calculator"功能计算得出。

由于各种原因，个别年份的贸易数据或有缺失，但数值为零则无法取对数。鉴于此，学者们采用了多种方法以避免此类问题，例如，盛斌等[9]、Kalbasi[10]采用遇 0 取 0.025 的方法，何伟[11]以缺失年度前后年份的平均增长率来推算贸易量。本研究对贸易额缺失的数据采用计算前后年份的年均增速来补充；为了避免回归过程中可能出现的计算问题，虚拟变量为 0 时取 0.025。马铃薯出口数据为长面板数据，故建模前，需对各变量进行平稳性和协整检验。本研究用计量软件 Matlab2016 进行数据分析。

三、中国鲜薯或冷藏马铃薯出口的影响因素分析

过去 20 年间，中国鲜薯或冷藏马铃薯的出口国家或地区十分集中，为文莱、中国香港、朝鲜、印度尼西亚、日本、马来西亚、蒙古国、菲律宾、俄罗斯、新加坡、斯里兰卡、泰国、阿拉伯联合酋长国、越南。因中国香港主要进行的是内地出口马铃薯产品的转口贸易，因此将中国香港从上述国家或地区中去除(下同)。因为朝鲜国内生产总值 GDP 和人均国民总收入 GNI 数据无法获取，因此将朝鲜从上述国家或地区中去除。其余 12 个国家，均能获取 1999—2018 年中国向该国出口鲜薯或冷藏马铃薯的贸易数据，其中印度尼西亚和蒙古国 1999—2009 年的人均国民收入数据无法获取，阿拉伯 1999—2000 年的人均国民收入数据无法获取，采用十分接近的人均国内生产总值代替。选取文莱、印度尼西亚、日本、马来西亚、蒙古国、菲律宾、俄罗斯、新加坡、斯里兰卡、泰国、阿拉伯联合酋长国、越南 12 个国家(计算贸易集中度)的有关数据作为样本数据。

(一)平稳性检验

在建模前,通过对模型变量进行 ADF 平稳性检验,结果显示所有的变量都是非平稳序列(虚拟变量是非零即一的特殊变量,两国空间距离对于选定国家是常数,均不是时间序列,故不讨论其平稳性和协整关系),符合预期,因为时间序列本身往往是非平稳的,其一阶差分或二阶差分后或可变为平稳序列,但是差分会减少数据的有效信息,影响回归结果,故本研究将讨论原始变量之间是否存在协整关系。

(二)协整检验

协整检验是进行回归分析的首要过程,是避免伪回归的主要方法[12]。本研究选用 Johnsen 协整检验,对所有时间序列变量($\ln GDP_i$、$\ln GDP_j$、$\ln PI_i$、$\ln PI_j$、$\ln Prod_i$、$\ln Prod_j$、$\ln ST_{ij}$、$\ln R$)进行协整检验,同时还采用组检的方法,两两组合进行协整检验,结果显示,所有变量在10%的显著性水平下存在协整关系,变量两两组合间在 1% 的显著性水平下存在协整关系(表 1)。故可以认为鲜薯或冷藏马铃薯出口额与贸易国双方的经济规模、人均收入、马铃薯产量、空间距离、替代品进口、人民币汇率之间存在长期均衡关系。

表 1 鲜薯或冷藏马铃薯出口引力模型变量的 Johnsen 协整检验结果

协整检验	Z 统计量	P	是否存在协整关系
$\ln T_{ij}$, $\ln GDP_i$, $\ln GDP_j$	4.323***	0.000	是
$\ln T_{ij}$, $\ln PI_i$, $\ln PI_j$	3.905***	0.000	是
$\ln T_{ij}$, $\ln Prod_i$, $\ln Prod_j$	12.087***	0.000	是
$\ln T_{ij}$, $\ln ST_{ij}$, $\ln R$	14.994***	0.000	是
8 个时间序列变量	1.523*	0.064	是

注:* 表示通过 10% 的显著性检验,*** 表示通过 1% 的显著性检验。

(三)面板数据回归分析及模型检验

面板数据回归类似于时间序列分析,通常建立静态计量模型,主要有混合估计模型、固定效应模型、随机效应模型、确定系数面板数据模型、随机系数模型和平均数据模型 6 类[13],其中运用最广、使用最多最常见的是固定效应模型、随机效应模型、混合估计模型和随机系数模型 4 类。Laird 等[14]指出,固定效应模型中的不可观测变量与回归自变量相关,是符合条件的首选方法(因为稳健性最重要),但如存在不随时间变化的变量,则不适合进行固定效应模型检验,如果使用需加入虚拟变量估计回归参数;而混合估计模型仅适用于回归变量中存在固定常数的情况。本研究中 D_{ij}、BD、BR 均是固定变量,不随时间变化,故综合考虑将分别用 OLS 混合估计和随机效应估计 2 种方法,对鲜薯或冷藏马铃薯出口理论引力模型即式(2)进行面板数据回归分析(表 2)。结果表明,两种方法下回归模型均通过检验,P 小于 0.001;混合估计模型中所有回归系数均通过 1% 的显著性检验,但随机效应模型 3 个变量中仅中国的经济规模通过 1% 的显著性检验,且回归系数符号符合预期,但另外 2 个变量均未通过检验。两种模型的拟合优度均较小,回归效果不好,说明对于鲜薯或冷藏马铃薯出口引力模型,其理论形式不足以说明问题,解释变量对被解释变量的拟合效果不好,解释能力不足。

表 2　鲜薯或冷藏马铃薯出口理论引力模型回归结果

变量	混合估计模型				随机效应模型			
	系数	标准差	t 统计量	P	系数	标准差	Z 统计量	P
$\ln GDP_i$	2.290***	0.259	8.830	0.000	2.354***	0.216	10.912	0.000
$\ln GDP_j$	−0.276***	0.080	−3.439	0.001	−0.408	0.308	−1.325	0.185
$\ln D_{ij}$	1.076***	0.306	3.524	0.001	1.234	1.290	0.960	0.337
常数	−54.694***	7.867	−6.952	0.000	−54.401	11.09	−4.905	0.104
	R^2	0.274	调整后的 R^2	0.265	R^2	0.268	调整后的 R^2	0.259
	F 统计量	29.740	P	0.000	卡方统计量	190.598	P	0.000

注：*** 表示通过 1%的显著性检验。

类似地，用两种方法分别对鲜薯或冷藏马铃薯出口实证引力模型即式(3)进行面板数据回归分析发现，两种方法下均存在未通过显著性检验的回归系数，且存在回归系数符号与预期不相符的情况，故本研究将对模型进一步调整，逐步去除不显著的变量。

首先，考虑混合估计模型，依次去掉不显著的变量：表示替代品进口额的 ST_{ij}、表示中国马铃薯产量的 $Prod_i$、表示中国经济规模的 GDP_i 后，除两国空间距离外，其余变量回归系数均通过显著性检验。虽然进一步去除掉 D_{ij}，会得到所有系数均通过检验的结果，但是考虑到 D_{ij} 是影响两国间贸易很重要的因素，且是理论引力模型中的核心解释变量，故本研究尝试去掉不显著的虚拟变量 AS 及 BR(去掉 AS 后，BR 不显著)，最终得到的系数估计值全部通过显著性检验(表 3)。

表 3　鲜薯或冷藏马铃薯出口实证引力模型 OLS 混合估计回归结果

变量	预期符号	模型 1		模型 2		模型 3		模型 4	
		系数	P	系数	P	系数	P	系数	P
$\ln GDP_i$	+	−24.219	0.330	−21.257	0.281	—	—	—	—
$\ln GDP_j$	+	0.754***	0.000	0.754***	0.000	0.753***	0.000	0.424***	0.000
$\ln PI_i$	+/−	28.681	0.269	25.634	0.216	3.293***	0.000	3.373***	0.000
$\ln PI_j$	+/−	−1.000***	0.000	−1.000***	0.000	−1.000***	0.000	−0.747***	0.000
$\ln Prod_i$	+/−	0.377	0.844	—	—	—	—	—	—
$\ln Prod_j$	+/−	−0.322***	0.000	−0.322***	0.000	−0.322***	0.000	−0.247***	0.000
$\ln ST_{ij}$	+/−	—	—	—	—	—	—	—	—
$\ln D_{ij}$	−	0.607	0.155	0.607	0.154	0.610	0.152	1.468***	0.000
$\ln R$	−	−4.277***	0.002	−4.266***	0.002	−4.868***	0.000	−4.833***	0.000
BD	+	3.193***	0.000	3.193***	0.000	3.194***	0.000	3.740***	0.000
BR	+	1.769**	0.043	1.769***	0.042	1.763**	0.043	—	—
AS	+	−1.383***	0.000	−1.382***	0.000	−1.381***	0.000	—	—
常数		484.438	0.32	429.708	0.287	−5.195	0.213	−6.742	0.116
R^2		0.701	0.701	0.699	0.677				
模型 P 值		0.000	0.000	0.000	0.000				
F 统计量		48.577	53.656	59.445	69.333248				

注：** 表示通过 5%的显著性检验，*** 表示通过 1%的显著性检验。

其次，对于随机效应模型检验，类似地依次去掉不显著的变量：表示是否签订“一带一路”合作协议的BR、表示中国马铃薯产量的Prod_i、表示是否为东盟成员国的AS、分别表示中国和贸易国经济规模的GDP_i和GDP_j（表4）。最终，两国空间距离D_{ij}仍未通过显著性检验，且建模过程中存在回归矩阵接近奇异值，故可能会导致回归结果不准确的。同时比较两种方法的拟合优度发现，混合模型的拟合优度较高，故选择混合模型进行估计。

表4 鲜薯或冷藏马铃薯出口实证引力模型随机效应估计结果

变量	模型1		模型2		模型3	
	系数	P	系数	P	系数	P
$\ln\text{GDP}_i$	−16.035	0.464	−12.803	0.464	—	—
$\ln\text{GDP}_j$	0.358	0.456	0.323	0.454	—	—
$\ln\text{PI}_i$	20.190	0.377	16.840	0.359	3.482***	0.000
$\ln\text{PI}_j$	−1.110**	0.024	−1.007	0.359	−0.840**	0.026
$\ln\text{Prod}_i$	0.384	0.819	—	—	—	—
$\ln\text{Prod}_j$	−0.268**	0.041	−0.24**	0.027	−0.192**	0.025
$\ln\text{ST}_{ij}$	0.093**	0.019	0.095**	0.016	0.103***	0.007
$\ln D_{ij}$	1.571	0.394	1.630	0.307	1.926	0.182
$\ln R$	−4.101***	0.000	−4.074***	0.000	−4.380***	0.000
BD	3.334	0.133	3.590*	0.058	3.327*	0.057
BR	—	—	—	—	—	—
AS	−0.960	0.603	—	—	—	—
常数	317.124	0.465	255.643	0.475	−3.315	0.791
R^2	0.681	0.663	0.634			
模型P	0.000	0.000	0.000			
卡方统计量	259.533	262.074	262.523			

注：* 表示通过10%的显著性检验，** 表示通过5%的显著性检验，*** 表示通过1%的显著性检验。

从OLS混合模型的回归结果看，贸易引力实证模型的拟合优度较理论模型提高了40%，拟合程度得到大幅提高，且各解释变量均通过了1%的显著性检验，变量系数符号除两国间距离外均符合预期，得到鲜薯或冷藏马铃薯出口实证引力模型的表达式如下：

$$\ln(T_{ij})=6.742+0.424\ln\text{GDP}_j+3.373\ln\text{PI}_i-0.747\ln\text{PI}_j-0.247\ln\text{Prod}_j+1.468\ln D_{ij}-4.838\ln R+3.741\text{BD} \tag{4}$$

四、中国鲜薯或冷藏马铃薯产品出口贸易潜力分析

贸易引力模型常用来测算贸易潜力[15]，根据上述方程，带入样本数据中国及鲜薯或冷藏马铃薯出口国解释变量，得到中国对鲜薯或冷藏马铃薯出口国的理论模拟值。以样品中各年份中国对鲜薯或冷藏马铃薯出口国的实际出口额除以理论模拟值，来测算各贸易国的贸易潜力，贸易潜力系数大于2表示贸易过度，[1,2]表示贸易稳定，小于1表示贸易不足。

计算中国鲜薯或冷藏马铃薯对文莱、印度尼西亚、日本、马来西亚、蒙古国、菲律宾、俄罗

斯、新加坡、斯里兰卡、泰国、阿拉伯联合酋长国、越南 12 个国家出口额的模拟值，进而比较其出口贸易潜力(表 5)。

表 5 1999—2018 年中国鲜薯或冷藏马铃薯对主要出口国贸易潜力

年份	文莱	印度尼西亚	日本	马来西亚	蒙古国	菲律宾	俄罗斯	新加坡	斯里兰卡	泰国	阿联酋	越南
1999	0.49	0.23	5.74	1.52	4.78	0.04	0.32	4.98	—	0.11	—	2.26
2000	0.17	0.13	10.08	1.08	6.52	—	0.23	1.60	1.82	—	0.80	0.53
2001	0.75	1.58	13.88	2.67	20.01	0.04	0.42	2.56	2.62	0.26	2.03	0.24
2002	0.92	1.39	4.22	2.59	13.07	0.71	0.49	2.54	1.06	2.70	0.29	0.90
2003	0.47	0.35	1.13	2.57	5.37	0.27	0.63	1.45	1.19	12.64	0.12	0.65
2004	0.59	0.21	1.00	2.48	4.35	0.17	0.61	1.35	1.20	4.40	0.10	0.43
2005	0.45	0.22	0.61	2.37	3.41	0.02	1.19	1.31	0.71	3.46	—	0.47
2006	0.39	0.35	0.50	2.38	3.90	0.15	1.13	0.91	0.59	6.48	7.04	0.37
2007	0.31	3.44	0.46	2.00	3.14	0.02	0.61	1.20	1.22	7.03	17.76	0.29
2008	0.61	0.12	0.24	2.22	3.13	0.32	1.29	1.61	0.47	11.46	3.70	0.59
2009	0.53	0.69	0.03	2.47	1.94	7.21	0.89	1.03	5.97	14.90	19.76	0.97
2010	0.46	0.34	0.35	1.78	0.76	1.94	0.59	0.90	1.43	11.99	4.54	0.98
2011	0.43	9.49	2.17	1.87	0.64	2.06	1.23	0.77	3.58	12.67	6.09	1.86
2012	0.37	2.55	0.45	1.45	0.30	2.63	1.07	0.74	3.21	7.69	8.11	1.69
2013	0.29	0.37	0.37	1.41	—	1.01	1.22	0.64	1.75	11.20	4.30	1.83
2014	0.33	0.37	0.30	1.44	0.35	0.14	2.25	0.64	10.37	9.30	6.14	3.41
2015	0.44	0.15	1.41	2.05	1.09	0.13	2.15	0.81	3.96	8.69	3.50	4.24
2016	0.26	0.19	2.38	1.09	0.04	1.50	0.80	0.60	5.56	3.27	2.55	3.00
2017	0.21	0.15	2.54	0.75	0.03	0.60	0.91	0.46	3.78	4.17	0.40	2.75
2018	0.17	0.01	0.81	0.63	0.12	0.24	0.56	0.38	2.26	3.09	0.15	2.25

注:“—”表示当年实际贸易额缺失。

从各年度各国贸易潜力来看，马来西亚、俄罗斯、斯里兰卡、越南为中国鲜薯或冷藏马铃薯四大主要出口对象国，2013 年以前，四国的出口潜力均值低于 12 国平均值，2014 年以后，四国的出口潜力均值高于 12 国均值。

从 20 年平均值来看，马来西亚、俄罗斯、斯里兰卡、越南为中国鲜薯或冷藏马铃薯四大主要出口对象国，其中，俄罗斯(0.929)表现为贸易不足接近贸易稳定，斯里兰卡(2.744)表现为贸易过度，马来西亚(1.842)和越南(1.485)均为贸易稳定。可见，中国鲜薯或冷藏马铃薯对俄罗斯出口还有很大的增长空间，随着中俄经贸关系越来越密切，其贸易潜力有望提高。

五、结论与展望

(一)结论

中国与鲜薯或冷藏马铃薯主要贸易国贸易双方的经济水平变量中，贸易国的经济规模和两国的人均收入均通过1%的显著性检验，且系数符号符合预期。贸易国经济规模的回归系数为0.424，符号与预期相符，即贸易国经济规模每增加1%，则其自中国进口的鲜薯或冷藏马铃薯金额将增加0.424%；中国和贸易国的人均收入回归系数依次为3.373、－0.747，即两国的人均收入每增加1%，则中国对其的鲜薯或冷藏马铃薯出口额将分别增加3.373%、减少0.747%。表明随着贸易国经济发展水平的提高，其自中国进口鲜薯或冷藏马铃薯的能力得以增强；随着中国人民生活水平的提高，中国向贸易国出口鲜薯或冷藏马铃薯的能力会有所提高；随着贸易国人民生活水平的提高，其专业化水平的提升使得进口略有下降。贸易国马铃薯产量通过1%的显著性检验，回归系数为－0.247，表明其产量每增加1%，内需供应增加，随着外需减少，其自中国的进口将减少0.247%。人民币汇率回归系数通过1%的显著性检验，回归系数为－4.838，符号与预期相符，即人民币汇率每增加1%，则中国对其的鲜薯或冷藏马铃薯出口额将减少4.838%。表明随着人民币汇率的提高，贸易国进口鲜薯或冷藏马铃薯的成本将提高，其进口能力随之降低。

贸易双方地理位置变量中，两国空间距离、是否有共同边界均通过1%的显著性检验，但其中贸易双方的空间距离的系数符号与预期相反，表明几个鲜薯或冷藏马铃薯主要进口国与中国之间的距离每增加1%，其进口额将增加1.468%，虽然影响不大，但是意味着距离成为促进两国鲜薯或冷藏马铃薯贸易的因素，何伟指出，在贸易引力模型中，距离作为替代一切阻碍贸易的因素，其如何选择至关重要，可进一步考虑将两国间的海运距离、相对距离等变量引入模型进行改进；是否有共同边界系数为3.741，与预期相符，表明两国毗邻有利于促进双方鲜薯或冷藏马铃薯贸易。

通过实际值与模拟值的比值衡量贸易潜力，发现近20年来鲜薯或冷藏马铃薯产品总体表现为由贸易稳定向贸易不足转变，即中国鲜薯或冷藏马铃薯的贸易潜力没有充分体现出来，还有拓展空间，贸易潜力较大。

(二)展望

根据我国及世界经济发展趋势，未来中国鲜薯或冷藏马铃薯的出口将迎来新的机遇和挑战。一方面，伴随我国经济稳健增长和世界经济长期向好的趋势，我国与贸易国之间鲜薯或冷藏马铃薯的贸易潜力将进一步得到拓展；随着《乡村振兴战略规划(2018—2022年)》的实施，“构建农业对外开放新格局”的局面正在形成，我国农产品包括马铃薯的出口能力将不断增强。同时，中国不断加强与“一带一路”沿线国家的合作，也为积极拓展出口对象国、降低关税和贸易成本提供了机遇。另一方面，当前国际贸易环境复杂多变，贸易摩擦加剧、新冠疫情对各国经济的冲击在短期内难以消散、世界经济下行风险增大等，使得国际贸易前景面临的不确定性加剧，必然给中国的马铃薯贸易带来挑战。

参考文献

［1］ TINBERGGEN J. Shaping the world economy: Suggestions for an international economic policy［M］. New York: Twentieth Century Fund, 1962.

［2］ POYHONEN P. A tentative model for the volume of trade between countries［J］. Weltwirts-chatfiliches Archiv, 1963, 90(1): 93-99.

［3］ ANDERSONJE. A theoretical foundation for the gravity equation［J］. The American Economic Review,

1979，69(1):106-116.

[4] 李阳. 基于引力模型的云南咖啡出口贸易潜力研究[D]. 北京：对外经济贸易大学，2018.

[5] LINNEMANN H. An econometricstudy of international trade flows[J]. Amsterdam：North-Holland，1966(65)：201-205.

[6] EDWARD E. LEAMER. The commodity composition of International trade in manufactures：an empirical analysis[J]. Oxford Economic Papers，1974，26(3)：350-374.

[7] BERGSTRAND，JEFFREY H. The gravity equation in international trade：some microeconomic foundations and empirical evidence[J]. Review of Economics&Statistics，1985，67(3)：474-481.

[8] BERGSTRAND，JEFFREY H. The generalized gravity equation，monopolistic competition，and the factor-proportions theory in international trade[J]. Review of Economics&Statistics，1989，71(1)：143-53.

[9] 盛斌，廖明中. 中国的贸易流量与出口潜力：引力模型的研究[J]. 世界经济，2004(2)：3-12.

[10] KALBASI H. The gravity model and global trade flows [C]. Brussels，75th International Conference on Policy Modeling for European and Global Issues，2001：5-7.

[11] 何伟. 基于引力模型的中国食用油籽贸易影响因素及贸易潜力研究[D]. 北京：中国农业科学院，2011.

[12] 解其昌，孙乾坤. 带线性时间趋势的分位数回归协整模型检验[J]，应用数学学报，2020，43(3)：555-571.

[13] 白仲林. 面板数据的计量经济分析[M]. 天津：南开大学出版社，2008.

[14] LAIRD N M，JAMES H. Random-effects models for longitudinal data[J]. Biometrics，1982，38(4)：963-974.

[15] 郭永芹. “一带一路”倡议下中国对东南亚国家的出口贸易潜力研究[J]，广西财经学院学报，2020，33(4)：35-45.

马铃薯产业态势与转型升级

我国马铃薯产量波动及其成因的时空研究*

鲁洪威[1],马释宇[2],李婷婷[1],罗其友[1],高明杰[1]

(1. 中国农业科学院 农业资源与农业区划研究所,北京 100081;
2. 中央民族大学创新实验班"孝通班",北京 100081)

一、引言

马铃薯具有营养丰富、全面、均衡的特点,深得世界多数国家居民的喜爱,是非常重要的粮菜兼用作物[1]。根据联合国粮食及农业组织(FAO)官方数据,我国马铃薯产量和面积自1995年以来一直位居世界第一位,约占全球的1/4[2]。2015年原农业部提出马铃薯主粮化战略以后,马铃薯在保障我国粮食安全中的作用不断增加[3]。马铃薯种植关联着上游的种薯繁育和下游的加工、消费,马铃薯产量的大幅度波动对马铃薯产业上下游主体的正常经营都构成了挑战。因此探寻我国马铃薯产量波动规律,分析波动影响因素,对于保持我国马铃薯产业健康平稳发展,发挥其产业扶贫作用具有非常重要的现实意义。

粮食产量波动的研究一直是众多学者关注的焦点。一些学者[4-6]利用波动指数研究了全国及湖南和新疆粮食生产的波动状况。一些学者[7,8]利用小波诊断分别研究了广西钦州和河南的粮食产量波动情况。另一些学者[9,10]采用HP滤波法分别研究了全国和河南粮食产量波动规律。还有些学者对产量波动的影响因素进行了研究。储敏[11]通过C-D生产函数构建粮食产量波动模型,研究了影响我国粮食产量波动的因素。还有些学者[12,13]采用LMDI法研究了影响中国和山东粮食产量波动的因素。

有些学者已经将EMD模型应用到社科领域波动问题的研究上。在产量波动方面,一些学者[14-16]运用EMD模型对全国、河北以及非洲粮食产量波动的规律和成因进行了分析,得出了不同空间范围的粮食产量波动周期和主控因素。有学者聚焦于某一作物的产量变化方面。李艳梅等[17]采用EMD模型系统分析了1978—2012年中国玉米产量的变化趋势和波动特征。还有一些学者将EMD模型应用到价格波动研究上。另外,一些学者[18-22]将EMD模型应用到对农产品、房地产、猪肉、木材和国际现货黄金的价格的研究,得出了不同商品价格波动的长短期规律。

现有对粮食产量波动的研究为马铃薯产量波动研究提供了宝贵经验,但主要集中在全国或某一省粮食产量的波动,对不同作物单独研究较少,有关马铃薯产量波动的研究仍为空白。在研究方法上,多采用线性回归法、波动指数法和HP滤波等较常规的产量变化研究方法,对EMD模型的应用相对较少。EMD模型是工科中用于分解时频信号的新方法。为了得到周

* 本文发表于《中国农业资源与区划》,2021,42(2):109-119.

期特性不同的 IMF 函数，需要将非平稳非线性的时间序列信号进行分解，以有效提取出信号的波动规律和发展趋势[23]。

马铃薯生产作为一种自然和社会再生产的综合，其产量波动受政策、自然、经济和社会发展等多方面因素的影响，波动特征呈现复杂、非线性和不平稳等特点，马铃薯产量变化的过程根本上是不同时间尺度周期波动共同作用的结果，包含众多不同时间尺度的变化特征。常规波动研究方法很难提取马铃薯产量波动多时间尺度周期规律，而经验模态分解法(EMD)可以将多时间尺度循环因素和长期趋势剥离开来，对周期性规律和长期变化趋势分别进行量化研究，从而可对马铃薯产量波动进行更为全面的分析，以明确我国马铃薯产量波动的多时间尺度波动周期和不同周期波动的时空主控因子，为指导我国马铃薯生产平稳发展提供科学依据。

二、研究方法与数据来源

(一)研究方法

经验模态分解法(empirical mode decomposition，EMD)是一种处理非平稳非线性信号的方法，该方法可以分解出信号中内含的波动周期规律和长期发展趋势，得到不同时间尺度的本征模态函数(intrinsic mode function，IMF)[24]。各个 IMF 分量需同时符合两个条件：①极值点的数目必须等于零点的数目或最多相差一个；②在任一时间，由极大极小值定义的上包络线和下包络线的平均值为零。具体步骤如下：

(1)求原始信号 $X(t)$ 中的所有局部极值点。运用三次样条函数拟合出所有原始信号局部极大、极小值点的上下包络线 $X_{up}(t)$ 和 $X_{low}(t)$。

(2)计算上下包络线的均值 $m(t)$

$$m(t)=[X_{up}(t)+X_{low}(t)]/2$$

(3)得出新数列 $h(t)$

$$h(t)=X(t)-m(t)$$

若 $h(t)$ 满足前述两个条件，$h(t)$ 记为 $imf_1(t)$，若 $h(t)$ 不满足，则用 $h(t)$ 代替 $X(t)$ 并再次进行前过程，直到找到符合前述条件的 $imf_1(t)$。

(4)计算

$$r(t)=X(t)-imf_1(t)$$

记为 $r_1(t)$ 并重复前述步骤，得到 $imf_2(t)$，重复 n 次即得：

$$r_1(t)-imf_2(t)=r_2(t)$$

$$r_{n-1}(t)-imf_n(t)=r_n(t)$$

(5)当 $imf_n(t)$ 或 $r_n(t)$ 比预定值小，或当 $r_n(t)$ 变成单调函数，不能再筛选出模式函数时停止上述分解过程。

最终原始信号 $X(t)$ 分解成为 n 个 IMF 分量和一个余项 $r_n(t)$，即

$$x(t)=\sum_{i=1}^{n} imf_i(t)+r_n(t)$$

(二)数据来源

本文数据来源于《中国农业年鉴》《新中国 60 年农业统计资料》和国家统计局的“分省年度

数据库”。鉴于数据的可得性与一致性，采用了1982—2018年全国马铃薯总产、面积、单产数据和除港澳台、北京、上海、江苏、山东和河南以外的全国26个马铃薯生产省(市、区)的产量面板数据。其中区域总产量根据马铃薯区划方案对分属不同区域的部分用市级数据做了估算。

三、结果与分析

(一)我国马铃薯产量波动经验模态(EMD)分解

通过Matlab软件编程，对1982—2018年我国马铃薯总产量数据进行EMD分解，得到1个趋势分量(R)和2个波动分量IMF1和IMF2(图1)。通过R可以了解我国马铃薯总产量在37年内的整体变化趋势，而IMF分量反映了马铃薯总产量增长波动在不同时间尺度下的波动特征。IMF分量本身可能含有不同的时间尺度，但同一时刻不同IMF分量周期不会相同[25]。其中IMF1分量体现的是短周期尺度下我国马铃薯总产量的波动情况，而IMF2分量则体现了长周期尺度下我国马铃薯总产量的波动情况，通过两个IMF分量可以了解我国马铃薯总产量长短周期下的波动周期和波动频率。

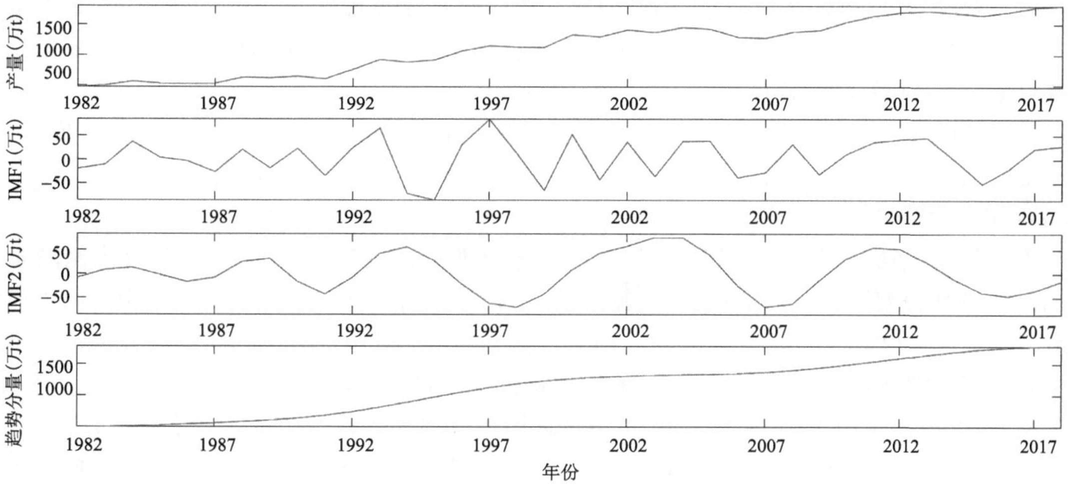

图1 我国马铃薯产量波动经验模态分解

1. 我国马铃薯产量时序特征分析

通过图1趋势分量可以看出，从1982—2018年我国马铃薯产量总体呈现上升趋势，根据趋势分量增加速度的变化经过数理推导发现在37年我国马铃薯产量波动共出现4个拐点，分别是在1987年、1995年、2005年和2012年。据此我国马铃薯生产可以划分为五个阶段(图2)。

第一阶段：低位缓增期(1982—1987年)。1982年和1987年全国马铃薯总产①分别为476.5万t和533.5万t(折粮，下同)，年均增长2.29%，增长较为缓慢。改革开放初期，农村

① 总产即总产量，下同。

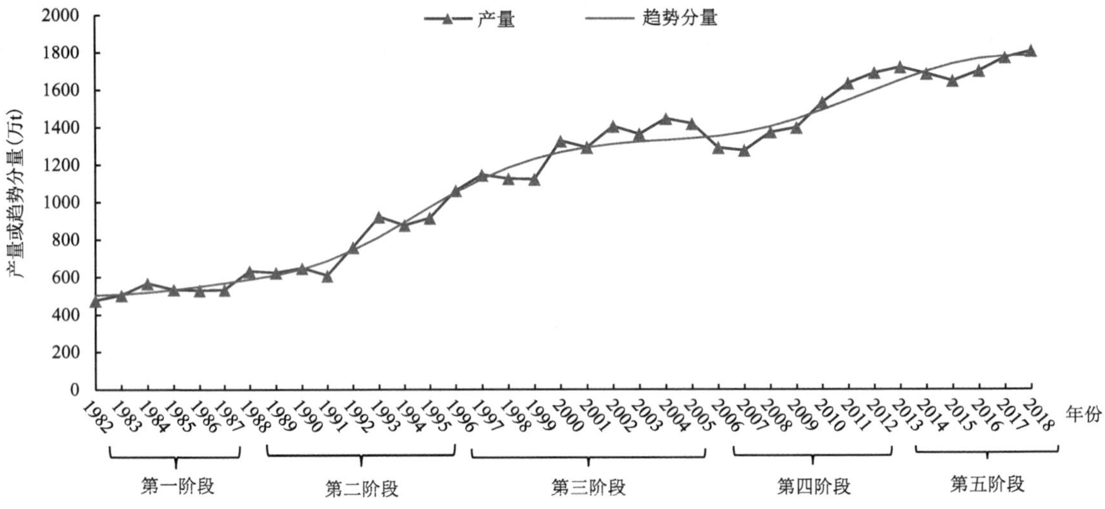

图 2 1982—2018 年我国马铃薯产量和趋势分量时序变化

的生产力水平仍然不高,马铃薯产量在此时期增加并不明显。

第二阶段:快速突破期(1988—1995 年)。该时期我国马铃薯总产波动性较大,基本呈现“三年一台阶”的增长态势。1995 年我国马铃薯总产为 914.4 万 t,比 1988 年增长 44.6%,年均增长率为 5.41%,增长速度较快。

第三阶段:阶段顶部期(1996—2005 年)。该时期持续时间较长,共有 10 年的跨度,马铃薯产量前期增长明显,但后期出现持续三年的明显下降。10 年间,我国马铃薯总产量增幅为 33.6%,年均增长 3.27%。

第四阶段:平稳上升期(2006—2012 年)。该时期我国马铃薯生产进入新的快速增长阶段,而且年际间稳定增长。全国马铃薯总产由 2006 年的 1289.73 万 t 增加到 2012 年的 1687.17 万 t,年均增长率达到 4.58%。随着我国马铃薯加工业的不断发展,马铃薯产业链的中下游需求持续增加,此阶段我国马铃薯生产得到了大力发展。

第五阶段:高位稳定期(2013—2018 年),近些年我国马铃薯生产进入稳定期,2018 年总产为 1798.37 万 t,相比于 2012 年仅增加 6.59%,年均增长率为 0.98%。随着多年我国马铃薯生产的发展,马铃薯总产相比于 1982 年增加了 2.7 倍,马铃薯供给能力大幅增加,但受到全国马铃薯总需求量的限制,近年来我国马铃薯总体呈供过于求态势,马铃薯价格较为低迷,影响了老百姓的种植积极性。

2. 我国马铃薯产量波动特征分析

图 3 和表 1 为根据 EMD 分解结果得出的两个 IMF 分量图像以及在不同时间尺度下的波动周期、方差贡献率及其与原始序列的 Pearson 相关系数。由图 3 和表 1 可知,IMF1 表示一个准 4 年的短周期波动,从 1982 年开始到 2018 年,共呈现了 11.5 个短周期波动。在 37 年中每 3—4 年我国马铃薯总产就会经历一个短周期波动,波动频率较快。IMF2 表示一个准 7 年的长周期波动,从 1982 年到 2018 年共经历了 5.2 个较为明显的长周期波动,平均周期 7.11 年,我国马铃薯总产量长周期波动持续时长为 7~8 年。

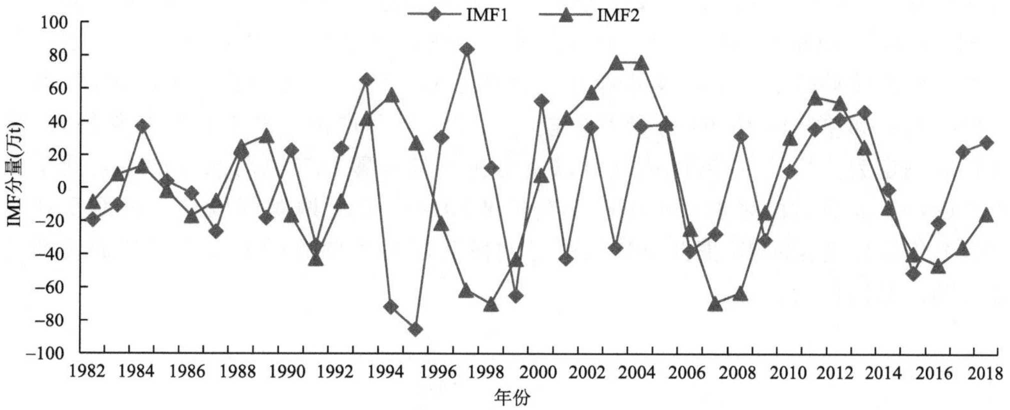

图 3 我国马铃薯产量波动 IMF 分量

表 1 马铃薯产量各 IMF 分量周期、其方差贡献率及相关系数

	马铃薯产量(IMF1)	马铃薯产量(IMF2)	趋势分量(*R*)
平均周期(年)	3.52	7.11	∞
方差贡献率(%)	0.86	0.88	98.26
Pearson 相关系数	0.19	0.05	0.99**

注:"**"表示通过 1%的显著性检验。

方差贡献率是指单个公因子引起的变异占总变异的比例,说明此公因子对因变量的影响力大小。方差贡献率可以分析各因子作用大小的程度,据此可以判定各分量在马铃薯总体变异中的主导作用,认定马铃薯产量波动的主要周期。根据马铃薯总产波动 EMD 分解后得到的不同分量的方差贡献率(表 1)可知,我国马铃薯总产波动以准 7 年周期为主,不过准 4 年周期与准 7 年周期方差贡献率相差不大,表明两者共同在起作用。两个 IMF 分量方差贡献率不大,*R* 方差贡献率达到了 98.26%,说明我国马铃薯总产波动的整体趋势以上升为主,并伴随着一定的长短期波动。由不同分量与原始序列的 Pearson 相关系数可知,趋势分量与原始序列相关性最强,在 99%的显著性水平下相关。而 IMF1 分量相关系数大于 IMF2 分量,说明 IMF1 分量与原始序列波动的一致性强于 IMF2 分量,在我国马铃薯产量波动中内含的准 4 年周期性波动更为显著。由于我国马铃薯总产基数较大,较小比例的总产波动在区域尺度上可能表现为大幅度的产量变化,这对于不同地区马铃薯产业的整体发展具有重要影响,因此有必要进一步探寻引起马铃薯总产波动的原因。

(二)我国马铃薯产量波动成因的时间尺度分析

影响马铃薯产量的因素众多,如物质要素投入、科技进步、自然条件以及马铃薯价格等。但根据作物学原理,马铃薯总产=播种面积×单产,上述影响因素都是通过影响以上变量来间接影响马铃薯的总产,因此影响马铃薯总产最直接的因素就是单产和播种面积[26]。过往研究采用的波动指数、灰色关联以及 HP 滤波等方法,虽然能够得出马铃薯产量和影响因素的关联度,但无法明确不同时间尺度波动的主控因素[20]。通过对马铃薯单产、播种面积和总产进行 EMD 分解,可以确定不同时间尺度波动周期的控制因素。

将马铃薯总产、单产和面积的波动分量 IMF1 图形进行比较，图 4 是马铃薯总产波动的 IMF1 分量和单产、面积波动的 IMF1 分量图像。由图观察总产、单产和面积波峰波谷可知，马铃薯总产和单产波动的 IMF1 分量的峰谷重合度达到 85%，波动形状相似度较高，可以判定我国马铃薯总产和单产的 IMF1 分量波动较为同步。而总产由单产与面积相乘得来，波动的一致性可以判定为分量的主导性，据此可以认定我国马铃薯总产短周期波动主要受单产短周期波动的影响。而分时段来看，2000—2007 年和 2014—2018 两时间段马铃薯面积和总产量波动 IMF1 分量也较为同步，据此可知该两时间段我国马铃薯总产准 4 年周期的波动受单产和面积波动的共同作用。

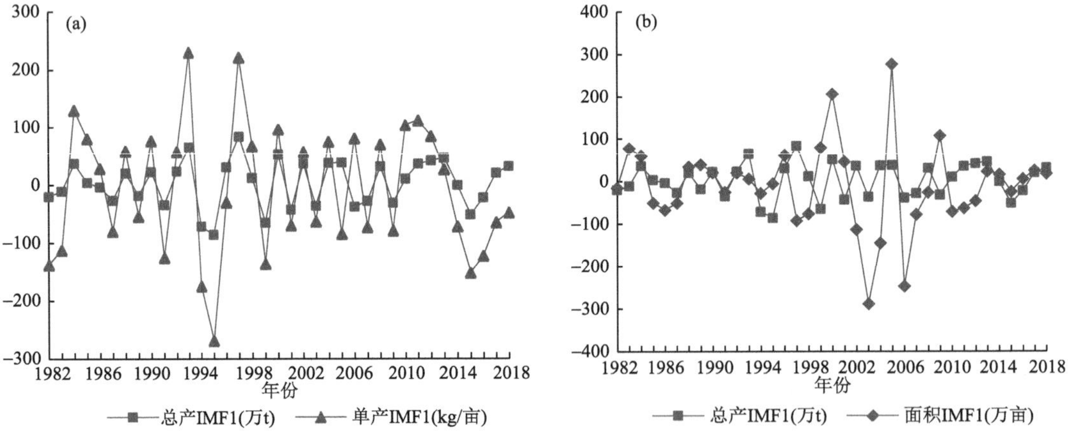

图 4　马铃薯总产波动 IMF1 分量和单产(a)、面积波动的 IMF1 分量(b)

图 5 是我国马铃薯面积、单产和总产波动的 IMF2 分量，根据不同时期总产和单产、面积的长周期波动的一致性可知。1982—2003 年我国马铃薯总产和单产波动的 IMF2 分量波峰波谷重合度较高、波动情况基本一致。而 2004—2018 年我国马铃薯面积波动的 IMF2 分量与马铃薯总产波动的 IMF2 分量图形较为一致，峰谷较为吻合。由此可以推断，1982—2003 年我国马铃薯总产准 7 年周期的波动主要受单产波动的控制，而 2004—2018 年总产长周期波动

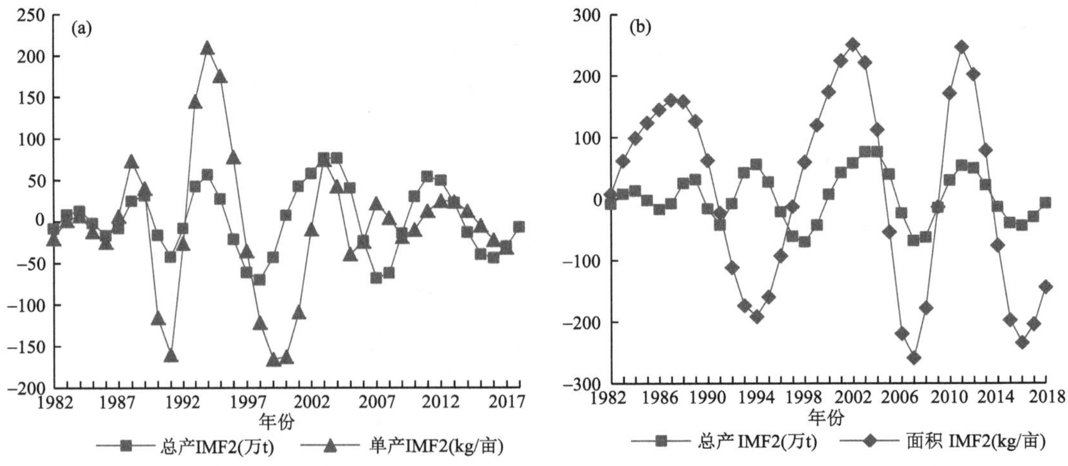

图 5　马铃薯总产波动 IMF2 分量和单产(a)、面积波动 IMF2 分量(b)

主要受面积波动的主导。结合现实可知,从改革开放到进入 21 世纪我国马铃薯生产技术水平得到很大提升,马铃薯生产的投入要素结构不断优化,病虫害防治技术不断进步使得此时期我国马铃薯的单产水平得到很大提升。而随着技术要素水平的提高,众多技术瓶颈的破解,马铃薯的生产力水平已经达到一定高度,单产水平的提升难度越来越大。而受马铃薯生产成本收益的影响,老百姓随着市场不断调整种植计划,生产面积对总产量的变化起到了主要作用,可以解释改革开放初期和近些年我国马铃薯总产量波动分别受单产和面积的主导。

(三)我国马铃薯产量波动成因的空间尺度分析

我国马铃薯产量波动不仅在时间序列上表现出较强的规律性,全国马铃薯各大区域由于其自身条件的不同,波动的规律也各有特点,并且不同区域对全国马铃薯总产量波动的影响也具有一定的差异性[27]。因此从空间尺度上研究我国马铃薯不同区域对全国马铃薯产量波动的影响,从而针对不同区域马铃薯生产制定适宜政策管理措施,对于保持我国不同区域马铃薯生产稳定具有重要意义。

根据过往研究得出的全国马铃薯区域划分方案[28],全国马铃薯根据不同的种植生产特点可以划分为北方一作区、南方二作区、中原二作区以及西南混作区四大区域。对各大作区马铃薯总产量时间序列进行 EMD 分解,将不同作区马铃薯总产量波动 IMF 分量与全国马铃薯总产波动 IMF 分量进行比较研究以得出我国马铃薯产量长短周期波动空间尺度的主导区域(图 6)。

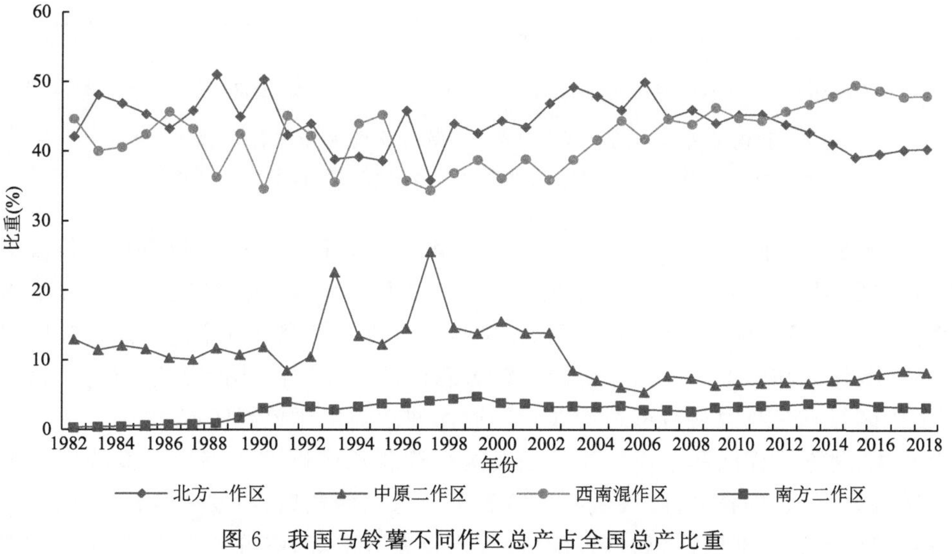

图 6　我国马铃薯不同作区总产占全国总产比重

我国马铃薯总产量短周期波动的空间尺度成因有以下特征。

图 7a,b 分别是北方一作区和中原二作区马铃薯总产波动 EMD 的 IMF1 分量与全国马铃薯总产波动的 IMF1 分量的图像,由图可知这两个作区马铃薯总产波动的 IMF1 分量与全国的 IMF 分量波动情况较为一致,峰谷重合度超过 90%,且波动周期相同,都是准 4 年尺度的周期性波动。据此可以判断北方一作区和中原二作区是影响我国马铃薯总产以准 4 年为尺度的短周期波动的主要控制区域。

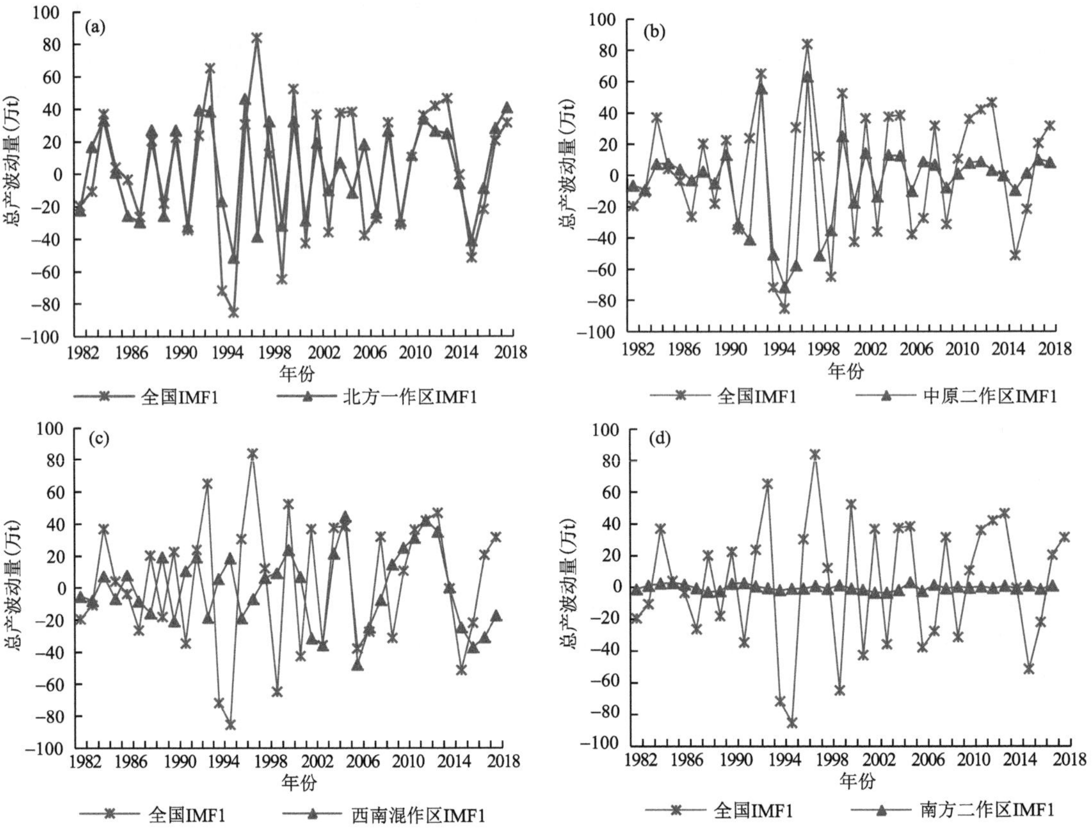

图 7　我国马铃薯不同作区总产波动 IMF1 分量和全国总产 IMF1 分量

(a)北方一作区;(b)中原二作区;(c)西南混作区;(d)南方二作区

图 7c,d 分别是西南混作区和南方二作区与全国马铃薯总产波动的 IMF1 分量图像。其中,西南混作区 IMF1 分量在 1996 年以前是准 3 年周期的波动,波幅较小,1996 年后波幅逐渐变大。南方二作区经验模态分解的 IMF1 分量是一个准 6 年周期的波动,波动幅度较小。由此可知,西南混作区和南方二作区与全国马铃薯总产的短周期波动情况差异较大,波动并不一致,这两个作区都不是我国马铃薯总产准 4 年周期波动的主要控制区域。

综上所述,北方一作区和中原二作区是我国马铃薯总产以准 4 年为尺度的短周期波动的主要影响区域,因此,该两作区应该做好马铃薯生产的短期规划,注重马铃薯生产的日常管理,对影响马铃薯生产的短期因素(如销售价格、投入要素成本等)应着重关注,制定促进马铃薯产业短期内平稳发展的有效措施。

我国马铃薯总产量长周期波动的空间尺度成因有以下特征。

图 8a,b 是北方一作区和西南混作区与全国马铃薯总产波动 EMD 的 IMF2 图像。该两作区都是准 7 年尺度的周期性波动,峰谷与全国波动的重合度超过 80%,波形与全国马铃薯总产的长周期波动 IMF2 都较为一致,说明该两作区是我国马铃薯总产长周期波动的主要影响区域。其中,北方一作区相比于西南混作区与全国马铃薯总产波动 IMF2 分量图像吻合程度更高,而 2008 年以前西南混作区马铃薯总产长周期波动峰谷和波形与全国较为一致,2008 年

以后西南混作区与全国差异较大。据此可以判断北方一作区是我国马铃薯总产长周期波动的第一控制区，而2008年以前西南混作区是共同控制区。

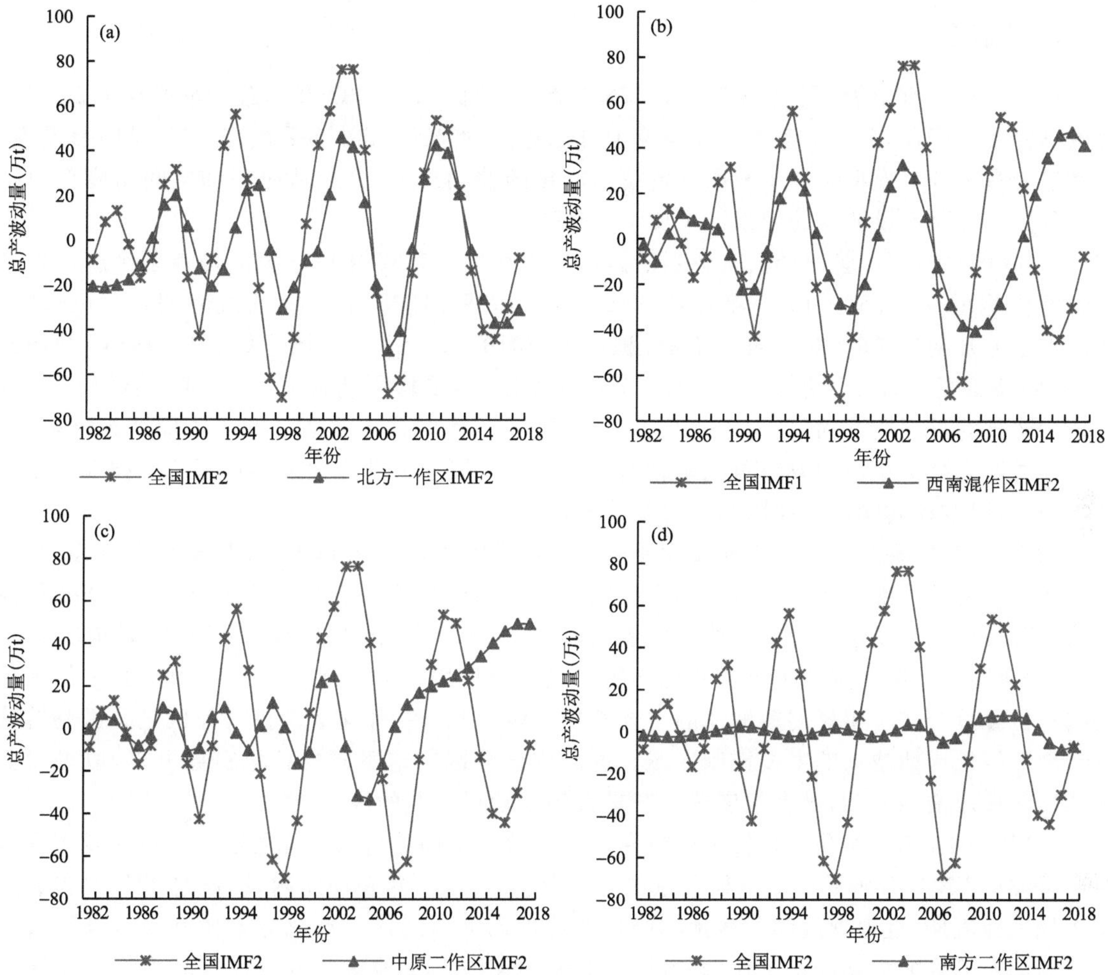

图8　我国马铃薯不同作区总产波动 IMF2 分量和全国总产 IMF2 分量

(a)北方一作区；(b)西南混作区；(c)中原二作区；(d)南方二作区

图8c,d是中原二作区和南方二作区马铃薯总产长周期波动与全国总产长周期波动的IMF2图像。由图可知，中原二作区和南方二作区马铃薯总产波动的IMF2图像与全国都不一致。其中，中原二作区马铃薯总产波动幅度和波动周期都逐渐变大，而南方二作区马铃薯总产波动幅度较小且以准8年周期性波动为主。由此可知，中原二作区和南方二作区并不是我国马铃薯总产长周期波动的主要影响区域。

综上所述，北方一作区和西南混作区是我国马铃薯总产长周期波动的主控区域，因此，应该做好对该两作区马铃薯生产的长期生产规划管理，在制定马铃薯生产发展规划时适当延长规划周期，增加马铃薯生产支持项目的持久性，制定有利于该两作区马铃薯生产长期平稳发展的政策措施。

四、结论与讨论

(一)结论

1982—2018 年，我国马铃薯总产从 476.5 万 t 增加到 1798.37 万 t，总产量增加了 2.7 倍。我国马铃薯总产在 37 年中整体呈现快速上升态势，但增长速度并不平稳，总产波动时有发生。借助经验模态分解模型研究了我国马铃薯总产量的波动规律，分别从时间和空间角度探讨了影响我国马铃薯产量波动的因素。主要结论如下。

(1)我国马铃薯产量波动具有较强阶段性和周期性。1982 年以来我国马铃薯生产可以划分为低位缓增期(1982—1987 年)、快速突破期(1988—1995 年)、阶段顶部期(1996—2005 年)、平稳上升期(2006—2012 年)和高位稳定期(2013—2018 年)5 个阶段。从 1982 年开始到 2018 年，我国马铃薯产量共发生了 11.5 个短周期波动，平均周期长度 3.52 年，共经历了 5.2 个较为明显的长周期波动，平均周期 7.11 年。我国马铃薯总产波动以准 7 年周期为主，不过准 4 年周期与准 7 年周期方差贡献率相差不大。总产波动上升为我国马铃薯总产波动的主要趋势，长短期波动共同影响我国马铃薯总体波动。

(2)我国马铃薯产量长短周期波动受面积和单产的影响。在 IMF1 短周期波动方面，我国马铃薯单产是总产准 4 年尺度波动的主控因素。在 IMF2 长周期波动方面，1982—2003 年我国马铃薯长周期波动主要受单产波动的控制，2004—2018 年则主要受面积波动的影响。

(3)我国马铃薯产量长短周期波动不同区域主导作用不同。北方一作区和中原二作区是我国马铃薯总产准 4 年短周期波动的主要控制区域。北方一作区和西南混作区是我国马铃薯总产准 7 年长周期波动的主要控制区域。据此应该分区制定不同的种植引导方案，以平滑我国马铃薯长短周期波动，最大限度减少产量大幅波动对产业的冲击。

(4)从 2018 年开始我国马铃薯产量在短周期波动下即将进入下降通道。通过对我国马铃薯产量波动 EMD 分解后长短周期分量的趋势分析，在准 4 年短周期内，2018 年我国马铃薯产量正处于峰值期，且根据波动曲线预测产量即将进入下降通道。据此应该做好我国马铃薯总产量短期内下降的战略准备工作，并且通过对短周期波动主控区北方一作区和中原二作区合理引导种植，避免我国马铃薯总产短期内出现较大幅度波动。

(二)讨论

本文对影响我国马铃薯产量的单产、播种面积等直接因素进行了定量分析。但间接影响马铃薯总产的因素诸如复种指数、气候条件、技术水平、水利设施、物质要素投入等因素也对马铃薯总产量有着至关重要的影响[29-31]，探讨上述因素对我国马铃薯产量波动的影响，将可以更深层次探寻我国马铃薯产量波动的影响因素，今后本研究将在此基础上继续深入探讨影响马铃薯面积和单产的因素和不同区域马铃薯产量波动的具体原因，从而进一步为我国马铃薯生产平稳发展提供科学依据。

参考文献

[1] 马力阳，罗其友，高明杰，等. 西北山区农户马铃薯生产规模效率及其影响因素[J]. 中国农业大学学

报，2019，24(10)：239-250.

[2] 马力阳，罗其友，高明杰. 山地地区不同规模农户马铃薯生产技术效率研究——基于甘肃、重庆、广东453个农户的实证分析[J]. 华中农业大学学报(社会科学版)，2019(04)：72-80,172-173.

[3] 罗其友，刘 洋，高明杰，等. 中国马铃薯产业现状与前景[J]. 农业展望，2015，11(3)：35-40.

[4] 喻翠玲，冯中朝. 我国粮食生产的波动性及其影响因素分析[J]. 农业现代化研究，2006，27(1)：7-10.

[5] 龙方，杨重玉，彭澧丽. 粮食生产波动影响因素的实证分析——以湖南省为例[J]. 农业技术经济，2010(9)：97-104.

[6] 李福夺，杨兴洪. 新疆粮食生产波动：波动特征与影响因素[J]. 干旱区资源与环境，2016，30(8)：54-61.

[7] 李晓冬，吴胜军，杜耘，等. 基于小波的钦州水稻产量多时间尺度分析与预测[J]. 世界科技研究与发展，2009，31(3)：507-509,516.

[8] 李青松，邓素君，徐国劲，等. 河南省粮食产量波动特征及影响因素分析[J]. 中国农学通报，2015(18)：235-239.

[9] 李昊儒，毛丽丽，梅旭荣，等. 近30年来我国粮食产量波动影响因素分析[J]. 中国农业资源与区划，2018，39(10)：6-15,21.

[10] 效赛丽，朱秀英，邓蒙芝，等. 基于HP滤波法的河南省粮食产量波动分析[J]. 河南农业大学学报，2014，48(6)：785-789.

[11] 储敏. 中国粮食产量波动的影响因素分析[D]. 南京：南京财经大学，2015.

[12] 周志刚，郑明亮. 基于对数均值迪氏指数法的中国粮食产量影响因素分解[J]. 农业工程学报，2015，31(2)：1-6.

[13] 乔秀杰，吕晓，张全景. 基于LMDI的山东省粮食产量影响因素分解[J]. 山东农业科学，2016，48(7)：164-168.

[14] 刘会玉，林振山，张明阳. 基于EMD的我国粮食产量波动及其成因多尺度分析[J]. 自然资源学报，2005(5)：745-751.

[15] 李新旺，王树涛，门明新，等. 基于EMD的河北省粮食产量波动及其成因的时空多尺度分析[J]. 自然资源学报，2009，24(11)：1994-2004.

[16] 杨艳昭，吴艳娟，封志明. 非洲粮食产量波动时空格局的定量化研究[J]. 资源科学，2014，36(2)：361-369.

[17] 李艳梅，陈秧分，刘玉，等. 基于LMDI和EMD模型的中国玉米产量变化及其波动性研究[J]. 北京大学学报(自然科学版)，2015，51(5)：946-954.

[18] 徐克. 基于价格分解的鲜活农产品短期价格预测模型[D]. 北京：中国农业科学院，2016.

[19] 阮连法，包洪洁. 基于经验模态分解的房价周期波动实证分析[J]. 中国管理科学，2012，20(3)：41-46.

[20] 蔡超敏，凌立文，牛超，等. 国内猪肉市场价格的EMD-SVM集成预测模型[J]. 中国管理科学，2016，24(S1)：845-851.

[21] 陈文汇，李德杰，刘俊昌. 基于EMD的进口原木价格波动分析及预测研究[J]. 林业经济评论，2014，4(2)：43-48.

[22] 陈振宗. 基于经验模态分解(EMD)的国际现货黄金价格分析及预测[D]. 南昌：江西财经大学，2015.

[23] 鞠金艳，赵林，王金峰. 农机总动力增长波动影响因素分析[J]. 农业工程学报，2016，32(2)：84-89,90,91.

[24] HUANG N E, SHEN Z, LONG S R, et al. The empirical mode decomposition and the Hilbert spectrum for nonlinear and non-stationary time series analysis[J]. Proceedings of the Royal Society A: Mathematical, Physical and Engineering Sciences, 1998, 454(1971).

[25] 邓拥军，王伟，钱成春，等. EMD方法及Hilbert变换中边界问题的处理[J]. 科学通报，2001(3)：257-263.

[26] 刘忠，黄峰，李保国. 基于经验模态分解的中国粮食单产波动特征及影响因素[J]. 农业工程学报，2015，31(2)：7-13.

[27] 高明杰，张萌，罗其友. 我国马铃薯价格波动的时空差异性研究[J]. 价格理论与实践，2017(10)：104-107.

[28] 滕宗璠，张畅，王永智. 我国马铃薯适宜种植地区的分析[J]. 中国农业科学，1989，22(2)：35-44.

[29] 祝美群，白人朴，ZHU M，等. 改革开放以来我国粮食生产波动的分析[J]. 中国农业大学学报，2000，5(4)：6-10.

[30] 蒋尚明，金菊良，许浒，等. 基于经验模态分解和集对分析的粮食单产波动影响分析[J]. 农业工程学报，2013，29(4)：213-221.

[31] 韩荣青，戴尔阜，吴绍洪. 中国粮食生产力研究的若干问题与展望[J]. 资源科学，2012，34(6)：1175-1183.

新冠疫情对马铃薯产业的影响分析

为了解新冠疫情及其防控对我国马铃薯产业发展的主要影响，经济研究室 2020 年 2 月 10—16 日进行了专题调查。通过调研形成的初步结论：①疫情主要对目前处在播种或收获期的地区影响相对较大但面积有限，对北方主产区的影响主要体现在不利于备耕，其他影响尚不明显；②马铃薯库存充足，部分地区出库难和流通受阻，市场需求旺盛、价格上升明显；③如果 3 月底前解除管控措施，疫情对全年马铃薯生产有有限影响，须因地因时制宜采取针对性措施，实现稳生产保供给。

一、主要影响

（一）对当前马铃薯生产的影响

疫情对处在播种、出苗和收获等生产阶段的马铃薯产区的影响相对较大，但是波及范围有限。山东省春季马铃薯以保护地栽培、露地地膜覆盖栽培为主，目前交通受阻、人工受限，种薯、化肥、棚膜等农资供应不足，对二膜及露地马铃薯备播造成一定影响，目前二膜覆盖栽培已延迟 10 d 左右。部分冬作区由于疫情影响，雇工困难，病虫害防治工作难以有效开展，对该地区马铃薯产量和品质造成较大影响。广西冬种马铃薯正值收获上市的时期，劳动力需求较大，但由于疫情防控措施的影响，出现工人紧缺和劳务费上涨问题，对收获工作影响较大。安徽省露地马铃薯的适宜播期为 1 月中旬至 2 月中旬，疫情防控导致劳动力出现短缺，对马铃薯播种影响较大，目前只完成总播种面积的 35%左右。鄂西山区及武陵山区的二高山区域（海拔 700～1200 m）通常 1—3 月播种，目前已完成总播种面积的 60%～70%，受疫情影响，肥料等农资难以满足播种需求。云南省早春马铃薯和湖南省冬种马铃薯正处于出苗期，因疫情影响，劳动力出现短缺，且劳务费有一定的上涨，但目前用工数量不多，总体影响有限。河北省部分地区（秦皇岛、唐山和新乐等地）的马铃薯播种期在 2—3 月，播种工作受疫情影响相对较大。

疫情对北方马铃薯主产区的影响主要体现在不利于备耕，其他影响尚不明显。东北、华北和西北等马铃薯主产区目前正处在备耕阶段，播种集中在 4 中旬到 5 月上旬。吉林省和青海省马铃薯大面积种植在 3 月中下旬到 5 月初，疫情对播种暂无影响，但对备耕有一定程度的影响。甘肃、河北部分地区（张家口、承德等地）播种期在 4 月中下旬至 5 月中旬，目前疫情主要对备耕影响较大，种薯、化肥等农资相对紧缺。新疆通常在 3 月下旬至 5 月上旬播种，目前播种未开始，种薯基本已到位，疫情对化肥等农资采购略有影响。疫情对陕北地区（榆林、延安等地）和陕南地区（安康、汉中、商洛等地）的备耕工作影响不大。

（二）对当前马铃薯销售的影响

从马铃薯供给来看，受春节效应、交通管制、人员流动限制等措施影响，马铃薯库存充足，但流通受阻，运输和人工成本明显上升，终端市场出现供给不足；从马铃薯需求来看，家庭消费增长较快，学校、工厂等团体性消费出现下滑，销售量基本与往年持平，但销售价格上升明显。

东北地区马铃薯销售好于往年同期，库存薯已销售 80%～90%，平均销售价格 2.00～2.20 元/kg，普遍上涨 50%以上。受疫情影响，山东部分交易市场关闭，出货速度变缓，主产区购销活跃度相对正常，价格稳中有升，滕州库内薯荷兰十五 300g 起步价格在 2.60～2.80 元/kg。山东马铃薯总体库存剩余量 10%左右，普遍低于往年同期，销售情况较好。广东冬作商品薯收购价出现上涨，收购价在 3.00～3.40 元/kg，高于往年同期。2020 年 1 月 1 日—2 月 12 日，河北马铃薯批发市场日均价格为 2.63 元/kg，同比增长 10%左右。湖南马铃薯的零售价格比春节前已上涨 2 元左右，现售价为 8.00 元/kg 左右。河北、新疆、甘肃、内蒙古等多地面临库存商品薯出库难的问题，部分地区由于疫情管控，库房不允许出货，人员和物资流动比较困难，直接影响了马铃薯运输车辆的通行效率。

(三)对全年马铃薯生产的影响

(1)对全年马铃薯种植影响不大，主要影响小春马铃薯播种。预计 2020 年全国小春马铃薯面积会略有下降，大春马铃薯面积将会出现恢复性增长，全国面积相对稳定。疫情对小春马铃薯播种有一定影响，但同时一定程度抬升马铃薯价格，会增加马铃薯收益预期和激励薯农扩大春马铃薯种植。

(2)对全年马铃薯生产成本有一定影响，主要体现在小春马铃薯上。受疫情期间交通管控等影响，马铃薯春播所需农资、设备、劳动力均出现不同程度短缺，对春播会造成一定程度影响，外加运输成本上升，预计在短期内马铃薯生产成本会有所上涨。

二、主要对策建议

(一)加强产销对接

全面落实三部委“不得阻碍农产品、农资等正常流通”的通知，打通鲜活农产品和重要农资“绿色通道”，通过淘宝、京东、拼多多等大型电商平台或直接联系企业，进行线上交易，实现点对点配送，尽量减少车辆和人员流动带来的风险，充分满足社会生产生活需要，保障全国马铃薯市场供应不断档，实现“稳供保价”目标。

(二)强化线上技术指导

建立马铃薯生产技术学习云平台，组织录制马铃薯生产技术视频，方便农户通过网络学习相关生产技术。鼓励运用微信、QQ、农技推广 APP、电话热线等新媒体手段，开展网上马铃薯生产科技培训，并根据农户需要，提供远程技术指导服务。

(三)完善农业社会化服务

鼓励农户采用生产托管等方式与专业社会化服务组织合作，采用 APP 下单等方式统一供应农资、使用农机、安排技术服务等，进一步推动马铃薯产业社会化服务组织发展，最大限度减少疫情影响。

中国马铃薯价格波动定量分析*

张萌，高明杰，罗其友

（中国农业科学院农业资源与农业区划研究所，北京 100081）

一、引言

在国家新型粮食安全战略、农业供给侧结构性改革和马铃薯主粮化的大背景下，马铃薯产业发展步伐日益加快。我国马铃薯虽然实现了周年生产、周年供应的格局，但是南北方生产上的季节性造成的淡旺季供应不平衡、供需结构的弱匹配、市场震荡运行等问题仍然较为突出。作为我国第四大粮食作物，"过山车"般的价格波动，时好时坏的市场行情，对于薯农增收以及马铃薯市场的平稳健康发展造成了不利影响。因此探索影响马铃薯价格波动的主要因子，开展马铃薯价格分析及预测，对于马铃薯生产稳定、市场稳定、薯农增收和薯业繁荣具有重要的理论意义及现实意义[1]。

文章将从供给和需求角度选取影响马铃薯价格波动的理论因子并进行定量化表达，采用主成分回归、VAR模型和符号回归3种方法分别分析影响马铃薯价格波动的主要因子，将3种方法的分析结果进行对比分析，以其中拟合优度最高的方程作为马铃薯价格预测模型，对2016—2025年马铃薯价格走势进行预判。

二、方法和数据

（一）研究方法

（1）主成分回归。主成分回归是以主成分为自变量进行回归分析，然后根据得分系数矩阵将原变量代入回归方程，是解决多元共线性问题的一种方法。主成分分析能够将众多相互有关联的影响因子转变成少量彼此独立的几个主成分，揭示影响马铃薯价格波动水平的普遍信息与特殊信息，显示影响马铃薯价格波动的主要因子。

（2）VAR模型。向量自回归模型（VAR）不以经济理论为基础，基于数据的统计性质建立，对时间序列数据有较强的空间关系分析能力[2]，适合于分析相互影响的内生变量间的动态关系，能够有效处理马铃薯价格与自身及其影响因子之间的相关性问题。

（3）符号回归。符号回归模型不需预先构建模型再估计参数，能够自动描述输入变量和输出变量之间的关系，在变量与运算符中找到最优组合，以数学函数的形式表示出来[3]。因此符

* 本文发表于《中国农业资源与区划》，2020，41(1)：113-121.

号回归有助于在纷繁复杂的影响因子中辨识出影响马铃薯价格波动的主要因子，并量化其影响程度。Eureqa 是基于符号回归原理用于发现因子之间相互作用规律的软件，能够对数据规律进行自动搜索，对拟合方程不断优化[4]。

(二)数据说明

以 1992—2015 年数据为基础对因子定量化表达，其中马铃薯价格、生产成本以及相关替代品价格数据根据历年《全国农产品成本收益资料汇编》数据整理计算而来；产量和消费量数据来自 FAO；其他数据来自历年《中国农村统计年鉴》《中国统计年鉴》或者据年鉴数据整理而来。

农产品价格包括名义价格和实际价格，名义价格是未经通货膨胀调整的绝对价格，实际价格是经过通货膨胀调整的相对价格。该文利用《中国统计年鉴》中农业生产资料价格指数(以 1991 年为 100)对生产成本进行了平减；利用《中国统计年鉴》中居民消费价格指数(以 1991 年为 100)对马铃薯价格、相关替代品的价格以及居民可支配收入数据进行了平减。

三、马铃薯价格波动关键影响因子提取

(一)影响因子理论分析

影响马铃薯价格波动的因子有很多，而且在不同时间和不同环境条件下各因子在影响程度及时空方面表现各异[5]。赵小峰等[6]以小麦为例，探索了农产品价格波动过程和多因素间的协作机理，结果表明供求关系是决定小麦价格波动的主因，其他影响因素通过影响供求关系对小麦价格波动产生影响。庄稼汉等[7]实证研究结果表明福建省蔬菜价格主要受供求因素和成本因素的影响。李丹等[8]运用 VAR 方法分析了供给、需求和其他因素对农产品价格波动的影响，结果表明国际石油价格、农业生产资料价格、人均可支配收入是主要影响因素。高小丹[9]指出小宗农产品价格上涨受需求拉动的影响以及物价上涨导致的生产要素成本、土地价格、劳动力成本和流通成本的上涨引起。笔者在参考相关文献、国内马铃薯市场特点以及实地调研的基础上，从供给和需求角度出发对马铃薯价格波动影响因子进行量化分析(表 1)。

1. 供给角度

(1)上一期价格。上一期价格是农户当期生产行为的重要参考，影响当期种植面积，种植面积直接影响总产量的多少，从而影响当期价格[10]。将上一期价格记作 X_1(单位：元/kg)。

(2)生产成本。生产成本是农产品的定价基础，是价格的最低可接受水平。相较于亩成本，千克成本对价格的影响作用更为直接，所以该文选择千克成本这个变量，记作 X_2(单位：元/kg)。

(3)供给量。根据市场供求动态关系，供给量变化将引起价格变化，当期价格能对当期供给量的变化情况做出及时的反应。为减少绝对数值的影响，该文以人均供给量表示，记作 X_3(单位：kg/人)。

(4)气候条件。马铃薯生产能力大小取决于“光—温—水—土”资源要素与马铃薯自身的耦合状态和功能，因此单产水平反映了作物生长需要的自然条件同实际自然条件的匹配性。

以马铃薯平均单产年际变化率表示不同年份气候条件的变化情况,记作 X_4(单位:%)。

(5)生产替代品价格。马铃薯生产替代品主要是与其生长季相似、相互争地的作物,北方主要是玉米和小麦,南方主要是油菜和水稻。将玉米、小麦、油菜籽和稻谷的价格分别记作 X_5、X_6、X_7和 X_8(单位:元/kg)。

表 1 马铃薯价格波动的主要影响因子

因子分类	影响因子	因子量化	单位	符号表示
供给因子	上一期价格	上一期价格	元/kg	X_1
	生产成本	千克成本	元/kg	X_2
	供给量	人均供给量	kg/人	X_3
	气候条件	平均单产年际变化率	%	X_4
	生产替代品价格	玉米价格	元/kg	X_5
		小麦价格	元/kg	X_6
		油菜籽价格	元/kg	X_7
		稻谷价格	元/kg	X_8
需求因子	消费者偏好	前一期人均消费量	kg/人	X_9
	消费替代品价格	圆白菜价格	元/kg	X_{10}
		大白菜价格	元/kg	X_{11}
		茄子价格	元/kg	X_{12}
		西红柿价格	元/kg	X_{13}
		菜椒价格	元/kg	X_{14}
		黄瓜价格	元/kg	X_{15}
	消费者收入水平	居民可支配收入	元	X_{16}
	社会发展水平	城镇化水平	%	X_{17}
		恩格尔系数	%	X_{18}

2. 需求角度

(1)消费者偏好。消费者偏好是指消费者对一种商品或者商品组合的嗜好水平,影响了消费选择,以前一期人均消费量表示,记作 X_9(单位:kg/人)。

(2)消费替代品价格。马铃薯鲜薯消费替代品主要是蔬菜。选取根菜类中的圆白菜,叶菜类中的大白菜,茄果类中的茄子、西红柿和菜椒以及瓠果类中的黄瓜 6 种替代蔬菜,它们的价格分别记作 $X_{10} \sim X_{15}$(单位:元/kg)。

(3)消费者收入水平。不同的收入水平代表了不同的消费结构和膳食结构,代表了不同的马铃薯购买力。将城镇居民和农村居民可支配收入按照城乡人口占总人口的比重作为权重求和得到居民可支配收入平均值,记作 X_{16}(单位:元)。

(4)社会发展水平。社会发展水平影响微观价格,以城镇化水平和恩格尔系数表示,分别记作 X_{17}和 X_{18}(单位:%)。其中城镇化水平即城镇户籍人口数量占总人口数量的百分比;恩格尔系数是将城镇和农村恩格尔系数按照城乡人口占总人口的比重作为权重求和得到城乡恩格尔系数平均值。

(二)影响因子定量分析

1. 基于主成分回归的中国马铃薯价格影响因子分析

在 SPSS19.0 中对影响马铃薯价格水平的各因子 $X_1 \sim X_{18}$ 进行主成分分析,保留前两个主成分,其累计贡献率为 82.50%。根据主成分系数矩阵,得到前两个主成分的表达式,以标准化处理后的马铃薯价格 Y 为因变量,以两个主成分为自变量进行回归分析,得到用标准化自变量表示的主成分回归方程:

$$Y=-0.02+0.70X_1+0.56X_2+0.75X_3+0.03X_4+0.78X_5+0.77X_6+0.72X_7+0.79X_8+0.77X_9+0.72X_{10}+0.74X_{11}+0.83X_{12}+0.82X_{13}+0.82X_{14}+0.80X_{15}+0.81X_{16}+0.84X_{17}-0.79X_{18} \tag{1}$$

观察方程(1)可以发现,除变量 X_4(气候条件)的回归系数为 0.03 外,其他变量的回归系数均大于 0.55,一方面说明马铃薯价格是多种因子综合作用的结果,其中城镇化水平、茄子价格和菜椒价格 3 个因子影响最大,其次是西红柿价格、消费者收入水平、黄瓜价格和恩格尔系数等因子,气候条件、生产成本和上一期价格 3 个因子影响最小;另一方面,因子系数较大说明相较于分析成因,该方程更适合于预测。

从供求层面分析,包含消费替代品价格和社会发展水平的需求侧因子对马铃薯价格波动的影响大于供给侧因子。我国 70%马铃薯种植分布在干旱少雨、土壤贫瘠的贫困地区,这些地区种植其他作物产量低而不稳、不具比较优势,所以受种植习惯和地域生产条件等因子的限制,马铃薯生产受外界因子的影响相对较小。而对于消费者,可以依据不同蔬菜的价格、个人及家庭收入水平较为灵活地调节消费结构。即我国马铃薯供给弹性小于需求弹性,因此价格受到消费层面因子的影响要大于生产层面因子的影响[11]。

2. 基于 VAR 模型的中国马铃薯价格影响因子分析

ADF 单位根检验结果表明,在 5%的显著水平下,Y、X_4、X_5、X_{11} 和 X_{17} 这 5 个序列平稳,其余 14 个序列为一阶单整。以 Y 为因变量,$X_1 \sim X_{18}$ 为自变量,以各变量一阶差分后具有平稳性的数据进行逐步回归,回归方程表明,回归效果最优的解释变量即为上一期价格 X_1、生产成本 X_2、大白菜价格 X_{11} 和西红柿价格 X_{13}。以 Y、X_{11} 和 X_{13} 为内生变量,X_2 为外生变量,滞后阶数取 2 阶,建立 VAR 模型。得到 VAR 模型的估计结果为:

$$Y=0.02-0.97Y(-1)-0.58Y(-2)+2.38X_2+0.38X_{11}(-1)+0.03X_{11}(-2)+0.15X_{13}(-1)+0.05X_{13}(-2) \tag{2}$$

估计结果表明,马铃薯价格、大白菜价格和西红柿价格都对马铃薯价格存在至少两期的滞后效应,并且滞后效应的影响程度随时间逐渐释放,时间越久,影响作用越小;马铃薯价格对自身的滞后效应表现为负向,大白菜价格和西红柿价格对马铃薯价格的滞后效应表现为正向,且大白菜价格的影响程度大于西红柿价格的影响程度,因为相关替代品价格较高会刺激马铃薯的需求,促进马铃薯价格上涨;相对而言,生产成本对马铃薯价格的影响程度最大,其次是马铃薯上一期价格。

从供求层面分析,生产成本和上一期价格主要属于影响供给的因子,而大白菜和西红柿价格主要属于影响需求的因子。对于大多数农产品来说,需求弹性小于供给弹性,因此价格的波动因子主要来自于供给层面。

3. 基于符号回归的中国马铃薯价格影响因子分析

在 Eureqa 软件中输入马铃薯价格 Y 和马铃薯价格波动的主要影响因子 $X_1 \sim X_{18}$，即 $Y=f(X_1,X_2,X_3,\cdots,X_{18})$，通过运行软件得到某次拟合结果中方程情况与拟合误差变动情况，按复杂程度由小到大依次列出拟合方程(表 2)。复杂度越大，平均绝对误差(MAE)越小，方程拟合程度越好。

表 2 拟合方程

复杂度	MAE	拟合方程
1	0.0312	$Y=0.0209+0.4514X_8$
3	0.0291	$Y=0.0701+0.5119X_{12}$
5	0.0268	$Y=0.4621X_{11}+0.9482X_{11}+0.1811X_8$
7	0.0204	$Y=0.0211+0.9522X_{11}+0.1784X_8$
9	0.0195	$Y=0.002\ 1+0.980\ 2X_{11}+0.210\ 7X_8$
11	0.018 1	$Y=0.721\ 2X_{11}+0.212\ 1X_{12}+0.168\ 1X_8$
13	0.014 8	$Y=0.102\ 2+0.201\ 4X_8+0.000\ 3\exp(33.112\ 2X_{11})$
17	0.0132	$Y=0.0724+0.3302X_{11}+0.1877X_8+0.0002\exp(33.1122X_{11})$
21	0.0110	$Y=0.0324+2.0001X_2+0.2112X_8+0.0034X_9+17.5987X_{11}{}^2-3.1723X_{11}-0.0291X_2X_9$
25	0.0102	$Y=0.6512+1.4021X_5+1.2314X_{14}+0.2582X_8+0.1102X_{11}X_{18}+32.0524X_{11}{}^2-0.0111X_{18}-12.1512X_{11}-3.7623X_5X_{14}$
27	0.0093	$Y=0.4614+0.8278X_1+0.4672X_{14}+0.1614X_8+0.0518X_{11}X_{18}+23.6012X_{11}{}^2-0.0058X_{18}-7.0124X_{11}-2.2383X_1X_{14}$
31	0.0084	$Y=0.4122+1.4778X_{14}+1.1422X_5+0.8469X_1+0.2391X_8+0.1010X_{11}X_{18}+29.4822X_{11}{}^2-0.0081X_{18}-10.6311X_{11}-2.2872X_1X_{14}-3.0614X_5X_{14}$
33	0.0078	$Y=0.9214+0.9003X_5+0.7868X_{14}+0.2122X_8+4.4414X_1X_{10}+0.1093X_{11}X_{18}+30.6322X_{11}{}^2-0.0131X_{18}-0.7010X_1-0.9272X_{10}-11.6113X_{11}-2.4084X_5X_{14}$

为避免单次拟合结果带来判断误差，将数据进行 20 次拟合，利用 18 个自变量在所有最优方程中出现的次数以及出现该变量的最优方程数两个指标衡量某变量在拟合结果中的表现。统计每次拟合结果中各变量的两个指标数据，将 20 次拟合结果中各变量的两个指标分别求平均值，将结果绘制成直方图，如图 1 所示，直方图中没有出现的变量表示该变量两项指标均为 0。

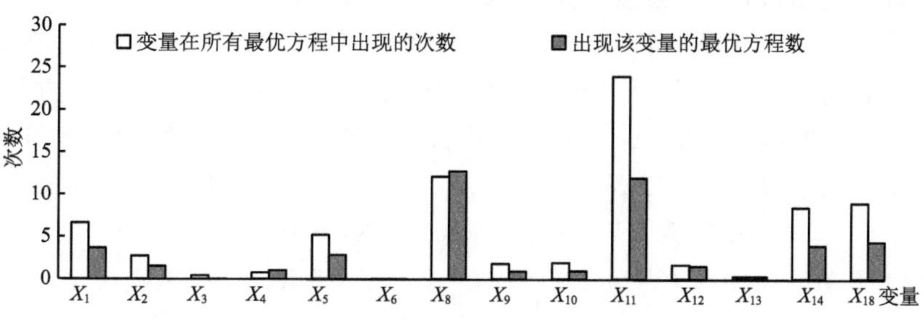

图 1 20 次拟合各变量指标均值

针对符号回归拟合结果，将 18 个影响因子按照对马铃薯价格波动的影响程度由大到小分为 4 个等级。处在第一级的是 X_{11}（大白菜价格）和 X_8（稻谷价格），第二级是 X_{18}（恩格尔系数）、X_{14}（菜椒价格）、X_1（上一期价格）和 X_5（玉米价格），第三级为 X_2（千克成本）、X_3（人均供给量）、X_4（平均单产年际变化率）、X_6（小麦价格）、X_9（前一期人均消费量）、X_{10}（圆白菜价格）、X_{12}（茄子价格）和 X_{13}（西红柿价格），最后一级为 X_7（油菜籽价格）、X_{15}（黄瓜价格）、X_{16}（居民可支配收入）和 X_{17}（城镇化水平）。

处在第一级的稻谷价格和大白菜价格对马铃薯价格波动影响最大。大白菜与马铃薯同属最常见的大路菜，都相对耐储存，两者的相对价格影响消费者的消费决策。在我国南方部分作区，马铃薯生长季与水稻生长季有所重叠，因此两者的种植效益尤其是价格影响了农户的种植决策，从而影响马铃薯的播种面积，最终表现在价格上。

第二级中包括恩格尔系数、菜椒价格、马铃薯上一期价格和玉米价格。恩格尔系数表示居民食品支出占个人消费总支出的比重，代表了社会发展水平和居民生活水平，从宏观上影响了马铃薯价格走势。菜椒价格是马铃薯消费替代品价格，替代品间的相对价格影响消费决策。马铃薯上一期价格影响当期农户种植决策，从而作用于马铃薯产量与价格。玉米和马铃薯两者较强的耐贫瘠能力，受到我国大部分山区以及北方农户的青睐，因此两者具有较强的生产替代性，两者的相对效益影响了农户的种植决策。

处在第三级和第四级中的因子对马铃薯价格波动的影响较小，但是并不代表这些因子对马铃薯价格波动没有影响。这可能与某些影响因子的量化指标存在偏差有关，也可能与部分宏观指标时间序列较短有关。

从供求层面分析，第一级中的稻谷价格和第二级中的马铃薯上一期价格、玉米价格三者属于供给端影响因子，第一级中的大白菜价格和第二级中的恩格尔系数、菜椒价格属于需求端影响因子，因此符号回归结果表明马铃薯价格波动受到供给端和需求端因子的共同影响。

四、马铃薯价格走势预测分析

（一）马铃薯价格走势预测模型选建

主成分回归、VAR 模型[①]和符号回归三种分析方法表明，马铃薯价格波动是多种因子综合作用的结果，从供求层面分析，供给端包括生产成本、上一期价格、生产替代品价格等因子，需求端包括消费替代品价格、社会经济发展水平等因子。

将主成分回归、VAR 模型和符号回归三组方程分别定义为 Y_1、Y_2 和 Y_3，其中从符号回归拟合方程中选择既包含生产端因子又包含消费端因子的复杂度为 27 的回归方程。

$$Y_1 = -0.02 + 0.70X_1 + 0.56X_2 + 0.75X_3 + 0.03X_4 + 0.78X_5 + 0.77X_6 + 0.72X_7 + 0.79X_8 + 0.77X_9 + 0.72X_{10} + 0.74X_{11} + 0.83X_{12} + 0.82X_{13} + 0.82X_{14} + 0.80X_{15} + 0.81X_{16} + 0.84X_{17} - 0.79X_{18} \tag{3}$$

$$Y_2 = 0.02 - 0.97Y(-1) - 0.58Y(-2) + 2.38X_2 + 0.38X_{11}(-1) +$$

① VAR 模型即向量自回归模型。

$$0.03X_{11}(-2)+0.15X_{13}(-1)+0.05X_{13}(-2) \quad (4)$$

$$Y_3=0.46+0.83X_1+0.47X_{14}+0.16X_8+0.05X_{11}X_{18}+23.60X_{11}^2-0.006X_{18}-7.01X_{11}-2.24X_1X_4 \quad (5)$$

为分析各方程对数据的拟合效果，采用上述方程从1995年起对马铃薯批发价格进行模拟，并与实际价格进行对比，并对拟合值与真实值之差取绝对值后求均值和方差。根据表3，均值和方差最小的是符号回归拟合方程，即符号回归拟合方程较主成分回归方程和VAR模型拟合精度更优。

表3　拟合精度比较

	主成分回归	VAR模型	符号回归
均值	0.3451	0.0530	0.0102
方差	4.0822	0.0304	0.0001

(二)马铃薯价格走势预测过程与结果分析

1. 自变量走势预测

选择拟合优度最高的符号回归方程Y_3作为马铃薯价格预测模型，对2016—2025年马铃薯价格进行预测。其中2016年变量值可由《农产品成本收益资料汇编2017》或者《中国统计年鉴2017》获得(简称为汇编价格、年鉴系数或者年鉴系数)，起到结果验证作用。

方程Y_3包含X_1、X_8、X_{11}、X_{14}和X_{18}共5个自变量，其中X_1(上一期价格)不需要预测，分别对除X_1以外的4个变量2016—2025年走势采取定性与定量分析相结合的方法进行预测，其中定量分析主要是选取变量在某一年份至2015年期间一段有规律的波动，依据变量的历史时间序列所表现出的变动趋势外推将来走势。

(1)X_8(稻谷价格)走势预测。1992—2004年稻谷价格波动呈“N”型走势，2004—2011年稻谷价格总体表现为增长，2011—2015年稻谷价格趋于平稳态势。稻谷作为我国重要的口粮来源，粮食安全的重要基础，随着国家稻谷最低收购价政策的不断完善，谷物基本自给，口粮绝对安全的粮食安全战略，预计2016—2025年稻谷价格将继续趋稳，价格大起大落的可能性较小。

将2004—2015年稻谷价格(记作Y_r)与年份(记作X_t，取2004年为1，以此类推，至2015年为12)作散点图，结果表明两者之间的相关系数为0.81，存在一定的相关性。当X_t分别取13—22时，得到2016—2025年的稻谷价格。为减少计算误差，利用预测出来的2016—2025年的稻谷价格依次计算2016—2025年较上一年的增长率，那么2016—2025年稻谷价格最终预测结果是在上一年价格的基础上加上由增长率计算得到的增长部分。预测结果如表4所示，2016—2025年我国稻谷价格稳中略涨。预计2016年稻谷实际价格为1.02元/kg，较平减之后的汇编价格高出4.08%，误差控制在10%以内。

(2)X_{11}(大白菜价格)走势预测。1992—2015年大白菜价格上下波动频繁，总体在波动中略有上涨的趋势。蔬菜价格具有明显的周期性和季节性变化特征，预计随着南菜北运蔬菜基地和北方设施蔬菜生产的快速发展，蔬菜的周年均衡供应将得到较大改善[12]，蔬菜价格波动幅度将有所趋缓。由于2017年上半年蔬菜价格下跌早、跌幅大，预计2016年大白菜价格较2015年略有增加，2017年较2016年稳中略降，2018—2025年较2017年以稳定为主。预测结果如表 4 所示，预计 2016 年大白菜实际价格为 0.34 元/kg，低于平减之后的汇编价格 5.56%，误差控制在 10%以内。

(3)X_{14}(菜椒价格)走势预测。1992—2006 年菜椒实际价格在波动中逐渐下滑，2006—2015 年在波动中逐渐增长。预计 2016—2025 年菜椒价格总体趋势是稳中略增。与稻谷价格预测思路类似，将 2006—2015 年菜椒价格与年份作散点图预测 2016—2025 年菜椒价格走势。由于 2017 年蔬菜价格整体不景气，对预测结果进行微调。预计 2016 年菜椒实际价格为 0.90 元/kg，与平减后的汇编价格一致。

(4)X_{18}(恩格尔系数)走势预测。1992—2015 年我国恩格尔系数总体上随时间不断减小。随着经济发展水平和居民生活水平的不断提升，该值理论上是不断下滑的，预计 2016—2025 年恩格尔系数将不断变小。与稻谷价格预测思路类似，将 1992—2015 年恩格尔系数与年份作散点图预测 2016—2025 年恩格尔系数走势。预计 2016 年恩格尔系数为 34.80%，较年鉴系数高出 4.00%，误差控制在 10%以内。

2. 价格走势分析

根据方程 Y_3 以及自变量走势预测结果，依次计算 2016—2025 年马铃薯实际价格，结果如表 4。2016—2025 年马铃薯实际价格预测结果依次为 0.56 元/kg、0.46 元/kg、0.58 元/kg、0.60 元/kg、0.54 元/kg、0.54 元/kg、0.58 元/kg、0.56 元/kg、0.62 元/kg 和 0.54 元/kg，总体走势是在波动中趋稳。其中 2016 年预测价格高出平减之后的汇编价格 7.69%，误差控制在 10%以内，说明预测精度尚可。

表 4　2016—2025 年我国马铃薯价格预测结果

年份	Y(元/kg)	X_1(元/kg)	X_8(元/kg)	X_{11}(元/kg)	X_{14}(元/kg)	X_{18}(%)	Y_3(元/kg)
2016	0.52	0.52	1.02	0.34	0.90	34.80	0.56
2017	0	0.56	1.02	0.30	0.90	33.78	0.46
2018	0	0.46	1.04	0.34	0.92	32.77	0.58
2019	0	0.58	1.02	0.36	0.94	31.76	0.60
2020	0	0.60	1.04	0.34	0.92	30.75	0.54
2021	0	0.54	1.04	0.34	0.96	29.73	0.54
2022	0	0.54	1.06	0.36	0.94	28.72	0.58
2023	0	0.58	1.04	0.36	0.96	27.71	0.56
2024	0	0.56	1.06	0.38	0.98	26.70	0.62
2025	0	0.62	1.06	0.36	0.96	25.68	0.54

方程 Y_3 预测得到的是马铃薯实际价格，马铃薯名义价格应该在进一步估计 2016—2025 年居民消费价格指数的基础上计算得到。以 1991 年为 100，1992—2015 年居民消费价格指数不断上涨，尤其是 1996—2015 年几乎呈直线上涨。与稻谷价格预测思路类似，将 1996—2015 年居民消费价格指数与年份作散点图预测 2016—2025 年居民消费价格指数走势。预计 2016 年居民消费价格指数为 285.11%，较年鉴指数 280.38%高出 1.69%，误差控制在 10%以内。

由预测得到的 2016—2025 年马铃薯实际价格及居民消费价格指数计算 2016—2025 年马铃薯名义价格，预测思路同稻谷价格预测思路类似，预测结果如表 5 所示。2016—2025 年我国马铃薯名义价格依次是 1.34 元/kg、1.14 元/kg、1.44 元/kg、1.56 元/kg、1.46 元/kg、1.52

元/kg、1.74 元/kg、1.74 元/kg、2.00 元/kg 和 1.82 元/kg，平均 1.58 元/kg，变化趋势是在波动中增长。其中 2016 年马铃薯名义价格 1.34 元/kg 低于汇编名义价格 8.22%，误差控制在 10%以内。

表 5　2016—2025 年我国居民消费价格指数及马铃薯名义价格预测结果

年份	2016	2017	2018	2019	2020	2021	2022	2023	2024	2025
居民消费价格指数(%)	285.11	295.89	307.24	319.16	331.63	344.68	358.28	372.46	387.19	402.49
马铃薯名义价格(元/kg)	1.34	1.14	1.44	1.56	1.46	1.52	1.74	1.74	2.00	1.82

3. 价格不确定性分析

马铃薯价格实际上还会受气候、病虫害、社会、政策等诸多不确定因子的影响。

(1)气候和病虫害因子。马铃薯生产受光、温、水、热等气候条件因子的约束较为明显，尤其是水分的供需耦合程度高于其他作物[13]。2016 年西北地区在马铃薯生长季内没有有效降雨，马铃薯单产较往年减少 50%～70%。2017 年内蒙古武川县旱地马铃薯受到 7 月、8 月高温干旱的影响亩产只有往年的一半，而具有灌溉条件的水浇地亩产水平与往年基本持平。病虫害也是影响马铃薯生产的重要因子之一。2017 年山东滕州春季马铃薯生产受到晚疫病和黑胫病等土传病害的影响，亩产较往年下降。由于气候和病虫害发生及严重程度难以预测，未来两者仍将是影响马铃薯生产和价格不确定性的重要因子。

(2)社会因子。现代化和多样化的传播手段作为外部社会因子易对生产者和消费者的行为产生较大的影响。一方面，马铃薯主粮化和丰富的营养价值等积极社会舆情的传播和推广，既能刺激消费者的购买欲望，促进马铃薯消费，又能提高薯农的生产意愿，改善马铃薯品质。另一方面，信息不对称和市场预期等片面因子的传播，易造成马铃薯价格的较大波动。2009 年马铃薯价格的大幅上涨就是由于媒体的过度渲染。此外，马铃薯生产和收获季节面临的劳动力紧缺问题日益突出，人工成本不断上涨。针对不同地区的种植环境研发适宜的机具，加快机械对劳动力的替代是解决劳动力短缺问题的关键，但其研发和推广速度难以预测，能否妥善解决播种、收获和分拣环节的劳动力短缺问题，将成为造成我国马铃薯价格不确定性的因子之一。

(3)政策因子。近年来，国家促进马铃薯产业发展的相关政策频出，明显提高了我国马铃薯生产和消费能力。未来 10 年，已出台的相关政策的持续影响力以及是否会出台新的政策都将对马铃薯生产、消费和市场带来不确定影响。

五、结论与讨论

该文采用主成分回归、VAR 模型和符号回归三种方法探索了影响我国马铃薯价格波动的主要因子，以其中拟合优度最高的符号回归方程作为马铃薯价格预测模型，对 2016—2025 年马铃薯价格走势进行了预测，主要结论如下。

(1)定量分析了中国马铃薯价格波动的主要影响因子。马铃薯价格波动是生产端和消费端多种因子综合作用的结果，其中影响较为显著的因素依次为：消费替代品价格、社会经济发展水平、生产成本、上一期价格、生产替代品价格等。

(2)初步构建了中国马铃薯价格预测模型。符号回归、VAR 模型和主成分回归三组方程的拟合优度从高到低，以其中拟合优度最高的符号回归方程作为马铃薯价格预测模型。符号回归预测结果表明，2016—2025 年我国马铃薯实际价格将在波动中趋稳，名义价格将在波动中略增。马铃薯价格实际上还会受气候、病虫害、社会、政策等诸多不确定因子的影响。

该文只是将影响马铃薯价格波动的主要因子定量化表达的一个尝试，还存在诸多不足，一是在研究对象上，该文的区域尺度是全国，得到的结论也只是为全国马铃薯价格影响因子提供参考，而具体到某个地区时各因子则会在影响程度、时间及空间方面存在差异；二是在研究内容上，考虑到数据可获取性和实际操作性，该文选取的马铃薯价格影响因子可能存在一定的不足，导致结果存在一定的偏差。未来可以从以下几方面强化马铃薯市场研究：一是在研究对象上，强化区域性研究，从而因地制宜、精准施策；二是在研究内容上，加强对不同时间段、因子交叉影响等内容的研究；三是在研究方法上，创新计量模型的引入和应用，创新马铃薯价格分析及预测模式，构建马铃薯价格预测预警体系；四是加快构建覆盖生产、消费、加工、流通的马铃薯信息库，为相关研究提供翔实的数据基础。

参考文献

[1] 蔡海龙. 我国马铃薯价格波动的原因探析[J]. 价格理论与实践，2013，15(9)：64-65.

[2] 鄢姣，赵军. 城市化、城乡收入差距对农产品价格的传递效应——基于协整和向量自回归的实证研究[J]. 中国农业资源与区划，2014，35(3)：113-119.

[3] 孙涛. 基于符号回归的 CO_2 排放量与经济发展的关系研究[D]. 大连：大连理工大学，2015.

[4] 高磊，张冬青，叶方如等. 基于符号回归的国产大豆价格影响因素分析[J]. 大豆科学，2017，36(5)：782-788.

[5] 罗光强，周黎. 经济新常态下农产品价格波动趋势分析[J]. 统计与决策，2016(21)：83-86.

[6] 赵小峰，陈宗兴，霍学喜. 中国农产品价格波动机理探索[J]. 西北农林科技大学学报(社会科学版)，2015，15(5)：77-82.

[7] 庄稼汉，刘伟平. 福建省蔬菜价格波动的影响因素分析[J]. 福建农业学报，2016，30(1)：84-88.

[8] 李丹，黄海平. 我国农产品价格波动影响因素的实证检验[J]. 统计与决策，2017(20)：136-139.

[9] 高小丹. 我国小宗农产品价格波动的规律及原因分析[J]. 农业经济，2017(1)：133-135.

[10] 刘光俊，胡继连. 山东省棉花价格波动特征及影响因素——基于 ARCH 类模型分析[J]. 中国农业资源与区划，2016，37(5)：96-101.

[11] 张萌，罗其友，高明杰. 基于主成分回归的中国马铃薯价格波动影响因素分析[J]. 价格月刊，2017(9)：25-30.

[12] 农业部市场预警专家委员会. 中国农业展望报告(2017—2026)[M]. 北京：中国农业科学技术出版社，2017.

[13] 罗其友，刘洋，高明杰，等. 马铃薯产业经济研究[M]. 北京：中国农业出版社，2015.

中国马铃薯批发市场价格波动分析*

伦闫琪，罗其友，高明杰，杨亚东

（中国农业科学院农业资源与农业区划研究所，北京 100081）

一、引言

进入21世纪以来，我国马铃薯频频陷入“价格怪圈”，其背后原因是马铃薯生产端和消费端不匹配的矛盾不断加剧，马铃薯市场信息不对称，表现为马铃薯价格的剧烈波动，严重扰乱了市场的正常秩序。长此以往，会严重打击马铃薯种植者的生产积极性和消费者的信心，影响马铃薯市场的平稳运行，进而对我国马铃薯产业发展产生不利影响。因此，分析马铃薯批发市场价格波动特征和波动规律，探究马铃薯批发市场价格的波动原因，对于深入推进农业供给侧结构性改革，促进马铃薯产业健康发展，科学指导生产者安排生产及保障生产者收益具有重要的理论意义和现实意义。

目前国内外学者围绕农产品市场价格波动的研究主要从波动特征和波动的影响因素两方面展开。Franco等[1]围绕美国和意大利的小麦、玉米、大豆与石油对1999年1月—2012年5月的价格关系开展研究，发现石油价格的波动会影响农产品价格，并且宏观经济政策、市场监管、自然环境与灾害都会使农产品价格出现波动。Eddy等[2]运用X12季节调整方法和格兰杰因果检验对全球147个国家农产品价格波动的关键因素进行了分析，发现农产品价格波动的主要因素之一是人均收入。刘俊杰[3]分析了我国小麦市场的价格波动，指出小麦市场供求关系、小麦生产成本和政策变化是小麦价格波动的主要原因。赵晓飞[4]指出蔬菜特点、成本（土地、运输、流通等）、农户决策行为、物价水平、供求弹性、天气等因素在很大程度上解释了我国蔬菜价格的波动。张萌[5]研究认为马铃薯价格波动是多种因素共同作用的结果，这些因素包括前期价格水平、马铃薯生产成本、马铃薯替代品价格、当地经济发展水平等，其中尤其受马铃薯替代品价格的影响较为明显。杜俊[6]从价格与气候的关系出发，以江苏省蔬菜市场批发价格为例，发现温度、降水量、日照时长等气象因素对蔬菜价格均存在不同程度的影响，这和潘凤杰等[7]的研究相一致。蔡海龙[8]指出1995—2013年我国马铃薯批发价格先逐步下降后波动上升，价格波动受到市场供求变化、生产成本、突发事件、市场信息不对称等因素的综合影响。刘洋等[9]、李辉尚等[10]指出，我国马铃薯批发价格存在显著的季节性波动，这种波动主要由马铃薯市场的供需变化造成。

Francisco等[11]针对21个发展中国家的41个农产品市场对大宗农产品价格的研究表明，玉米价格波动幅度最大，其次是水稻和小麦，并强调了探究价格波动原因的必要性。Aditya

* 本文发表于《农业展望》，2020，16(8)：30-40.

等[12]在分析了 2002—2012 年印度棉花的月度价格后认为，印度棉花价格的波动表现出不稳定性，且棉农的经济利益因此而受到损失。周向阳等[13]指出我国马铃薯市场价格一般在每年的 1—5 月表现为上涨趋势，5 月之后开始下跌，月度价格波动呈“N”形走势。方伶俐等[14]、韩磊[15]对我国某些农产品价格进行了研究，指出我国农产品的价格波动具有显著的季节特征、周期特征以及非对称特征。综上所述，已有研究大都局限于小麦、玉米、水稻、棉花、大豆等大宗农产品，且大多仅从单一时间维度分析价格波动特征，缺乏多维度、全面的价格波动分析，且涉及马铃薯价格波动的研究更少。因此，本研究基于 2005—2019 年中国马铃薯批发市场价格数据，系统分析马铃薯批发市场价格的年度波动、季度波动、月度波动特征以及波动周期特征，以期为我国马铃薯市场价格预测提供参考。

二、数据与模型

（一）数据说明

本研究数据来源于商务部全国农产品商务信息服务公共平台，基于数据的可获取性、科学性和连贯性，选取 2005 年 1 月 5 日—2019 年 3 月 27 日作为研究的时间区间，以农业农村部定点的 110 个批发市场每周三的价格作为马铃薯批发市场周度平均价格，共 743 个周度价格数据；月度价格数据是由周度价格数据的算术平均计算得到，共 171 个月度数据；季度价格由月度价格进行算术平均得到，共 57 个季度数据；年度价格由季度价格的算术平均得到，共 15 个年度数据。

（二）模型介绍

掌握马铃薯批发市场价格的波动特点，便于开展价格预测研究，也有助于验证价格预测结果是否科学。本研究利用 Census X12 季节调整方法和 H-P 滤波法对马铃薯批发市场价格进行分解，并在此基础上利用季节指数对未来一段时间我国马铃薯批发市场的月度价格进行预测。

X12 季节调整方法主要包括 4 种算法，分别为乘法、加法、伪加法和对数加法。为避免数据单位对波动分析的影响，本研究选择 4 种算法中的乘法模型，其数学表达形式为：

$$Y_t = T_t \times C_t \times S_t \times I_t \tag{1}$$

式中：Y_t表示原序列，T_t表示趋势因子，C_t表示周期因子，S_t表示季节因子，I_t表示不规则因子。

X12 季节调整方法的内部运算过程可划分为 3 步进行，第一步是季节调整前的估计，第二步是计算季节因子序列，第三步是计算趋势循环序列和不规则因子序列。值得注意的是，由 X12 季节调整方法计算得到的趋势循环序列是趋势因子T_t和周期因子C_t的叠加，为了将趋势循环序列进一步区分开，需要采用 H-P 滤波法对该序列进行滤波操作。

H-P 滤波法在 1997 年首次被美国著名学者 Robert Hodrick 和 Edward C. Prescott 提出。其类似一个滤波器，将不同频率的波进行区分，该方法有一个重要假设，即趋势因子和波动因子共同构成了时间序列，数学表达式为$Y_t = Y_t^T + Y_t^C$，其中，Y_t^T 为时间 t 的趋势因子，Y_t^C 为时间 t 的波动因子。一般来说，时间序列Y_t所包含的趋势成分Y_t^T是公式(2)的最小值：

$$\min \sum_{t=1}^{T} \{(Y_t - Y_t^T)^2 + \lambda[c(L)Y_t^T]^2\} \tag{2}$$

式中：$c(L)$表示延迟算子多项式：

$$c(L)=(L^{-1}-1)-(1-L) \tag{3}$$

计算 H-P 滤波则转化为求解损失函数最小化的过程：

$$\{\sum_{t=1}^{T}(Y_t-Y_t^T)^2+\lambda\sum_{t=1}^{T}[(Y_{t+1}^T-Y_t^T)-(Y_t^T-Y_{t-1}^T)]^2\}$$

$$\lambda=\mathrm{Var}(Y_t-Y_t^T)/\mathrm{Var}(\Delta^2 Y_t^T) \tag{4}$$

式中：λ 表示趋势因子Y_t^T波动的折算系数；ΔY_t^T表示趋势因子Y_t^T的增长率；$\Delta^2 Y_t^T$表示增长率的二次项，代表增长率的波动。折算系数 λ 的取值在一定程度上决定了滤波的分析结果，通常分析年度数据、季度数据和月度数据对应的 λ 值分别为 100、1600 和 14400。本研究采用马铃薯批发市场月度价格数据，因此，H-P 滤波分析时 λ 的取值为 14400。

三、马铃薯批发市场价格波动情况

(一)批发市场年度价格波动分析

1. 波动强度

利用平均值、标准差和变异系数分别描述样本时间段内各年马铃薯批发市场价格的波动强度特征。计算公式为：

$$\overline{P}=\frac{\sum_{i=1}^{N}P_i}{N} \tag{5}$$

$$\mathrm{SD}=\sqrt{\frac{\sum_{i=1}^{N}(P_i-\overline{P})^2}{N-1}} \tag{6}$$

$$\mathrm{C.V}=\frac{\mathrm{SD}}{\overline{P}} \tag{7}$$

式中：$\overline{P}$表示马铃薯批发市场月度价格平均值；SD 是其标准差；C. V 是变异系数，其大小用来反映不同年份马铃薯批发市场价格的波动强度。2005—2019 年马铃薯批发市场价格大多数年份比较平稳，变异系数大都在 0.10 以内，波动较大的年份是 2011 年和 2016 年，变异系数分别为 0.19 和 0.24，符合 2011 年马铃薯出现滞销和 2016 年受强冷空气影响之后价格剧烈振荡的现实情况；价格波动较小的年份分别为 2007 年、2013 年和 2018 年，变异系数均在 0.04 左右（表 1、图 1）。

表 1　2005—2019 年马铃薯批发市场年度价格平均值、标准差和变异系数

年份	平均值(元/kg)	标准差(元/kg)	变异系数
2005	1.13	0.08	0.07
2006	1.32	0.13	0.10
2007	1.40	0.07	0.05
2008	1.61	0.16	0.10
2009	1.59	0.16	0.10

续表

年份	平均值(元/kg)	标准差(元/kg)	变异系数
2010	2.55	0.27	0.11
2011	2.25	0.44	0.19
2012	2.03	0.18	0.09
2013	2.66	0.15	0.05
2014	2.54	0.32	0.12
2015	2.27	0.28	0.12
2016	2.42	0.59	0.24
2017	2.16	0.31	0.14
2018	2.20	0.09	0.04
2019	2.46	0.14	0.06

数据来源:根据全国农产品价格数据库整理。

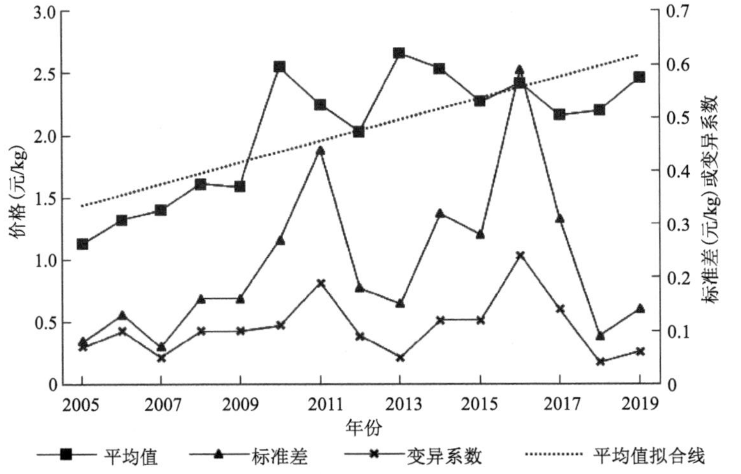

图 1　2005—2019 年马铃薯批发市场年度价格波动

2. 波动态势与周期

从价格水平变化来看,2005—2019 年马铃薯批发市场价格波动上涨,2019 年较 2005 年上涨 117.70%,年均增速为 5.71%;2018 年较 2005 年上涨 94.69%,年均增速为 5.26%,增速小于 2005—2018 年 CPI 增速(8.74%)。从价格长期走势来看,根据拟合曲线,马铃薯批发市场价格会稳步上涨;从价格波动特点来看,马铃薯批发市场价格大致呈现与马铃薯田间价格“一年价格略有上涨、一年价格出现下降、一年价格相对平稳”的周期性波动,且呈现出在正常年份价格相对平稳、有较大冲击(比如自然灾害、疫情、供求变化等)年份价格波动剧烈的特点[5]。

(二)批发市场季度价格波动分析

根据我国农时和马铃薯生产周期,本研究依据二十四节气划分季度,即第一季度为当年 2—4 月,第二季度为当年 5—7 月,第三季度为当年 8—10 月,第四季度为当年 11—12 月和次年 1 月。

1. 波动分析

一年之中，马铃薯批发市场价格大小排序为：第一季度＞第二季度＞第四季度＞第三季度；第一季度后，马铃薯批发市场价格出现明显下滑，第四季度稍有回升(表 2、图 2)。

表 2 2005—2019 年各年各季度马铃薯批发市场价格均值 单位：元/kg

年份	第一季度	第二季度	第三季度	第四季度
2005	1.19	1.17	1.05	1.19
2006	1.47	1.32	1.19	1.34
2007	1.44	1.30	1.43	1.46
2008	1.74	1.73	1.50	1.44
2009	1.60	1.64	1.43	1.93
2010	2.58	2.61	2.43	2.78
2011	2.76	2.25	1.91	1.76
2012	1.97	2.14	1.92	2.33
2013	2.68	2.78	2.54	2.75
2014	2.97	2.39	2.30	2.37
2015	2.64	2.30	2.01	2.04
2016	2.93	2.64	1.88	2.35
2017	2.55	2.03	1.91	2.01
2018	2.16	2.31	2.16	2.23
2019	2.58	—	—	—
均值	2.22	2.04	1.83	2.00

数据来源：根据全国农产品价格数据库整理。

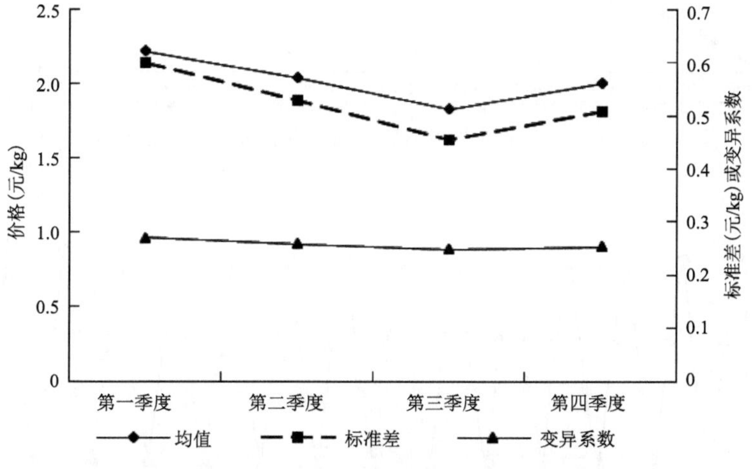

图 2 2005—2019 年各季度马铃薯批发市场平均价格波动情况

可以看出，2005—2019 年虽然各季度马铃薯批发市场价格比较平稳，但价格较高季度的价格标准差和变异系数也较大，反映在价格较高的时间段价格波动更剧烈、波动幅度较大(表 3)。

表 3　2005—2019 年各季度马铃薯批发市场平均价格波动

季度	均值(元/kg)	标准差(元/kg)	变异系数
第一季度	2.22	0.60	0.27
第二季度	2.04	0.53	0.26
第三季度	1.83	0.46	0.25
第四季度	2.00	0.51	0.25

数据来源：根据全国农产品价格数据库整理。

2. 周期分析

运用 Census X12 季节调整方法对马铃薯批发市场价格季度数据进行季节调整，可以得到包括季节调整后的价格序列(图 3)、季节因素序列(图 4)、趋势循环序列(图 5)和不规则要素序列(图 6)在内的 4 种序列。随后利用 H-P 滤波法对经过季节调整后的趋势循环序列进行分解，得到趋势因子和周期因子。图 4、图 7 说明马铃薯批发市场价格季节特征明显，图 6 说明 2007 年、2015 年和 2016 年受不规则要素影响较大。基于图 5，循环曲线分别在 2006 年第一季度、2008 年第二季度、2010 年第四季度、2014 年第一季度、2016 年第一季度和 2019 年第一季度时处于波峰位置，平均波动周期为 10.40 个季度，接近 3 年一个周期。

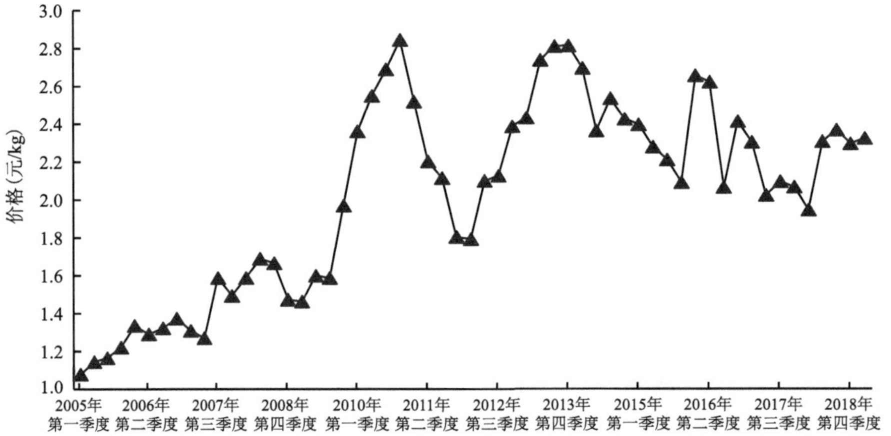

图 3　2005—2019 年季节调整后的马铃薯批发市场季度价格序列

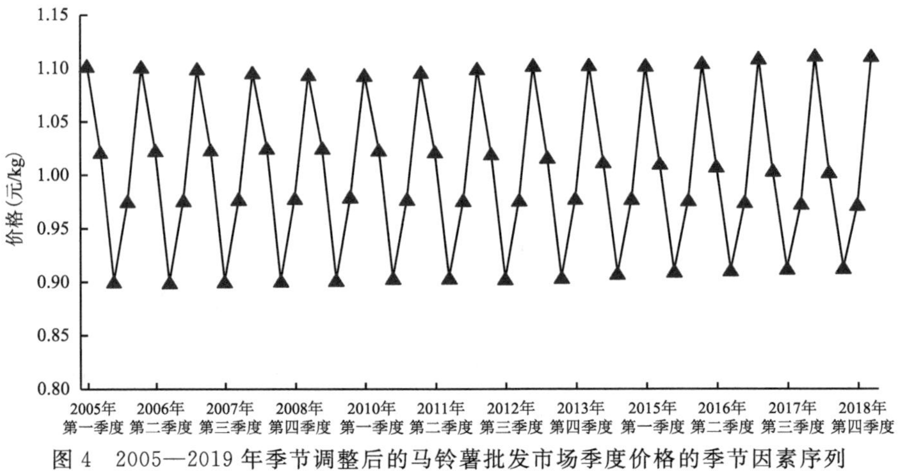

图 4　2005—2019 年季节调整后的马铃薯批发市场季度价格的季节因素序列

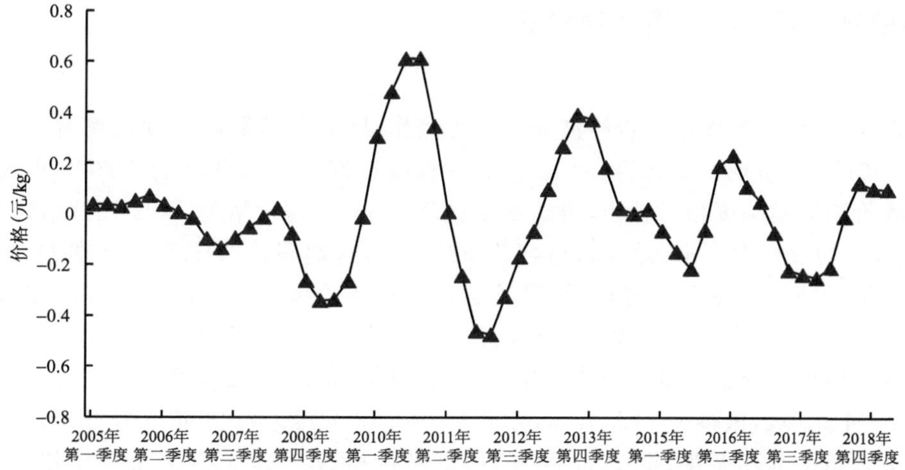

图 5　2005—2019 年季节调整后的马铃薯批发市场季度价格的趋势循环序列

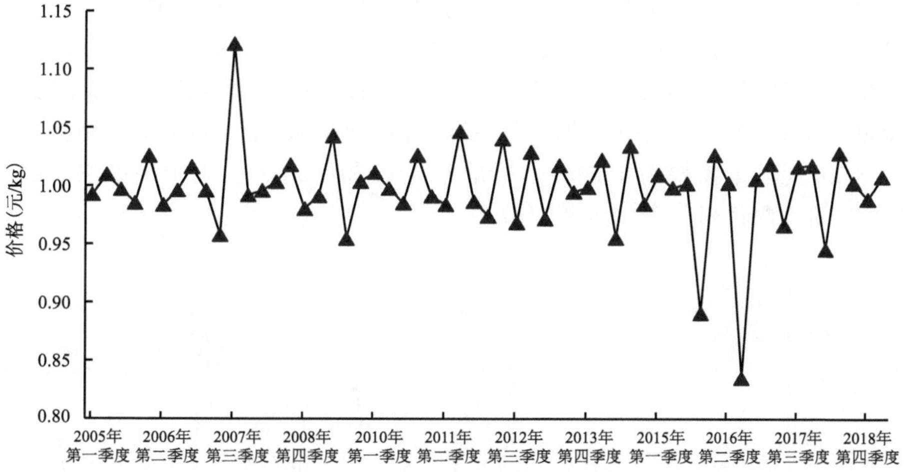

图 6　2005—2019 年季节调整后的马铃薯批发市场季度价格的不规则要素序列

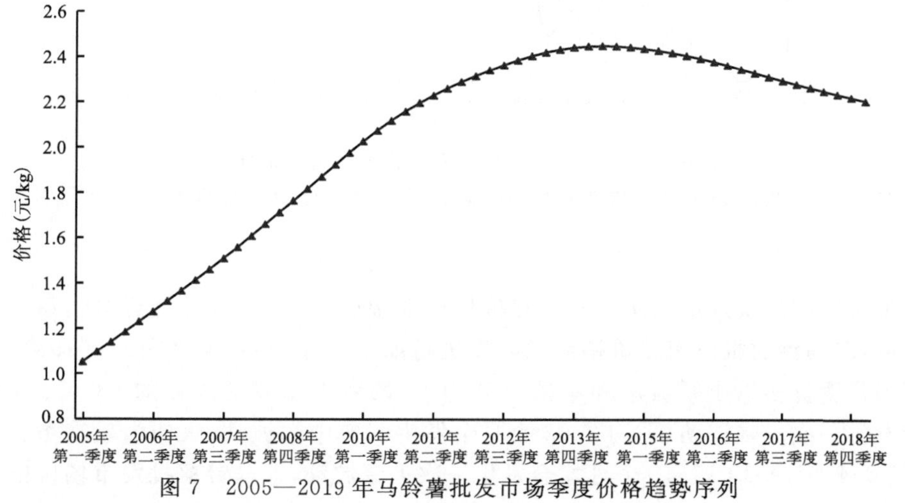

图 7　2005—2019 年马铃薯批发市场季度价格趋势序列

(三)批发市场月度价格波动情况

1. 波动概况

总体来看,马铃薯批发市场价格波动形态为密集波动型,年际间波动幅度有增大趋势,并且在2005—2019年呈现上涨态势(图8)。①平稳波动期。2005年1月—2009年8月,马铃薯批发市场价格波动幅度相对较小,价格水平波动上涨,最高价格为1.92元/kg,最低价格为1.02元/kg,平均价格为1.40元/kg,振幅为88.24%,这期间价格序列的标准差为0.21元/kg。②剧烈波动期。2009年8月以后,马铃薯批发市场价格有两个时段出现剧烈振荡,分别是2009年9月—2012年7月和2015年8月—2017年6月,2009年9月—2012年7月马铃薯批发市场价格出现近乎直线型的快速增长,最高达到3.09元/kg,最低达到1.42元/kg,平均价格为2.24元/kg,振幅为117.61%,标准差为0.43元/kg;2015年8月开始,马铃薯批发市场价格又开始了剧烈振荡,至2017年6月,最高价格为3.49元/kg,最低价格为1.85元/kg,平均价格为2.33元/kg,振幅为88.65%,标准差为0.47元/kg。③高位振荡期。2012年8月开始,马铃薯批发市场价格高位振荡,且处于较高水平。2012年8月—2015年7月,最高价格为3.03元/kg,最低价格为1.90元/kg,平均价格为2.50元/kg,振幅为59.47%,标准差为0.29元/kg。④爬升波动期。2017年7月以后,马铃薯批发市场价格逐渐恢复平稳,开始小幅振荡上涨。2017年8月—2019年3月,最高价格为2.55元/kg,最低价格为1.79元/kg,平均价格为2.16元/kg,振幅为42.46%,标准差为0.20元/kg,仅高于平稳波动期0.12的标准差,说明该时间段内价格上涨幅度相对较缓。

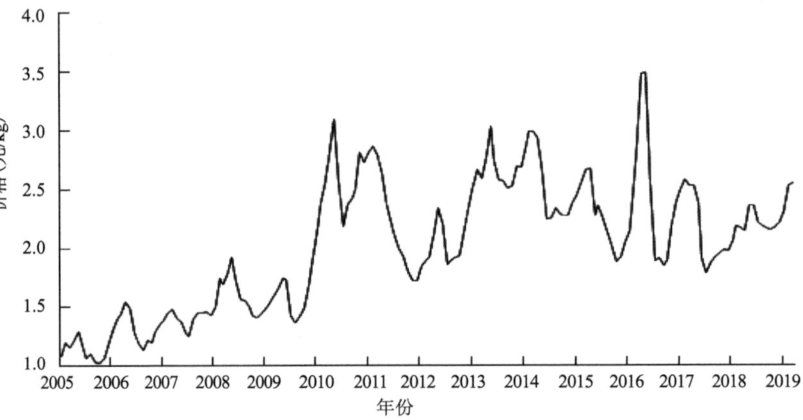

图8　2005—2019年马铃薯批发市场价格波动
(数据来源:根据农业农村部信息中心全国农产品价格数据库整理)

2. 波动频幅

参考现有农产品批发市场研究成果和价格波动幅度划分做法,并结合马铃薯批发市场价格波动特点,对马铃薯批发市场价格波动幅度进行如下划分:2005年1月—2019年3月,马铃薯批发市场月度价格以小幅波动和中幅波动为主,两者占总波动次数的93.53%,平均1.81个月就会发生一次小幅波动,平均2.62个月会发生一次中幅波动;大幅波动次数占总数的比例较小,仅6.47%,平均15.45个月才会发生一次大幅波动,即马铃薯批发市场价格平均1.29年才会有一次剧烈波动(表4)。

表 4　马铃薯批发市场月度价格波动情况

序号	价格波动区间	价格波动幅度	发生次数(次)	占比(%)	发生频率(月/次)
1	[0%,5%)	小幅波动	94	55.29	1.81
2	[5%,15%)	中幅波动	65	38.24	2.62
3	[15%,+∞)	大幅波动	11	6.47	15.45

3. 波动特征

运用Census X12季节调整方法对马铃薯批发市场价格月度数据进行季节调整，可以得到包括季节调整后的月度价格序列(图9)、季节因素序列(图10)、趋势循环序列(图11)和不规则要素序列(图12)在内的4种序列。利用H-P滤波法对经过季节调整后的趋势循环序列进行分解，便可得到趋势因子和周期因子(图13)。可以看出，循环曲线在2006年4月、2008年5月、2010年5月、2013年5月、2016年4月和2019年3月处在波峰位置，平均波动周期为31个月，即马铃薯批发市场月度价格波动周期约为3年(图13)。

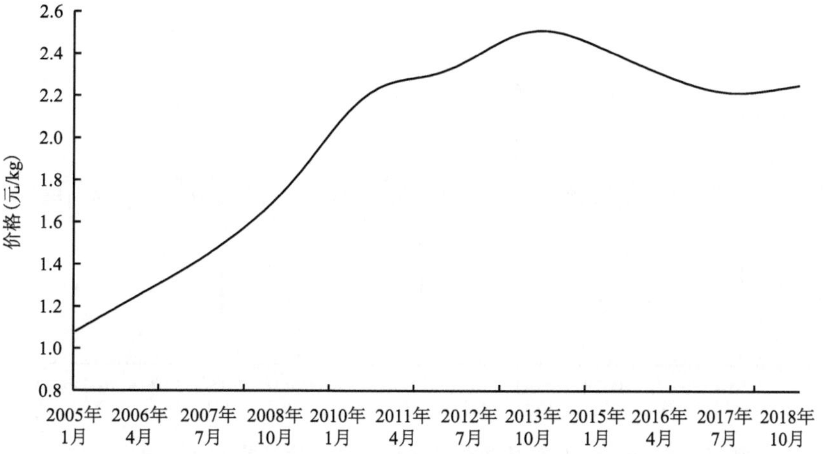

图9　2005—2019年季节调整后的马铃薯批发市场月度价格趋势序列

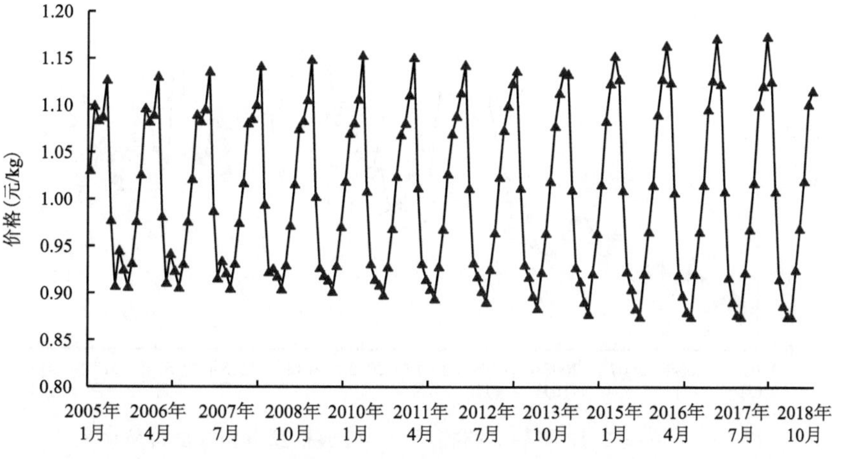

图10　2005—2019年季节调整后的马铃薯批发市场月度价格的季节因素序列

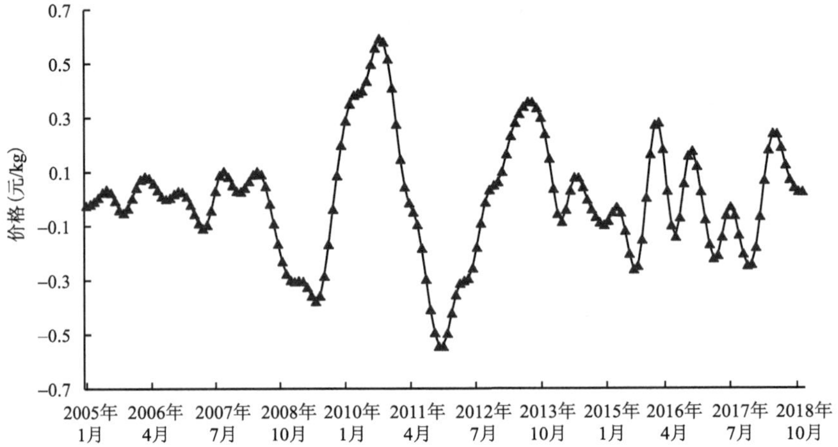

图 11　2005—2019 年马铃薯批发市场月度价格的趋势循环序列

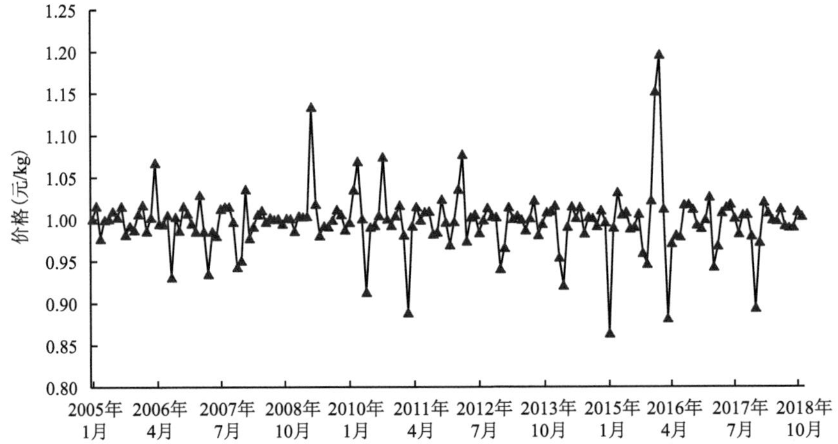

图 12　2005—2019 年马铃薯批发市场月度价格的不规则要素序列

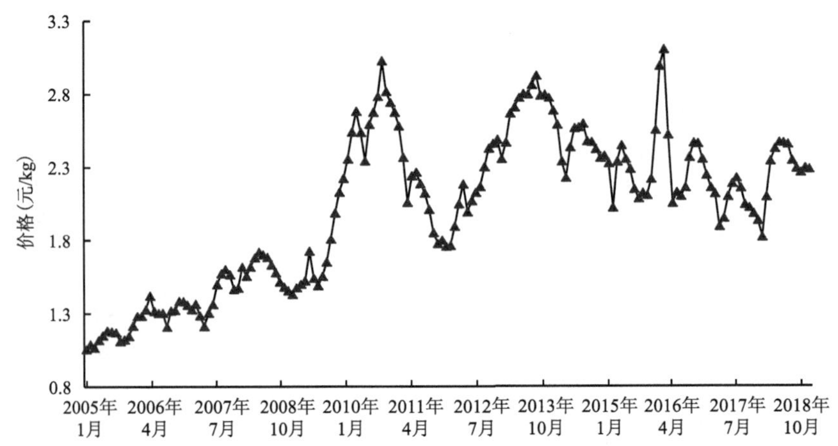

图 13　2005—2019 年季节调整后的马铃薯批发市场月度价格序列

4. 移动平均季节指数预测法的价格预测

利用移动平均季节指数预测法，即根据时间序列长期趋势的预测值和季节指数的乘积对未来一段时期的马铃薯批发市场月度价格进行预测，公式如下：

$$\hat{P}_t = T_t \times S_i \tag{8}$$

式中：$\hat{P}_t$是 t 期马铃薯批发市场月度价格预测值，T_t是 t 期马铃薯批发市场月度价格的长期趋势预测值，S_i是马铃薯批发市场月度价格的季节指数。利用移动平均季节指数预测法计算季节指数，结果见表 5。

表 5　马铃薯批发市场月度价格季节指数

月份	1	2	3	4	5	6	7	8	9	10	11	12
季节指数	1.0245	1.0831	1.1017	1.1413	1.1405	1.0165	0.9102	0.9159	0.9062	0.8961	0.9383	0.9734

对趋势循环序列（TC）采用 H-P 滤波法进行分解，得到趋势序列（T）和循环序列（C），而后利用最小二乘法对趋势序列进行回归：

$$TC_t = \beta_0 + \beta_1 \ln t + u_t \tag{9}$$

假定 2005 年 1 月对应 $t=1$，2019 年 3 月对应 $t=171$，回归结果如下：

$$T_t = 0.2718 + 0.4199\ln t \tag{10}$$

$$0.0690 \times 0.0162 \times R^2 = 0.7995$$

根据马铃薯批发市场月度价格趋势分量（T）序列和季节指数可预测未来马铃薯批发市场月度价格$\hat{P}_t$，本研究对 2019 年 4 月—2020 年 12 月马铃薯批发市场月度价格进行预测（表 6）。

表 6　预测结果

日期	预测值（元/kg）	真实值（元/kg）	绝对百分比误差（%）
2019 年 4 月	2.78	2.65	4.79
2019 年 5 月	2.78	2.80	0.79
2019 年 6 月	2.48	2.55	2.82
2019 年 7 月	2.22	2.33	4.67
2019 年 8 月	2.24	2.39	6.39
2019 年 9 月	2.22	2.20	0.72
2019 年 10 月	2.19	2.14	2.49
2019 年 11 月	2.30	2.20	4.49
2019 年 12 月	2.39	2.32	2.89
2020 年 1 月	2.51	2.61	3.65
2020 年 2 月	2.66	3.33	20.09
2020 年 3 月	2.71	3.36	19.37
2020 年 4 月	2.81	—	—
2020 年 5 月	2.81	—	—
2020 年 6 月	2.51	—	—
2020 年 7 月	2.25	—	—

续表

日期	预测值(元/kg)	真实值(元/kg)	绝对百分比误差(%)
2020 年 8 月	2.26	—	—
2020 年 9 月	2.24	—	—
2020 年 10 月	2.22	—	—
2020 年 11 月	2.32	—	—
2020 年 12 月	2.41	—	—

考虑到 2020 年 1 月暴发的新冠疫情，除 2020 年 2—3 月的预测值外，移动平均季节指数预测法的预测误差在 10%以内，预测精度较好。2020 年 4—12 月预测值符合马铃薯批发市场月度价格波动规律。基于预测值和真实值数据(图 14)，对两组数据进行方差差异性检验，设原假设为两组数据的方差无显著性差异。从检验结果可以看出，在 1%的显著性水平下，预测值序列与真实值序列的方差无显著性差异，说明预测结果有效(表 7)。

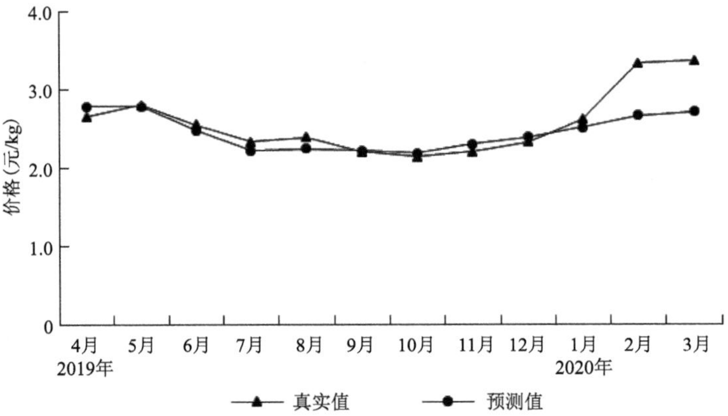

图 14　移动平均季节指数预测法预测结果

表 7　预测结果的显著性检验

方法	检验值	P
方差齐性检验	3.2476	0.0630
西格尔-图基检验	0.7512	0.4525
巴特利检验	3.4563	0.0630
列文检验	2.2541	0.1475
布朗-福赛思检验	1.7523	0.1992

四、马铃薯批发市场价格波动原因

依据价格形成机制，影响农产品价格的因素中农产品供求关系具有重要作用，在某种程度上说明农产品供求关系是影响农产品价格变动的关键[16]。除供求关系外，其他因素也会对农产品价格产生影响。以马铃薯为例，在马铃薯生产、运输、储存、销售和加工等各个环节相关变量的变动均会在不同程度上使马铃薯价格产生波动。

(一)供求关系

1. 生产季节性

我国地域辽阔，自然环境迥异，各地区马铃薯上市时间存在较大差异。北方一季作区马铃薯播种时间在每年的4—5月，中原二季作区播种时间为每年的1—3月和8—9月，南方冬作区播种时间为每年的10—11月，西南混作区播种时间为1—3月[17]。不同的播种时间造成了马铃薯收获时间和上市时间的分散分布。其中，夏季马铃薯供给量最大，春秋两季稍逊，冬季较少。表现在价格上，即冬季马铃薯批发市场价格最高，夏季则较低；特别在每年2月前后，马铃薯替代品尚未大量上市，市面上只有马铃薯供给量相对充足，且由于市场需求较大，马铃薯批发市场价格达到峰值；夏末秋初，马铃薯大量上市，同时马铃薯替代品供给也较充足，致使马铃薯批发市场价格持续低迷。

2. 市场不确定性

近年来我国马铃薯主粮化战略持续深入，国家宏观政策和产业发展政策不断调整，加之国际贸易摩擦争端频发，马铃薯市场潜在的不确定性和风险增加。基于复杂多变的马铃薯市场形势，薯农甚至马铃薯专业合作社等经营组织难以对当前及未来马铃薯市场发展趋势做出准确判断。马铃薯经营主体的个体行为有可能通过一系列传导对马铃薯市场供给产生巨大影响，存在所谓的“蝴蝶效应”。特别是在发生极端天气的年份，部分薯农依据马铃薯价格会趋涨的心理预期，在马铃薯收获后将其入库贮藏不急于出售，采取观望态度，在价格上涨到满意水平时再行出售，这种决策行为更进一步加剧了马铃薯批发市场供给紧张的局面，造成马铃薯批发市场价格剧烈波动。

3. 消费需求

鲜薯消费是我国马铃薯消费的主要方式，占消费总量的70%以上。马铃薯加工品消费量相比鲜薯较小，鲜薯消费主要由城乡居民家庭日常消费和社会团体消费等两部分组成。其中，居民消费倾向不易改变决定了城乡居民家庭日常消费比较稳定，马铃薯在我国西北和西南地区是粮菜兼用作物，在其他地区多作为蔬菜食用。除重大外部冲击影响外，城乡居民消费很难在短时间内发生较大变动，而社会团体消费则易受社会经济环境与重大突发事件的影响[8]。2008年次贷危机引发的农民工返乡潮，造成马铃薯团体消费减少；目前我国经济处于改革转型关键期，经济增速有所减缓，同时劳动力成本快速上涨，导致某些劳动密集型企业开始裁员，用工量明显减少，一定程度上减少了马铃薯消费需求，在生产水平稳定的情况下，马铃薯价格受到一定影响。2020年初新冠疫情暴发，全国各地防控措施不断升级，人员、物资流动受到严格限制，对农产品市场供给产生较大冲击，城乡居民对新鲜蔬菜的需求激增，马铃薯作为耐储存蔬菜的一种，市场供不应求，加之农产品运输存在一定困难，马铃薯价格出现明显上涨。

(二)外部冲击

除供求关系影响马铃薯批发市场价格外，来自外部的、具有突发性的、不可预期且难以预测的事件或因素也可以对马铃薯批发市场价格产生巨大影响[18]。外部冲击包括自然灾害、重大病虫害、突发事件、舆论导向等。2008年“三聚氰胺”奶粉事件重创淀粉行业，其关联品马铃薯需求锐减，造成原本稳定的马铃薯市场出现剧烈振荡，马铃薯价格持续下滑。2011 年由于媒体舆论对内蒙古马铃薯滞销的大肆宣传，导致多数经销商持观望态度，谨慎交易，马铃薯价格出现急剧下挫[19]。2016 年春节后受连续强寒流的影响，马铃薯产量大幅下滑，价格持续上涨，秋季北方多地又受到干旱和晚疫病的影响，减产严重，市场供小于求，价格出现非正常上涨。2020 年农历新年前突发的新冠疫情对马铃薯乃至整个农产品市场造成巨大冲击，虽然正值南方冬作区马铃薯上市期，但严格的防控措施导致马铃薯收获和运输效率严重下滑，市场供给出现不足，再加上民众对马铃薯等耐储存蔬菜的需求激增，马铃薯价格短时间内快速上升。

（三）市场信息不对称

信息不对称是指在市场交易中，交易各方所掌握的信息不同，一些交易主体掌握的信息多于其他交易主体，形成信息在不同交易主体之间的不对称。具有信息优势的一方在市场交易中往往处于优势地位，而掌握信息较少的一方则往往处于不利地位[20]。具体到农产品市场来说，农产品生产者了解的市场供求信息、价格信息、流通信息、预测信息等普遍少于各类农产品经销者，导致农户在市场交易时处于相对不利的位置，价格话语权较小，在此状态下进行农产品交易会增加交易成本，降低交易效率，同时农户利益也会受到一定程度的侵害；特别是处于信息劣势的农户在自身掌握的信息无法支撑其分辨所掌握市场信息的真伪和解读信息含义能力时，就容易受到所谓“小道消息”的误导，赌博式地扩大种植或者转产，从而引起农产品价格剧烈波动。如 2010 年 7—12 月，马铃薯大量上市，市场供给状况从充足逐渐转向过剩，此时农户对马铃薯价格普遍持悲观态度，但由于某些资本力量对马铃薯市场炒作，大量释放马铃薯生产规模将在次年缩减的信息，马铃薯市场价格由正常的下降转为快速上涨，处于信息劣势地位的马铃薯生产者在未来马铃薯价格将持续走高信息的吸引下，盲目扩大种植面积，导致 2011 年马铃薯种植面积和产量出现明显增长，最终马铃薯价格出现严重下滑。市场中，农户往往处于市场信息传导链中的弱势地位，难以准确、及时获取农产品价格信息，更难以预测农产品价格走势，一旦面临自然因素冲击或市场环境改变，很难有效规避市场风险，极易发生抛售或者惜售行为，间接增大了市场价格波动幅度，加剧了市场的不稳定性。

五、结论

年际波动。2005—2019 年，马铃薯批发市场年均价格年际间波动强度逐渐增大，年均价格在波动中上涨。长期来看，马铃薯批发市场价格仍有上涨趋势，且马铃薯批发市场年均价格波动周期为 3 年，一个波动周期内要经历价格上涨、下降和平稳 3 个阶段。

季度波动。2005—2019 年，马铃薯批发市场季度均价在第一季度最高，第二季度次之，第四季度和第三季度分列第三位和第四位，并且在第一季度后，价格出现明显下降。同时，马铃薯批发市场价格较高的季度，价格波动幅度较大，波动周期为 10.40 个季度（31.2 个月）。

月度波动。2005—2019 年，马铃薯批发市场月度均价波动轨迹可以分为 4 个时期，分别为平稳波动期、剧烈波动期、高位振荡期和爬升波动期。马铃薯批发市场月度均价以小幅波动和中幅波动为主，平均 1.81 个月就会发生一次小幅波动，平均 2.62 个月会发生一次中幅波动，平均 15.45 个月会发生一次大幅波动。马铃薯批发市场月度平均价格平均波动周期为 31 个月，与季度尺度测算下的价格波动周期相吻合。

马铃薯生产的季节特性、马铃薯市场不确定性、社会消费需求、不可预测的外部冲击、市场信息不对称等因素通过一系列传导，会引致马铃薯供给或者消费发生变化，进而导致市场平衡被打破，进而引发马铃薯批发市场价格波动。

六、政策建议

1. 加强马铃薯价格波动预测

掌握马铃薯市场价格波动规律将有助于更好地发挥市场调节作用，稳定马铃薯价格。目前学术界围绕马铃薯价格波动规律的研究成果较少，研究方法和研究角度比较单一，应不断深化我国马铃薯市场价格波动规律研究。推进马铃薯市场价格波动规律研究，可以提高人们对马铃薯市场价格波动规律的理性认识，在掌握其规律的基础上做出科学预测，可以有效引导生产者科学生产和规划，同时为政府部门提供决策依据。如研究预测马铃薯价格在未来某个时间点将迎来上涨期，便可以告知农业生产管理部门，并由其向马铃薯生产者发出预警，以便生产者提前调整生产计划或经营策略，防止出现“薯贱伤农”“卖难”等不利局面，最大限度地保障农民收益。

2. 建立马铃薯价格波动预测信息发布机制

建立不同层次的马铃薯价格波动预测信息发布机制。首先，有序建立国家级、省级、市级和县级的信息发布平台，定时推送波动预测信息，满足马铃薯生产者、企业经营者和政府管理部门等不同群体的信息需求，并向龙头企业和农业主管部门提供信息咨询服务。其次，规范马铃薯市场价格波动预测信息发布内容，信息内容应涵盖马铃薯价格波动预测结果、波动预测结果解读和基于结果的对策建议。最后，扩大波动预测信息发布渠道，利用线上与线下相结合的方式，提高信息发布强度和扩大信息覆盖范围。通过电视、广播、报刊、门户网站、微信公众号、微博平台等渠道，开通官方账号或频道，提高信息的实效性和可及性，让波动预测分析成果更广泛地惠及相关从业者和管理机构。

参考文献

[1] FRANCO R, MICHELA V, ROBERT D W. Agricultural and oil commodities: Price transmission and market integration between US and Italy[J]. Bio-based and Applied Economics, 2014(2): 93-117.

[2] EDDY B, MARTINA B, JOSEPH F, et al. Local food prices and international price transmission[J]. World Development, 2017(8): 216-230.

[3] 刘俊杰. 我国粮食价格波动研究[D]. 南京：南京农业大学，2011.

[4] 赵晓飞. 蔬菜价格波动的规律、影响因素与调控对策研究[J]. 当代经济管理，2015，37(2)：37-42.

[5] 张萌. 中国马铃薯价格波动分析[D]. 北京：中国农业科学院，2018.

[6] 杜俊. 基于小波分析的蔬菜价格波动及与气候关系研究[D]. 南京：南京农业大学，2008.

[7] 潘凤杰，穆月英. 北京市蔬菜价格变动的特征及影响因素[J]. 中国蔬菜，2011(Z1)：1-7.

[8] 蔡海龙. 我国马铃薯价格波动的原因探析[J]. 价格理论与实践，2013(9)：64-65.

[9] 刘洋，罗其友. 我国马铃薯批发市场价格波动性研究[J]. 中国蔬菜，2011(7)：14-19.

[10] 李辉尚，马娟娟，沈辰，等. 我国马铃薯价格波动规律研究——基于 X-12 和 H-P 滤波法的实证分析[J]. 中国蔬菜，2017(2)：60-66.

[11] FRANCISCO C, MANUEL A H, NICHOLAS M. Transmission of food price volatility from interna-

tional to domestic markets: Evidence from Africa, Latin America, and South Asia[J]. Food Price Volatility and Its Implications for Food Security and Policy, 2016(3): 303-328.

[12] ADITYA S, MIGUEL I G. Price transmission, asymmetric adjustment and threshold effects in the cotton supply chain: A case study for Vidarbha, India[J]. Agricultural Economics, 2016(7): 435-444.

[13] 周向阳，张晶，彭华，等. 2017年马铃薯市场形势分析及2018年前景展望[J]. 中国蔬菜，2018(2)：6-9.

[14] 方伶俐，王娅娜. 我国农产品价格波动：特点、成因及对策[J]. 江西农业大学学报(社会科学版)，2012(4)：13-16，34.

[15] 韩磊. 中国粮食价格波动规律及周期性特征[J]. 开发研究，2016(6)：8-14.

[16] 郑燕，马骥. 基于农产品短期供需差异与价格波动关联的预警思路研究：以北京市西红柿市场为例[J]. 农业经济与管理，2016(5)：81-89.

[17] 滕宗璠，张畅，王永智. 我国马铃薯适宜种植地区的分析[J]. 中国农业科学，1989(2)：35-44.

[18] 鞠国华. "外部冲击"的国内研究综述[J]. 经济学动态，2009(5)：75-78.

[19] 高明杰，罗其友，陶陶，等. 2011年马铃薯滞销现象、成因与对策[J]. 农业展望，2011，7(12)：49-51.

[20] 高鸿业. 西方经济学：微观部分·第六版[M]. 北京：中国人民大学出版社，2017.

基于组合模型的我国马铃薯价格预测分析*

伦闫琪，罗其友，高明杰，杨亚东

（中国农业科学院农业资源与农业区划研究所，北京 100081）

一、引言

2010年以来，马铃薯价格波动愈发剧烈，年际间差异明显增大，各地关于马铃薯价格波动的报道时常见诸报端。由于现阶段马铃薯市场信息流通困难、供给端与需求端的信息链条不完整、动态市场监测预警机制缺失，特别是生产端无法及时获取和预知马铃薯市场的动态变化，造成了马铃薯价格的振荡，这严重损害了马铃薯生产者的正常利益，增加了种植经营的不确定性，对马铃薯产业的良性发展造成不利影响。近年来，国家高度重视市场信息监测预测工作，2013年和2014年连续两年中央"一号文件"均提到"要深入开展农产品市场信息监测预测工作，加强信息监测体系建设，促进科学生产"。马铃薯作为我国重要农产品和第四大粮食作物，在种植面积和总产量"双增长"的良好发展势头下，加强对马铃薯市场价格的预测是保障薯农种植收益、弥补市场失灵、进行宏观调控的有效措施，具有重要的现实意义。

王瑞英等[1]运用非线性模型，在变量选取时主要关注了总播种面积、马铃薯价格、肥料、科技投入和受灾面积等因素，并预测未来一段时间的马铃薯产量。王晶晶等[2]以2008—2009年为样本区间，利用这两年的蔬菜价格数据，采用时间序列分解方法预测了2010年的蔬菜价格走势。米健等[3]以1982—2012年的马铃薯产量和消费量的数据为基础，对我国马铃薯生产和消费的趋势及结构进行了分析，在对我国马铃薯的中长期生产和消费进行预测时采用了时间序列分析方法和ARMA模型相结合的方式。王静怡等[4]运用局部均衡模型，对我国马铃薯供求影响因素进行了分析，研究揭示了生产量和消费量之间的关系，预测了2015—2025年我国马铃薯市场供求状况。李哲敏等[5]构建马铃薯动态混沌神经网络模型时利用我国马铃薯日度价格数据，从拟合效果和预测精度两方面与传统ARIMA模型进行对比分析。唐占彪等[6]建立马铃薯ARIMA预测模型时采用甘肃省马铃薯价格数据，而后对甘肃省2015年马铃薯平均价格进行了预测。李尚辉等[7]运用X12模型和H-P滤波法，采用批发市场月度数据，研究了马铃薯价格波动规律，结果显示马铃薯价格以47个月为一周期进行波动，且季节性波动是马铃薯价格波动的主因。张萌[8]运用主成分回归法对影响马铃薯价格波动的因素进行分析，选择对马铃薯田间价格拟合程度最高的符号回归方程作为价格预测模型，并预测了2016—2025年马铃薯田间价格。除传统的时间序列预测方法外，灰色预测模型也在农产品、金融、能源等预测研究领域中得到广泛应用。王舒鸿[9]利用地区鸡蛋价格数据建立了灰色预测模型，

---

* 本文网络首发于《中国农业资源与区划》，2021：1-16.

分析了鸡蛋价格波动的原因,并对未来价格走势进行预测。张小允等[10]运用 GM(1,1)预测模型对我国未来 10 年的小杂粮种植面积进行了预测研究,并提出了促进小杂粮产业健康发展的建议。李飞等[11]基于单因素的 GM(1,1)预测模型,建立了北京商品住宅价格预测模型,并对北京市未来商品住宅价格进行模拟预测。徐维维等[12]利用灰色算法对股票价格进行预测,并利用残差修正方法对预测结果进行修正,优化了预测精度。魏毅等[13]采用了灰色预测模型对煤炭价格指数在中、短期的变化进行预测,结果表明煤炭价格的指数将有上升趋势。从已有的价格预测研究来看,大都采用单一的时间序列法或智能预测法,样本数据以月度数据为主,少有研究将不同类型预测模型进行组合。本文以农业农村部定点批发市场的马铃薯周价格数据为基础,通过运用时间序列分析法中的 ARIMA 模型、灰色理论中的 GM(1,1)模型和两者的组合模型分别对马铃薯批发市场周价格进行拟合和预测,并分析三种模型的预测效果。

二、研究方法与数据来源

(一)研究方法

(1)ARIMA 模型

ARIMA 模型即整合移动平均自回归模型或博克思一詹金斯模型,英文名是 Autoregressive Integrated Moving Average Model,常用来定量描述时间序列中变量间的相关关系和未来态势。ARIMA 模型被广泛应用于各领域的时间序列研究中,AR 模型(自回归模型)与 MA 模型(滑动平均模型)共同组成了 ARIMA 模型。ARIMA 模型的原理是利用数学模型最大限度地描述预测对象发展而成的关于时间的数据序列[14]。

假设经过 d 次差分处理后,目标序列x_t可以生成平稳序列 Δx_t,那么 ARIMA(p,d,q)模型的数学表达式可以写成如下形式:

$$\Delta x_t = c + \varphi_1 \Delta x_{t-1} + \varphi_2 \Delta x_{t-2} + \cdots + \varphi_p \Delta x_{t-p} + \varepsilon_t + \theta_1 \varepsilon_{t-1} + \theta_2 \varepsilon_{t-2} + \cdots + \theta_q \varepsilon_{t-q} \tag{1}$$

式中:常数用 c 来表示,自回归系数和移动平均回归系数分别用φ_p和θ_q表示,白噪声序列为ε_t,自回归模型阶数和移动平均阶数分别是 p 和 q。建立 ARMIA 模型分为 6 个步骤,即判断序列是否为平稳序列、对非平稳序列进行处理、模型参数确定、参数估计、模型检验和模型预测。

(2)GM(1,1)模型

灰色预测模型(Gray Forecasting Model)是由灰色系统理论衍生出的预测模型,灰色系统理论认为系统的行为或现象尽管是模糊的,数据是杂乱的,但它依然存在规律性,具有整体功能[15],它是一种通过残缺的、少量的、不准确的信息,建立数学模型并实现预测功能的一种预测方法。灰色预测模型区别于其他预测模型的显著特点是它对于时间序列短、统计数据少、信息不完全系统的分析与建模有较好效果。灰色预测模型常被应用于能源、工业、生态、经济等诸多领域,最常用的有 GM(1,1)、GM(1,N)、GM(2,1)等模型,其中 GM(1,1)模型应用最为广泛,该模型由一阶微分方程构成,只包含单一变量,建模过程中需要对原始数据进行再生成处理。结合马铃薯批发市场价格特点,拟采用离散灰色预测模型 GM(1,1)进行价格预测。

若有 $X^{(0)}(k)=\{x^{(0)}(1),\ x^{(0)}(2),\cdots,\ x^{(0)}(n)\}$,$X^{(1)}(k)=\{x^{(1)}(1),\ x^{(1)}(2),\cdots,\ x^{(1)}(n)\}$则称

$$x^{(0)}(k)+a\,x^{(1)}(k)=b \tag{2}$$

为 GM(1,1)模型的初始形式,进而可以得到 GM(1,1)模型的基本表达式,如式(3)所示。

$$x^{(0)}(k)+aZ^{(1)}(k)=b \tag{3}$$

其中,$Z^{(1)}$ 即为式(4),$Z^{(1)}(k)$ 即为式(5)。

$$z^{(1)}=(z^{(1)}(2),z^{(1)}(3),\cdots,z^{(1)}(n)) \tag{4}$$

$$z^{(1)}(k)=\frac{1}{2}(x^{(1)}(k)+x^{(1)}(k-1)),k=2,3,\cdots,n \tag{5}$$

(二)数据来源

本节所用数据来源于商务部全国农产品商务信息服务公共平台;将全国 110 个农产品批发市场每周三马铃薯价格平均值作为该周的马铃薯批发市场平均价格,选取时间段为 2005 年 1 月 5 日—2019 年 12 月 25 日的价格序列,共 782 个周价格数据;利用 2020 年 1 月 1 日—3 月 25 日的价格数据序列作为拟合序列,共 13 期数据。

在马铃薯价格传导链中,有田头价格、批发市场价格和零售市场价格三大类,且零售市场价格>批发市场价格>田头价格。其中,马铃薯批发市场价格,即马铃薯批发商向农贸市场、企业、个人经销商等批量出售马铃薯的价格,与马铃薯田间价格相比,增加了人工费、运输费、储存费、损耗费等费用[16]。相较零售市场价格和田头价格,批发市场价格具有更快、更准确地反映市场供求关系的变化的特点,批发市场价格处于价格传导链的上游,更接近于生产者,对于生产端的细微变化更加敏感,因而对生产经营主体的指导意义更大;同时批发市场价格直接影响零售价格,因此对消费者也具有重要的参考价值。

三、实证分析

(一)ARIMA 模型构建

(1)平稳性检验

对价格序列做出趋势图,如图 1 所示,可以看出 2005—2019 年马铃薯批发市场周度均价

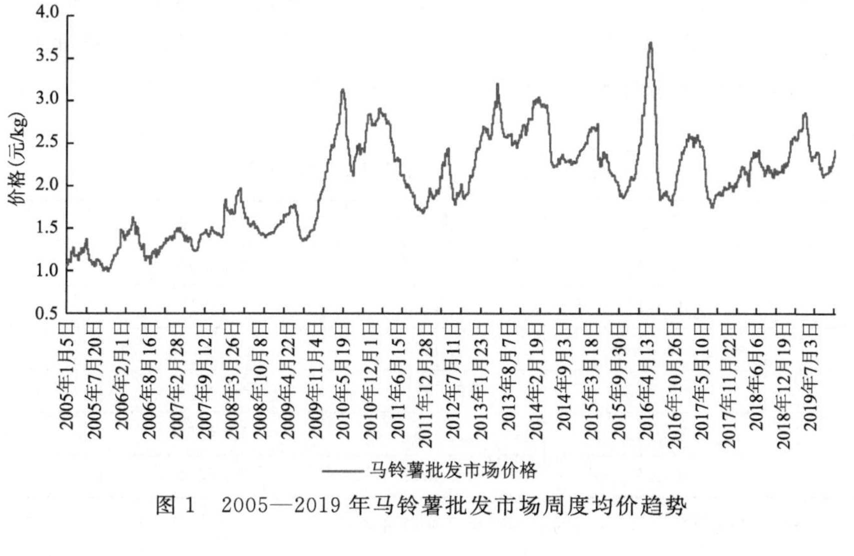

图 1　2005—2019 年马铃薯批发市场周度均价趋势

呈波动上升趋势，波动幅度不稳定，年内波动比较有规律性，长期变动趋势和循环变动趋势比较明显。单从序列趋势图无法判定价格序列是否平稳，还需进行 ADF 检验。

对价格时间序列数据进行单位根检验，判断序列平稳性。基于表 1 的 ADF 检验结果，并对照表 2，可知价格序列在 1％和 5％显著性水平下都是平稳的，即 $d=0$，无须进行平稳化操作。根据 AIC(Akaike Info Criterion)信息准则，模型表达式中应包括截距项和趋势项，且马铃薯批发市场周度价格序列在 1％的显著性水平下通过 ADF 检验，无须差分。[17]

表 1　价格序列 ADF 检验结果

模型类型	t 统计量	P	AIC
有截距，有趋势项	－4.4491	0.0019	－2.7496
有截距，无趋势项	－3.4396	0.0100	－2.7420
无截距，无趋势项	－0.4172	0.5329	－2.7262

表 2　ADF 检验统计量

显著性水平	t 统计量
1％	－3.4385
5％	－2.8650
10％	－2.5687

(2)模型识别

在确定 $d=0$ 的基础上，为了进一步确定 ARIMA(p,d,q)模型中的参数 p,q，根据马铃薯批发市场周度均价序列的自相关图和偏自相关图可知，价格序列 1、2、3、4 阶偏自相关系数超出±2 倍估计标准差，4 阶以后偏自相关系数稳定在±2 倍估计标准差以内，即偏自相关系数 4 阶以后截尾；而价格序列自相关系数稳定在±2 倍估计标准差，可判定自相关系数从 1 阶开始拖尾，所以可初步确定 $p=4$，$q=0$，即可建立 ARIMA(4,0,0)模型。

(3)参数估计

对拟建立的 ARIMA(4,0,0)模型进行参数估计，结果如表 3 所示。AR(1)、AR(4)的系数和常数 C 在 1％的显著性水平下通过检验，AR(3)的系数在 5％的显著性水平下通过检验，而 AR(2)的系数未通过显著性检验，可初步确定 ARIMA 模型应包含 AR(1)、AR(3)和 AR(4)三个自回归项。

表 3　ARIMA(4,0,0)模型估计结果

ARIMA(4,0,0)	系数	标准误差	t 统计量	P
AR(1)	1.1840	0.0267	44.3670	0.0000***
AR(2)	0.0486	0.0466	1.0420	0.2977
AR(3)	－0.1495	0.0525	－2.8476	0.0045***
AR(4)	－0.0958	0.0329	－2.9129	0.0037***
C	2.0143	0.1587	12.6959	0.0000***
SIGMASQ	0.0037	0.0001	33.6468	0.0000***

注：***、**、* 分别表示在 1％、5％、10％的显著性水平下通过检验。

基于前面的结论，再对 AR(1)、AR(3)和 AR(4)和常数项 C 进行回归，结果如表 4 所示。AR(1)、AR(3)和 AR(4)的系数和常数项 C 均在 5%的显著性水平下通过检验，符合要求，再通过比较两个模型的精度指标，确定模型的最终表达式，如表 5 所示。在两种模型调整后的拟合优度和回归标准差相同的情况下，根据 AIC 和 SC 较小为优的原则，拟选定调整后的 ARIMA(4,0,0)模型为马铃薯批发市场周价格的预测模型。

表 4 调整后的 ARIMA(4,0,0)模型估计结果

ARIMA(4,0,0)	系数	标准误	t 统计量	P
AR(1)	1.2085	0.0180	67.1861	0.0000***
AR(3)	−0.1263	0.0442	−2.8589	0.0044***
AR(4)	−0.0949	0.0329	−2.8792	0.0041***
C	2.0141	0.1599	12.5939	0.0000***
SIGMASQ	0.0037	0.0001	32.6362	0.0000***

注：*** 表示通过 1%的显著性检验。

表 5 两种模型精度指标对比

精度指标	ARIMA(4,0,0)	调整后的 ARIMA(4,0,0)
Adjusted R-squared	0.9875	0.9875
AIC	−2.7338	−2.7353
SC	−2.6980	−2.7055
S. E. of regression	0.0613	0.0612

选定的 ARIMA(4,0,0)模型数学表达式为：

$$x_t = 2.0141 + 1.2085\, x_{t-1} - 0.1263\, x_{t-3} - 0.0949\, x_{t-4} + u_t \tag{6}$$

(4)模型检验

在确定模型参数估计值和表达式后，需要对拟建立的模型进行检验(表 6)。残差序列 ADF 检验统计量为−28.7193，明显小于 1%、5%和 10%显著性水平下的临界值，说明 ARIMA(4,0,0)模型的残差序列不存在单位根，即为白噪声，反映出模型对原始序列信息的提取比较完整。残差的随机性检验也显示 ARIMA(4,0,0)模型残差大部分稳定在±2 倍估计标准差以内，拟合效果比较理想，可用于价格预测。

表 6 残差序列 ADF 检验

	临界值水平	t 统计量	P
ADF 检验		−28.7193	0.0000
检验临界值	1%	−2.5679	
	5%	−1.9412	
	10%	−1.6164	

(5)模型预测

应用 ARIMA(4,0,0)模型对 2005 年 1 月 5 日—2018 年 12 月 26 日的马铃薯批发市场周度价格进行拟合，拟合结果见图 2，计算可知平均绝对误差为 0.0440，平均绝对误差百分比为

2.2219%，说明拟合误差较小；Theil 不等系数为 0.0145，很接近于 0，说明拟合值与真实值很接近，模型拟合效果良好。

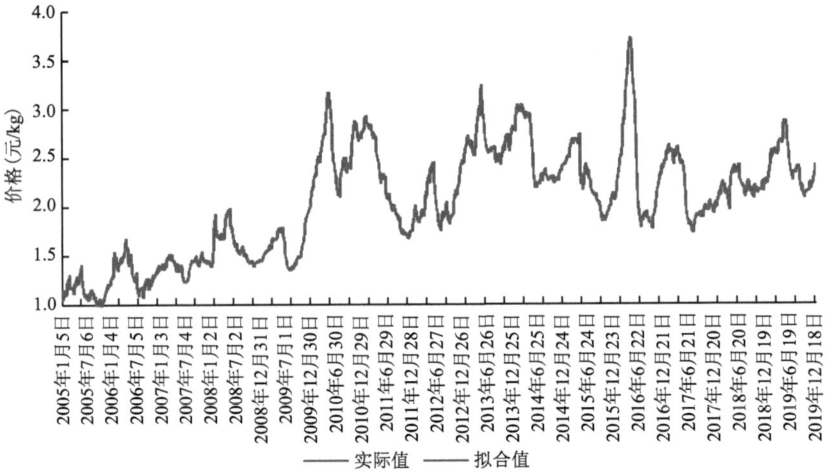

图 2　ARIMA(4,0,0)模型拟合

应用 ARIMA(4,0,0)模型对 2020 年 1 月 1 日—2020 年 3 月 25 日的马铃薯批发市场周度价格进行拟合，拟合结果见表 7。

表 7　ARIMA(4,0,0)模型拟合结果

序号	日期	真实值(元/kg)	预测值(元/kg)	绝对误差(元/kg)	绝对误差百分比
1	2020 年 1 月 1 日	2.35	2.45	0.10	4.01
2	2020 年 1 月 8 日	2.47	2.35	0.12	4.65
3	2020 年 1 月 15 日	2.54	2.53	0.01	0.38
4	2020 年 1 月 22 日	2.63	2.57	0.06	2.49
5	2020 年 1 月 29 日	3.02	2.66	0.36	11.73
6	2020 年 2 月 5 日	3.12	3.12	0.00	0.00
7	2020 年 2 月 12 日	3.33	3.22	0.11	3.18
8	2020 年 2 月 19 日	3.48	3.42	0.06	1.79
9	2020 年 2 月 26 日	3.38	3.55	0.17	4.91
10	2020 年 3 月 4 日	3.37	3.39	0.02	0.70
11	2020 年 3 月 11 日	3.41	3.34	0.07	1.99
12	2020 年 3 月 18 日	3.32	3.39	0.07	2.05
13	2020 年 3 月 25 日	3.33	3.29	0.04	1.16

注：绝对误差＝｜预测值－真实值｜，绝对误差百分比＝(｜预测值－真实值｜/真实值)×100%。

对未来 13 期的马铃薯批发市场周价格进行拟合，拟合值、绝对误差(AE)、绝对误差百分比(APE)见表 7。不难看出，除第 5 期外，其余 12 期的绝对误差百分比均在 5%以内，相对误差百分比的绝对值低于 10%，拟合精度较好，预测值比较接近真实值。但考虑到 2020 年初新型冠状肺炎疫情对马铃薯批发市场价格的巨大影响，可以理解第 5 期拟合值出现较大误差。因此，可以利用 ARIMA(4,0,0)模型对未来马铃薯批发市场价格进行预测。

(二)灰色 GM(1,1)模型构建

(1)级比检验

对从 2019 年 11 月 20 日—2019 年 12 月 25 日的 6 期周度均价序列作级比检验，价格序列级比最小值为 $\min\sigma=0.7788$，最大值为 $\max\sigma=1.2840$，最小值与最大值在($e^{-\frac{2}{6}}$,$e^{\frac{2}{6}}$)范围内，因而可以建立较为理想的 GM(1,1)模型。

(2)累加生成

对原始数据 $x^{(0)}=[x^{(0)}(1),\ x^{(0)}(2),\ x^{(0)}(3),\cdots,\ x^{(0)}(6)]$进行 1－AGO 累加生成一阶累加序列 $x^{(1)}=[x^{(1)}(1),\ x^{(1)}(2),\ x^{(1)}(3),\cdots,\ x^{(1)}(6)]$。

(3)生成矩阵 $\boldsymbol{B}$ 和向量 $\boldsymbol{Y}$

计算数据矩阵 $\boldsymbol{B}$ 和数据向量 $\boldsymbol{Y}$，得到：

$$\boldsymbol{Y}=\begin{bmatrix} x^{(0)}(2) \\ x^{(0)}(3) \\ \cdots \\ x^{(0)}(6) \end{bmatrix};\boldsymbol{B}=\begin{bmatrix} -z^{(1)}(2) & 1 \\ -z^{(1)}(3) & 1 \\ \cdots & \cdots \\ -z^{(1)}(6) & 1 \end{bmatrix} \tag{7}$$

计算 GM(1,1)微分方程的参数 a,b，利用 MATLAB 软件实现：

$$\hat{a}=(a,b)^T=(\boldsymbol{B}^T\boldsymbol{B})^{-1}\boldsymbol{B}^T\boldsymbol{Y}=(-0.0218,2.1310)^T \tag{8}$$

$$\frac{b}{a}=\frac{2.1310}{-0.0218}=-97.6161 \tag{9}$$

(4)将参数代入白化方程

$$\frac{dx^{(1)}}{dt}-0.0218\,x^{(1)}=2.1310 \tag{10}$$

(5)建立预测模型

$$\hat{x}^{(1)}(k)=-97.6161+97.6438\,e^{0.0218k};(k=2,3,\cdots,n) \tag{11}$$

(6)计算原始序列预测值

$$\hat{x}^{(0)}(k)=\hat{x}^{(1)}(k)-\hat{x}^{(1)}(k-1);(k=2,3,\cdots,n) \tag{12}$$

代入参数的原始序列预测值：

$$\hat{x}^{(0)}(k)=2.1084\,e^{0.0218k};(k=2,3,\cdots,n) \tag{13}$$

(7)拟合结果

根据式 GM(1,1)模型拟合 2020 年 1 月 1 日—2020 年 3 月 25 日，共 13 期的价格数据，拟合值、残差、相对误差为(表 8)：

表 8　GM(1,1)模型拟合结果

日期	真实值(元/kg)	拟合值(元/kg)	残差	相对误差(%)
2020 年 1 月 1 日	2.35	2.46	－0.11	－4.51
2020 年 1 月 8 日	2.47	2.51	－0.04	1.76
2020 年 1 月 15 日	2.54	2.57	－0.03	－1.15

续表

日期	真实值(元/kg)	拟合值(元/kg)	残差	相对误差(%)
2020年1月22日	2.63	2.62	0.01	0.55
2020年1月29日	3.02	2.68	0.34	11.19
2020年2月5日	3.12	2.74	0.38	12.27
2020年2月12日	3.33	2.80	0.53	15.89
2020年2月19日	3.48	2.86	0.62	17.85
2020年2月26日	3.38	2.93	0.45	13.42
2020年3月4日	3.37	2.99	0.38	11.28
2020年3月11日	3.41	3.06	0.35	10.28
2020年3月18日	3.32	3.12	0.20	6.07
2020年3月25日	3.33	3.20	0.13	3.90

前4期预测值相对误差均在5%以下，预测误差较小，较接近真实值(图3)；考虑到2020年初新型冠状肺炎疫情对马铃薯批发市场的影响，马铃薯批发市场价格出现非正常波动，5—13期预测值出现较大误差是可接受的。

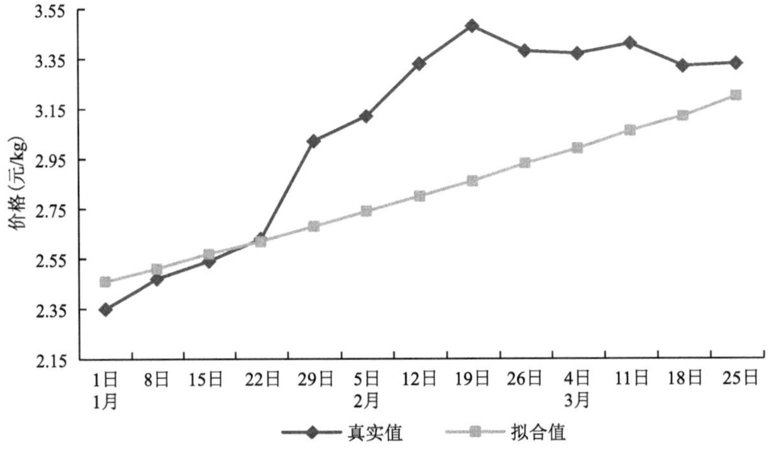

图3　2020年马铃薯批发市场周度均价真实值与拟合值

(8)精度检验

利用原始序列，计算其平均值、均方差：

$$\overline{x^{(0)}} = \frac{1}{6}\sum_{k=1}^{6} x^{(0)}(k) = 2.28 \tag{14}$$

$$S_0^2 = \frac{1}{6-1}\sum_{k=1}^{6} (x^{(0)}(k) - \overline{x^{(0)}})^2 = 0.0077 \tag{15}$$

利用残差序列，计算其平均值、均方差：

$$\overline{\varepsilon(k)} = \frac{1}{6}\sum_{k=1}^{6}\varepsilon(k) = -0.0001 \tag{16}$$

$$S_1^2 = \frac{1}{6-1}\sum_{k=1}^{6} (\varepsilon(k) - \overline{\varepsilon(k)})^2 = 0.0002 \tag{17}$$

根据前面计算结果，后验比 C 为：

$$C=\sqrt{\frac{S_1^2}{S_0^2}}=0.33 \tag{18}$$

计算小误差概率

$$P=p\{|\varepsilon(k)-\overline{\varepsilon(k)}|<0.6745\ S_0\}=100\% \tag{19}$$

经过一系列检验，马铃薯批发市场周度均价拟合值相对误差 Δ 在 5%以内，平均相对误差 $\overline{\Delta}=1.81\%<5\%$，模型拟合精度为 1 级，较好模拟了真实值；原始序列方差 $S_0^2=0.0077$，残差序列方差 $S_1^2=0.0002$，后验比 $C=0.1772<0.35$，可判断模型为 1 级；小误差概率 $P=100\%>95\%$，模型精度为 1 级。综上可知，建立的 GM(1,1)模型精度为 1 级，拟合较为理想，可作马铃薯批发市场周度价格的预测研究。

(9)预测结果

对 2020 年 4 月 1 日—2020 年 12 月 30 日，共 40 期的马铃薯批发市场周度价格数据进行预测，结果见表 9。从结果可以发现，灰色预测模型的预测结果随着预测时限的不断延伸，会出现高于日常马铃薯价格的结果，这也从一定程度上说明了在长期预测中，灰色预测模型的精度会有下降。为最大限度地保证 GM(1,1)模型的预测效果，一方面要扩大样本数据量，不断增加新的观测值或真实值；另一方面要根据数据质量，修正或优化模型，实现更为精准的预测。

表 9 GM(1,1)模型预测结果

日期	预测值(元/kg)
2020 年 4 月 1 日	2.86
2020 年 4 月 8 日	2.92
2020 年 4 月 15 日	2.99
2020 年 4 月 22 日	3.05
2020 年 4 月 29 日	3.12
2020 年 5 月 6 日	3.19
2020 年 5 月 13 日	3.26
2020 年 5 月 20 日	3.33
2020 年 5 月 27 日	3.41
2020 年 6 月 3 日	3.48
2020 年 6 月 10 日	3.56
2020 年 6 月 17 日	3.64
2020 年 6 月 24 日	3.72
2020 年 7 月 1 日	3.80
2020 年 7 月 8 日	3.88
2020 年 7 月 15 日	3.97
2020 年 7 月 22 日	4.05
2020 年 7 月 29 日	4.14
2020 年 8 月 5 日	4.24

续表

日期	预测值(元/kg)
2020 年 8 月 12 日	4.33
2020 年 8 月 19 日	4.42
2020 年 8 月 26 日	4.52
2020 年 9 月 2 日	4.62
2020 年 9 月 9 日	4.72
2020 年 9 月 16 日	4.83
2020 年 9 月 23 日	4.93
2020 年 9 月 30 日	5.04
2020 年 10 月 7 日	5.15
2020 年 10 月 14 日	5.27
2020 年 10 月 21 日	5.38
2020 年 10 月 28 日	5.50
2020 年 11 月 4 日	5.62
2020 年 11 月 11 日	5.75
2020 年 11 月 18 日	5.87
2020 年 11 月 25 日	6.00
2020 年 12 月 2 日	6.14
2020 年 12 月 9 日	6.27
2020 年 12 月 16 日	6.41
2020 年 12 月 23 日	6.55
2020 年 12 月 30 日	6.69

(三)ARIMA(4,0,0)-GM(1,1)组合模型构建

(1)组合模型权重的确定

组合预测模型基本可分为三类:串联型、并联型以及嵌套型。不论哪种类型,都以“取其长处避其短处”的方式实现降低预测误差、提升预测效果的目标。在农产品组合预测研究中,最常用的是并联型组合预测模型,根据单一模型的预测误差分配不同的权重[18-20]。本文采用将ARIMA 模型和 GM(1,1)模型进行并联形成组合模型,并赋予 ARIMA 模型和 GM(1,1)模型不同的权重,组合预测模型预测值如式(20)所示:

$$F_t = \sum_{i=1}^{n} \omega_i F_{it} = \omega_1 F_{1t} + \omega_2 F_{2t} + \cdots + \omega_n F_{it} \tag{20}$$

式中:n 表示共有 n 种单一预测方法、F_{it} 为第 i 种预测方法在 t 期的预测值、ω_n 为第 n 种预测方法的权重,$\sum_{i=1}^{n} \omega_i = 1, \omega_i \geqslant 0$ 。

权重ω_i的赋值方法包括:算术平均法、AHP 法、均方差倒数法、德尔菲法、层次分析法、主观赋值法等。本文采用均方差倒数法确定单个模型权重,即对误差较小的模型给予较大权重,

对误差较大的模型给予较小权重，以最大限度地降低组合模型的误差平方和。权重计算公式如下：

$$\omega_i = \frac{\dfrac{1}{\sum_{i=1}^{n}(F_{it}-Y_t)^2}}{\sum_{i=1}^{n}\left(\dfrac{1}{\sum_{i=1}^{n}(F_{it}-Y_t)^2}\right)} \tag{21}$$

式中：Y_t表示第 t 期模型的真实值。[8]

(2)组合模型预测值计算

由式(21)计算两种模型在组合模型中的权重，模型 1、2 分别表示 ARIMA(4,0,0)模型、灰色 GM(1,1)预测模型，得$\omega_1=0.9176$，$\omega_2=0.0824$，则马铃薯批发市场周价格组合预测模型为：

$$F_t=0.9176\,F_{1t}+0.0824\,F_{2t} \tag{22}$$

进而由式(22)计算组合模型预测值和绝对百分比误差，并将其预测误差与单一预测模型的预测误差相比较，以确定组合模型对预测精度的提升效果，利用绝对百分比误差(APE)来量化预测值与真实值之间误差的大小，结果见表 10。

表 10　三种预测模型预测效果比较

日期	真实值	预测值			绝对百分比误差(%)		
		模型 1	模型 2	组合模型	模型 1	模型 2	组合模型
2020 年 1 月 1 日	2.35	2.45	2.46	2.45	4.01	4.36	4.04
2020 年 1 月 8 日	2.47	2.35	2.51	2.37	4.65	1.76	4.12
2020 年 1 月 15 日	2.54	2.48	2.57	2.49	2.28	1.00	2.01
2020 年 1 月 22 日	2.63	2.57	2.62	2.57	2.49	0.44	2.32
2020 年 1 月 29 日	3.02	2.67	2.68	2.67	11.56	11.17	11.53
2020 年 2 月 5 日	3.12	3.12	2.74	3.09	0.10	12.27	1.10
2020 年 2 月 12 日	3.33	3.22	2.80	3.19	3.18	15.88	4.23
2020 年 2 月 19 日	3.48	3.42	2.86	3.37	1.79	17.79	3.11
2020 年 2 月 26 日	3.38	3.55	2.93	3.50	4.91	13.56	3.39
2020 年 3 月 4 日	3.37	3.39	2.99	3.36	0.70	11.29	0.29
2020 年 3 月 11 日	3.41	3.34	3.06	3.32	1.99	10.40	2.68
2020 年 3 月 18 日	3.32	3.39	3.12	3.37	2.05	5.97	1.39
2020 年 3 月 25 日	3.33	3.29	3.19	3.28	1.16	4.14	1.40

(3)结果分析

利用预测结果，对模型预测效果进行分析。平均绝对百分比误差(MAPE)和均方根误差(RMSE)经常作为评判预测模型的关键指标。判断模型预测效果时一般选用 MAPE，MAPE 值的大小与真实值和预测值之间差的大小成正比。当 MAPE 在 0%～10%时，表明预测模型预测效果尚可，可以进行预测；当其值在 0%～5%时，表明预测模型预测效果极好，预测结果精准[8]。MAPE 计算公式为：

$$\text{MAPE}=\frac{1}{n}\sum_{i=1}^{n}\text{APE}=\frac{1}{n}\sum_{i=1}^{n}\frac{|X_f-X|}{X}\times 100\% \tag{23}$$

式中：X_f为模型预测值，X 为真实值。

均方根误差（RMSE）用于度量预测值偏离真实值的幅度，即预测值序列的离散程度，由于其对于误差值有较高敏感度，使它能很好地反映预测精度，常作为评价模型精度的标准，RMSE∈（0,1）。计算公式为：

$$\text{RMSE}=\sqrt{\frac{1}{n}\sum_{i=1}^{n}(X_f-X)^2} \tag{24}$$

根据前面计算结果，对模型 1、模型 2 和组合模型的预测结果进行比较。预测效果比较如表 11 所示。

表 11　三种预测模型预测效果比较

模型	MAPE	RMSE
模型 1	3.1437	0.0158
模型 2	8.4632	0.1135
组合模型	3.2008	0.0158

从表 11 的结果来看，组合模型的平均绝对百分比误差为 3.2008%＜5%，小于模型 2 的 MAPE，接近模型 1 的 MAPE，组合模型均方根误差的值也是三种模型中最小的。因此组合模型综合了模型 1 和模型 2 的优势，起到了提高预测精度和预测稳定性的作用，符合理论预期。组合模型的 MAPE 相较模型 2 下降了 62.18%，组合模型的 RMSE 相较模型 1 和 2 分别下降了 0.03%、86.08%。相较模型 2，组合模型对于模型 1 的预测精度改善不是很大，很大程度上由于模型 1 本身预测精度较高，改进空间有限。在实际应用中，组合模型比单一模型有更好的实用性和稳定性。

（4）价格预测

利用建立的 ARIMA(4,0,0)－GM(1,1)组合预测模型对 2020 年 4 月 1 日—2020 年 12 月 30 日的马铃薯批发市场周度价格进行预测，结果如表 12 所示。随着国内新冠疫情得到有效控制，各种防控措施逐渐松绑，社会经济秩序加快恢复，马铃薯生产秩序也逐渐恢复正常水平，马铃薯市场供给会得到保障，疫情对马铃薯批发市场价格的冲击会渐渐消退，马铃薯批发市场价格也将从年初的高价逐渐回落，从预测结果上看，2020 年 4—12 月马铃薯批发市场周度价格呈缓慢下降趋势，马铃薯生产者应根据市场变化调整下半年种植规划，尽量减小马铃薯批发市场价格下滑对自身利益的影响。

表 12　ARIMA(4,0,0)－GM(1,1)组合预测模型结果

日期	预测值		
	模型 1	模型 2	组合模型
2020 年 4 月 1 日	3.30	2.86	3.26
2020 年 4 月 8 日	3.27	2.92	3.24
2020 年 4 月 15 日	3.24	2.99	3.22
2020 年 4 月 22 日	3.21	3.05	3.20

续表

日期	预测值		
	模型 1	模型 2	组合模型
2020 年 4 月 29 日	3.18	3.12	3.18
2020 年 5 月 6 日	3.15	3.19	3.15
2020 年 5 月 13 日	3.12	3.26	3.13
2020 年 5 月 20 日	3.09	3.33	3.11
2020 年 5 月 27 日	3.06	3.41	3.09
2020 年 6 月 3 日	3.03	3.48	3.07
2020 年 6 月 10 日	3.00	3.56	3.05
2020 年 6 月 17 日	2.97	3.64	3.03
2020 年 6 月 24 日	2.94	3.72	3.00
2020 年 7 月 1 日	2.92	3.80	2.99
2020 年 7 月 8 日	2.89	3.88	2.97
2020 年 7 月 15 日	2.86	3.97	2.95
2020 年 7 月 22 日	2.84	4.05	2.94
2020 年 7 月 29 日	2.82	4.14	2.93
2020 年 8 月 5 日	2.79	4.24	2.91
2020 年 8 月 12 日	2.77	4.33	2.90
2020 年 8 月 19 日	2.75	4.42	2.89
2020 年 8 月 26 日	2.73	4.52	2.88
2020 年 9 月 2 日	2.71	4.62	2.87
2020 年 9 月 9 日	2.69	4.72	2.86
2020 年 9 月 16 日	2.67	4.83	2.85
2020 年 9 月 23 日	2.65	4.93	2.84
2020 年 9 月 30 日	2.63	5.04	2.83
2020 年 10 月 7 日	2.61	5.15	2.82
2020 年 10 月 14 日	2.59	5.27	2.81
2020 年 10 月 21 日	2.58	5.38	2.81
2020 年 10 月 28 日	2.56	5.50	2.80
2020 年 11 月 4 日	2.54	5.62	2.79
2020 年 11 月 11 日	2.53	5.75	2.80
2020 年 11 月 18 日	2.51	5.87	2.79
2020 年 11 月 25 日	2.50	6.00	2.79
2020 年 12 月 2 日	2.49	6.14	2.79
2020 年 12 月 9 日	2.47	6.27	2.78
2020 年 12 月 16 日	2.46	6.41	2.79
2020 年 12 月 23 日	2.45	6.55	2.79
2020 年 12 月 30 日	2.43	6.69	2.78

四、结果与结论

(一)结果

(1)本文首先利用 2005 年 1 月 5 日—2019 年 12 月 25 日的价格序列,共 782 个马铃薯批发市场周度价格,建立了 ARIMA(4,0,0)预测模型$x_t=2.0141+1.2085\ x_{t-1}-0.1263\ x_{t-3}-0.0949\ x_{t-4}+u_t$,并对 2020 年 1 月 1 日—2020 年 3 月 25 日的马铃薯批发市场周度价格进行拟合,拟合效果较好;而后对 2020 年 4 月 1 日—12 月 30 日的 40 期马铃薯批发市场周度价格进行了预测,价格走势符合马铃薯批发市场价格波动特点。

(2)随后利用灰色预测理论中的 GM(1,1)模型对 2018 年 10 月 24 日—2019 年 3 月 6 日的马铃薯批发市场周价格进行拟合,通过级比检验和精度检验,建立了 GM(1,1)预测模型$\widehat{x^{(0)}}(k)=2.1084\ e^{0.0218k}(k=2,3,\cdots,n)$,并对 2020 年 1 月 1 日—3 月 25 日共 13 期的马铃薯批发市场周度价格进行了拟合,拟合精度较好;而后对 2020 年 4 月 1 日—12 月 30 日的 40 期马铃薯批发市场周价格进行了预测。

(3)利用已建立的 ARIMA(4,0,0)模型和 GM(1,1)模型,进行组合,采取均方差倒数法确定单一模型权重,确定组合模型形式为$F_t=0.9176\ F_{1t}+0.0824\ F_{2t}$,利用组合模型对 2020 年 1 月 1 日—3 月 25 日共 13 期的马铃薯批发市场周度价格进行了拟合,拟合结果优于单个预测模型,组合模型的 MAPE 相较模型 2 下降了 62.18%,组合模型的 RMSE 相较 ARIMA(4,0,0)预测模型和 GM(1,1)预测模型分别下降了 0.03%、86.08%。而后根据 ARIMA(4,0,0)预测模型和 GM(1,1)预测模型对 2020 年 4 月 1 日—12 月 30 日的 40 期马铃薯批发市场周度价格的预测结果,计算了 2020 年 4 月 1 日—12 月 30 日的 40 期马铃薯批发市场周度价格的组合预测值。

(二)结论

(1)从预测结果来看,2020 年 4—12 月马铃薯批发市场价格将从高位逐渐回落,随着新冠疫情对马铃薯市场的影响逐渐减弱,马铃薯市场供求状态也会由年初的紧平衡逐渐向供给充足转变。对消费者来说,马铃薯价格的回落是有利的,可以充分释放因疫情积压的消费需求;但对生产者来说,马铃薯价格下滑势必会减少其种植收益,可能会抵消前期因疫情所带来的可观收益。因此,马铃薯生产者应及时调整种植计划,做好转产或替代种植预案,或采用更加灵活的销售策略,最大限度地降低经济损失。

(2)马铃薯作为一种重要农产品,其价格变化受到多方面的影响。因此进行价格预测研究时,不仅要发挥传统时间序列预测方法在规律性描述和特征表达等方面的长处,又要利用灰色预测等智能预测方法独有的自主学习和信息挖掘的优势,综合两者长处建立预测效果更为精准和稳定的组合预测模型。

(3)任何预测模型的预测精度和稳定性与预测区间呈负相关。在进行中短期预测研究时,更看重预测结果本身(数值的大小),而中长期预测往往侧重于描述预测对象未来的发展趋势。在实际应用中,应根据研究需要灵活调整预测区间以提升预测结果的准确性和可靠性。

参考文献

[1] 王瑞英，长青. 呼盟地区马铃薯产出量发展预测[A]. 中国作物学会马铃薯专业委员会. 中国作物学会马铃薯专业委员会1999年年会论文集[C]. 中国作物学会马铃薯专业委员会，1999：5.

[2] 王晶晶，陈永福. 2010年我国蔬菜市场分析与预测[J]. 农业展望，2010，4：21-25.

[3] 米健，罗其友，高明杰，等. 马铃薯中长期供求平衡研究[J]. 中国农业资源与区划，2015，3：27-34.

[4] 王静怡，陈珏颖，刘合光. 我国马铃薯供求的影响因素及未来趋势分析[J]. 广东农业科学，2015，24：189-193.

[5] 李哲敏，许世卫，崔利国，等. 基于动态混沌神经网络的预测研究——以马铃薯时间序列价格为例[J]. 系统工程理论与实践，2015，8：2083-2091.

[6] 唐占彪，王炳文. 基于ARIMA模型的甘肃省2015年蔬菜价格预测[J]. 甘肃农业科技，2016，2：16-20.

[7] 李辉尚，马娟娟，沈辰，等. 我国马铃薯价格波动规律研究——基于X-12和H-P滤波法的实证分析[J]. 中国蔬菜，2017(2)：60-66.

[8] 张萌. 中国马铃薯价格波动分析[D]. 北京：中国农业科学院，2018.

[9] 王舒鸿. 灰色预测模型在鸡蛋价格预测中的应用[J]. 中国禽业导刊，2008(15)：48-50.

[10] 张小允，李哲敏. 基于GM(1，1)模型的中国小杂粮种植面积预测分析[J]. 中国农业资源与区划，2018，39(9)：81-86.

[11] 李飞，付万琳，于薇. 北京市商品住宅价格预测分析——基于灰色系统理论的研究[J]. 价格理论与实践，2011(1)：62-63.

[12] 徐维维，高风. 灰色算法在股票价格预测中的应用[J]. 计算机仿真，2007(11)：274-276.

[13] 魏毅，程跃，车永才. 灰色理论在煤炭产品价格预测中的应用[J]. 中国煤炭，2006(6)：19-21+4.

[14] BOX G E P, JENKINS G M. Time series analysis：predicitioning and control[J]. Journal of Time，2010，31(4)：303-303.

[15] 邓聚龙. 灰理论基础[M]. 武汉：华中科技大学出版社，2002.

[16] 刘洋，罗其友. 我国马铃薯批发市场价格波动性研究[J]. 中国蔬菜，2011(7)：14-19.

[17] 易丹辉. 数据分析与Eviews应用(第二版)[M]. 北京：中国人民大学出版社，2009.

[18] 王川，赵俊晔，赵友森. 组合预测模型在农产品价格短期预测中的应用——以苹果为例的实证分析[J]. 系统科学与数学，2013，33(1)：89-96.

[19] 丁琳琳，孟军. 两种模型对中国生猪价格预测效果的比较[J]. 统计与决策，2012(4)：74-76.

[20] 平平. 组合预测模型在吉林省生猪价格预测中的应用[D]. 长春：吉林大学，2010.

2018—2019 年我国马铃薯产业发展报告

一、2018 年马铃薯产业基本特点

(一)面积和总产减少,商品率下降

根据掌握资料,2018 年中国马铃薯收获面积总体呈现南稳北减的特征,南方冬作区和西南混作区马铃薯收获面积基本稳定,而西北、华北、东北一作区和中原二作区的山东、河南等省份均出现不同程度下降,调研中甚至部分地区反映减少幅度达到 30%以上。估计 2018 年全国马铃薯收获下降幅度在 10%左右。

由于气候因素的影响,2018 年各地单产和商品率变化不一。南方冬作区受霜冻和冰雪等冷害影响,南方冬作区和中原二作区收获的马铃薯单产和商品率都有一定程度下降;西北和华北主产区后期降雨较多,发生地温较低和肥料淋溶的现象,多数地区马铃薯单产受到不利影响,加之薯块含水量较大,从而总体上单产和商品率也都受到一定影响;西南混作区干旱、晚疫病对单产的影响较大;东北主产区受到的病害和气候影响不明显,单产基本稳定。综合考虑面积变化,估计 2018 年总产量减少 5%～10%。

(二)价格相对平稳,走货正常

2018 年,全国马铃薯平均价格基本呈现“低一高一落一升”的阶段变化特征。开春北方内蒙古、河北坝上地区、东北地区以及山东的冬贮马铃薯普遍出现低价滞销现象,部分地区甚至出现商品薯以 0.4 元/kg 交往淀粉厂都出现拒收的情况;4 月中下旬开始,进入中原二作区马铃薯收获季节,马铃薯市场供应较往年减少,田间价格和批发市场价格相继超过 2017 年同期水平,之后虽然有所回落,但整体均好于 2017 年同期;7 月至 8 月底,北方一作区早熟马铃薯陆续收获,基本延续了二作区马铃薯价格的稳定态势,马铃薯地头价格维持在 1.3～1.6 元/kg,价格差异主要取决于品种以及马铃薯的商品性;9 月进入北方大量收获季节,主流品种降到 1.0 元/kg 左右,月底主流品种普遍降到 1.0 元/kg 以下;进入 11 月后,北方产区马铃薯出库价格略有上涨,主流品种价格为 1.3～1.6 元/kg。总体上看,2018 年 4 月后马铃薯田间价格和批发市场价格总体高于 2017 年,但由于春季北方冬贮马铃薯价格前所未有的低价,拉低了整个春季的全国平均价格,全年价格虽然整体略好于 2017 年,但仍处于偏低水平。

所调研的地区由于可供上市的商品量有明显下降,普遍反映 2018 年马铃薯走货速度好于 2017 年,虽然未出现火热的走货局面,但也并未出现区域性的马铃薯价低且滞销现象,作为种植户只要愿意接受当前市价,基本收获的马铃薯都能售出。

(三)淀粉薯收购受限,拖累市场

在国家可持续发展和农业绿色发展战略大背景下,环保部门进一步加大了对马铃薯淀粉

加工企业的监管力度，出现了全国性的马铃薯淀粉加工厂尤其是小型淀粉加工厂停产整顿，以定西市为例，10 月 15 日调研时发现整个定西市的加工园区只有蓝天淀粉一家在收购原料薯。

2018 年马铃薯出现商品量降低但价格仍不理想的局面，马铃薯淀粉加工企业的关停导致大量淀粉薯不能进入加工环节是重要原因之一，淀粉加工企业收购量大幅压缩，种植户的小薯没有出路，拉低了商品薯的市场价格、影响了农民的切实利益。

(四)贮量降低，水分大，损失增加

由于 2017 年冬天存贮马铃薯的绝大多数都亏损，2018 年对于存贮更加谨慎，尤其是马铃薯种植户很少有自己存贮的，从呼伦贝尔、乌兰察布、张家口和定西等地的调研来看，2018 年马铃薯入库贮存比例要明显低于 2017 年，交通方便、位置好点的地方差不多能存满，稍微偏远的地区空窖很多。

2018 年马铃薯贮存困难，主要原因是秋天雨水多、地里土壤湿度大，导致马铃薯含水量大，从地里采挖时就有烂薯，马铃薯入窖时掺杂了烂薯，再加上马铃薯本身含水量大，2018 年贮存损失会比较大。

二、马铃薯产业面临的主要挑战

(一)种薯行业不规范，种薯企业利润压缩

大量的种薯需求衍生了广阔的种薯市场。虽然中国目前已经有了种薯生产监控、质量检测、市场准入的完整制度和明确的行业规范，但由于种薯作为非主要农作物种子实行注册制，导致种薯市场鱼龙混杂、种薯质量良莠不齐的现象有增无减。部分种薯企业对种薯市场形成较大的扰乱效应，出现种薯以商品薯出售逃脱监管、低价销售冲击市场等现象，调研中得知个别种薯企业以 700～800 元/t 的价格出售种薯，导致种薯“价格战”不断升级，利润空间被压缩，对种薯行业造成巨大压力。

(二)生产与消费模式限制机械应用，种植成本居高不下

从生产上来看，中国马铃薯生产适合机械化作业的地区主要集中于华北和东北，其他地区能实现大规模机械化作业的地块非常稀少，西北和西南地区受限于地形条件，而中原二作区和南方冬作区主要受限于生产组织形式，单个种植户生产规模较小。这些因素一方面限制了机械的使用，增加了更高的人力成本投入；另一方面，即使是能使用机械的田块，单位面积机械成本也会提高。

从消费上来看，中国大部分马铃薯是以鲜销菜薯的形式进入市场，对于马铃薯外观要求很高，应用机械化收获会有很大程度上的表皮破损，严重影响马铃薯表观质量，市场接受度大幅降低，这种消费模式也在很大程度上限制了收获环节机械的应用。

(三)出口竞争力减弱，国内竞争加剧

2015 年之前，惠东马铃薯比巴基斯坦早上市一周左右，在东南亚市场报价很高，也带动了巴基斯坦马铃薯的出口价格，那时是对大家都有利。近 2 年广东、福建马铃薯出口量大量缩

减，主要原因是冬作马铃薯生育期间天气越来越复杂，导致收获时间较前些年往后推迟，从而巴基斯坦等地区的冬作马铃薯比惠东提早10多天上市，抢占了东南亚市场的先机，加之生产成本、运输成本的差距，广东、福建的冬作马铃薯很难再有较好的出口机会。

云南、贵州等新兴冬作马铃薯产区的生产规模这两年不断扩大，对传统冬作区以及北方冬贮马铃薯的春季市场造成较大压力；中原二季作区三模大棚马铃薯种植面积扩大，收获与上市期逐渐提前，冲击了冬作区鲜薯市场；北方部分产区马铃薯高产丰收，并且生产成本相对较低，相对其他产区形成价格优势。

(四)环保要求升级，加工面临制约

马铃薯加工业的发展有利于缓解马铃薯贮藏压力，稳定鲜薯价格，保障薯农收益，提高经济附加值，延伸产业链条。近年来绿色发展理念对马铃薯加工业的环保标准提出了更高的要求，新《环保法》的实施更是打响了马铃薯加工业的“环保战”，而马铃薯加工业尤其是淀粉加工业需要排放大量高浓度的有机废水，解决排污问题不仅需要高效可行易推广的处理技术，还需要较高的设备、管理、运行等费用。但是一方面目前缺乏简单易行、能够大范围推而广之的污水处理技术，另一方面大多数马铃薯加工厂尚处于企业发展初期，企业规模较小、资金短缺，仅靠自身之力难以解决排污不达标问题，面临停产整顿困境，影响了企业自身发展及薯农的切实利益。

三、2019年马铃薯产业走势预判

(一)生产规模

2018年秋季价格仍不理想，对于绝大多数马铃薯种植户来讲，已经是连续3年价格走低，据调研近2年通过种植马铃薯获利的种植户不超过三分之一，马铃薯种植户的积极性受到较大影响，这将对部分马铃薯种植大户的生产决策产生较大影响，已经有相当一部分种植户退出马铃薯生产，具有丰富马铃薯生产经验的种植户退出成本较高，且近年亏损相对小得多。综合考虑，2019年全国马铃薯收获面积较2018年将基本稳定或略减，由于技术进步的作用，在不出现大规模自然灾害的情况下，预计2019年全国马铃薯总产量将略增。

(二)市场价格

全国范围看，2016和2017年均出现了马铃薯价格的剧烈波动，2018年全年价格走势比较平稳，且较2017年整体有所好转，已经呈现企稳回升的迹象。此外，2018年秋收马铃薯冬贮量降低很多，2019年春季马铃薯上市量将出现近2年的低谷期，开年价格及全年平均价格出现较大程度回升的可能性大。

四、对策建议

(一)绿色生产促改革

通过调整生产结构、发展绿色生产等方式加大马铃薯产业供给侧结构性改革力度。以市场为导向组织生产活动,及时调整种植品种和生产行为,满足个性化需求。合理组织种植、收获和销售时间,早中晚熟品种适当搭配,做到均衡上市和错峰上市。提高薯农绿色生产意识,规范生产行为,水肥药精准投入,发展绿色有机马铃薯。积极探索切实易行的加工污水处理技术及其应用配套政策,从政策、资金等方面积极帮助企业引进设备和技术,解决排污不达标问题。

(二)规范管理抓种薯

针对种薯市场鱼龙混杂问题,正本清源,促进种薯生产、经营、监管每个环节都有标准可依、有规范可循,实现马铃薯种薯产业标准化、法治化、市场化运作管理。建立稳定可靠的种薯供应渠道,帮助种薯企业建立健全质量检测和追溯制度;种子管理等相关部门大力开展种薯质量认证体系建设,实现全程质量控制,对马铃薯种薯的生产和调运过程实行严格的监管,对马铃薯种薯实行统一包装材料和规格,建立准入制度,取缔无证经营,强化对种薯质量的监督和管理。

(三)发展主体强组织

相比小农户分散生产,新型经营主体及多样化的合作经营模式在新技术采用、机械化生产、绿色化种植、规模化发展、销售渠道等方面具有明显的优势。采取针对性政策举措,培育和扶持种植大户、家庭农场、合作社和龙头企业等新型农业经营主体,发展相配套的产业服务主体,激活各类人才到马铃薯领域创新创业,提升马铃薯规模化、职业化、标准化和机械化水平。

(四)产业融合带消费

改革销售模式,推动马铃薯互联网建设,线上线下融合,拓展销售渠道,发展订单生产,建立紧密的产销关系,提高农户的抗风险能力。加强品牌培育,各地结合自身条件,打造具有地域特色的马铃薯品牌。加快马铃薯特色餐饮、现代物流体系、休闲观光、文化创意、会展经济等新业态的发展,推进马铃薯产业融合发展,带动马铃薯制品的消费。

2019—2020 年我国马铃薯产销形势分析

一、2019 年马铃薯生产、加工及市场情况

(一)生产情况

1. 种植面积及产量

对冬作区、中原区、东北、华北和西北地区的调研显示，2019 年我国北方马铃薯种植面积进一步下降，多数调研对象都表示当地马铃薯种植面积减少，所估计的减少幅度基本在 10%～30%，导致种植面积减少的原因主要有三方面：一是之前持续两三年亏钱，支撑不住的大户有不少退出的；二是在地方政策鼓励下，不适宜种植马铃薯的地块退出马铃薯种植，比如河北省张家口地区相关政策鼓励下部分不具备灌溉条件的地改种其他作物；三是农村劳动力持续减少导致西北地区分散地块撂荒面积不断加大，对马铃薯种植也有不小影响。估计 2019 年全国马铃薯种植面积减少 10%左右。

2019 年北方地区降水较多，华北和西北地区可以用风调雨顺来形容，单产增加幅度较大；而东北地区较多的降水对马铃薯生产的影响却是负面的，导致地里烂薯较多，影响产量。其他主产区未出现区域性显著灾害，全国马铃薯总产量基本稳定。综合考虑种植面积和单产因素，估计 2019 年我国马铃薯总产量与上年基本持平(变化幅度在 2%以内)。

2. 生产中运用的新生产技术和生产模式

在生产方式上，农户在农药和化肥使用上从盲目跟风逐渐转变为理性选择、科学种植，但绿色生产的意识还是比较薄弱，生产过程中地膜和秸秆处理方式不当，造成环境污染。

在华北地区马铃薯覆膜种植面积总体规模不大，但增长速度加快，由于马铃薯覆膜能够提前半个月至 20 天上市，价格较高，经济效益促使越来越多的农户覆膜种植。

3. 生产上应用的主要栽培品种，各品种所占比例

冀张薯 12 号由于其良好丰产性和抗逆性，非常受种植户的喜欢，近两年在北方生产上应用面积快速扩张，估计 2019 年种植面积在 800 万亩以上接近 1000 万亩，可能已经超过克新一号成为全国种植面积最大的单一品种。内蒙古种植面积的一半是冀张薯 12 号，三分之一的荷兰，剩下的就是一些杂七杂八的小品种，陕西榆林、甘肃、宁夏等地的种植面积也都不小，东北的辽宁和吉林也有，黑龙江的量则很少。这两年北方产区荷兰十五种植面积减少很多，基本被 226 替代，希森 6 号和 V7 等品种虽然占比还不大，但增加速度很快。

(二)贮藏、加工情况

1. 贮藏，包括总的贮藏量及其结构(农户、经销户和企业的储藏占比)

由于 2018 年秋季收获后冬储马铃薯的大多数都有利润，加之 2019 年小薯价格比较高，种植户或经销户对商品薯价格有更好的预期，因此，2019 年北方产区秋收马铃薯贮藏比例较高，

基本与 2018 年持平，估计在三分之二左右。

2. 主要加工企业、加工种类、实际加工量，2019 年实际加工量；新增企业及其加工情况

2019 年马铃薯加工企业都面临着加工原料短缺，2019 年雨水较好，北方产区加工用小土豆产量占比变少，再加上环保政策有所松动，很多符合要求的小加工厂纷纷开工，面临原料减少和需求量增加的双重压力。

3. 加工产品销售地及销售价格

淀粉价格由 2018 年的每吨 5000 多元上涨到 2019 年的 7000 元左右，品质好的能到 8000 多元；全粉价格也有所上涨，但上涨幅度远小于淀粉，由 2018 年的每吨 9000 多元涨到 2019 年的 1 万元左右。

(三)马铃薯销售市场

1. 商品薯主要销售地、销售价格、销售数量

无论是马铃薯田间价格(图 1)，还是农业农村部监测农产品定点批发市场的马铃薯价格(图 2)，2019 年进入到 11 个月各时点价格基本均好于 2018 年同期，季节波动特点也恢复多年规律。

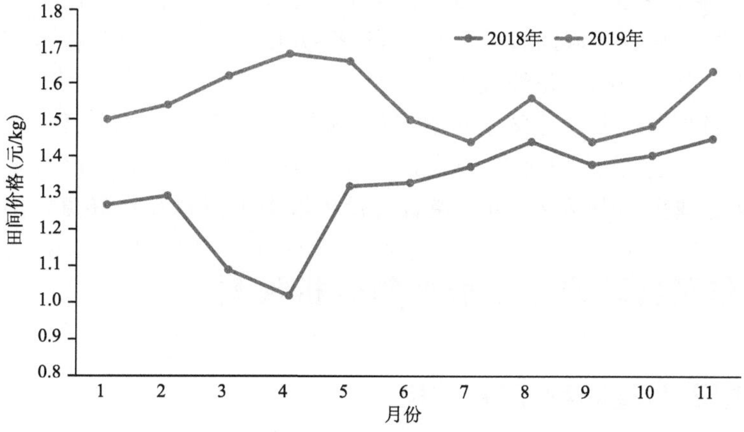

图 1 马铃薯田间价格

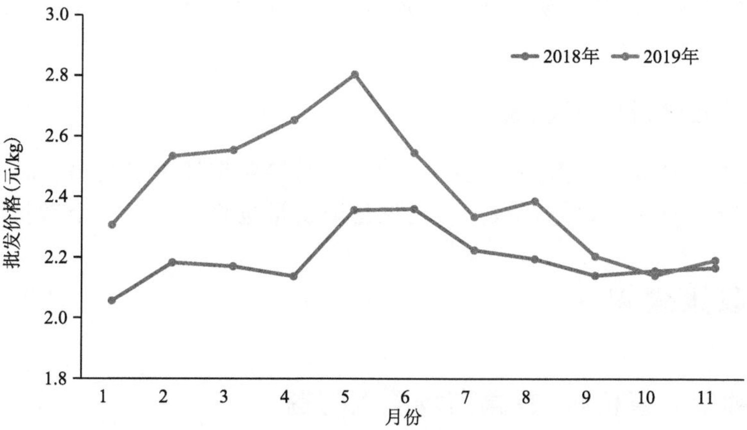

图 2 马铃薯批发价格

2. 销售形势及主要销售品种

2019 年总体销售形势要好于 2018 年，不同品种价格差异明显，希森 6 号、雪川 V7 和中加 2 号等品种市场紧俏，价格比冀张薯 12 号、荷兰十五等主流品种要高 0.2～0.4 元/kg。

二、2019 年生产中存在的问题

一是马铃薯品种由审定制度转向登记制度，种薯市场缺乏监管，种薯市场更加混乱，品种与品种名称一对多和多对一的现象普遍。

二是加工业原料短缺一方面由于企业数量增多，需求量增加，另一方面因为缺少加工专用的高淀粉品种。今年种植面积缩减，但需求量却增多，原料供不应求，加工薯收购价上涨，与高淀粉品种相比，菜用薯出粉率低，原料需求量多，企业生产成本增加。目前加工企业缺乏高淀粉、高产的品种。

三是提早上市能够带来较好的经济效益，地膜覆盖、二膜、三膜等生产模式在西北、西南和中原地区的应用面积越来越大，而马铃薯生产地膜又很难有效地回收利用，在不少地区造成了一定的“白色污染”。

四是华北区规模化种植、以高产为目标的大肥、大水和化学农药过度施用，粉痂病快速蔓延、疮痂病不断加重。随着区域间种薯的调运，粉痂病和帚顶病毒病危害范围扩大，化学药剂防治效果甚微，缺少有效的综合防控技术。

五是与荷兰、瑞典等欧洲发达国家相比，我国深加工技术落后，资源浪费的问题比较突出。以淀粉加工行业为例，当前淀粉加工最先进的生产线马铃薯出粉率比普通设备高 10%～20%，而耗水量却能减少 50%左右，可以说普通设备浪费了原料和水资源。

三、2020 年马铃薯产业发展形势分析预测

(一)生产情况：种植面积、品种结构

预计 2020 年全国马铃薯种植面积减少趋势将减缓，进入稳定阶段；品种换代加快，市场畅销的希森 6 号、雪川 V7，以及抗逆高产的冀张薯 12 号和青薯 9 号等品种对荷兰十五、克新一号等品种的替代进一步增加。

(二)市场情况：价格、销售量等

在不出现大的突发情况的条件下，预计 2020 年马铃薯市场价格与销售将基本延续今年的态势，马铃薯产品市场细分趋势即将显现，马铃薯消费量也将进入下一个增长阶段。

四、产业政策建议

(一)设立种薯监管机构，提高市场准入门槛

种薯的质量决定了马铃薯的产量、质量和薯农的经济收益，建议政府设立监管机构或者给

现有机构赋权，制定种薯市场的管理规定，提高种薯市场的准入门槛，质量检测合格的品种可进入市场。建议给马铃薯相关的协会赋权，支持开展病毒检测和种薯追溯体系建立等工作，监督种薯企业的经营行为，维护种薯市场秩序。

（二）优化种植品种空间布局，规避市场风险

综合区域自然、社会经济条件，结合区域比较优势，优化品种空间布局，为不同地区提出种植建议，避免单一品种大规模种植。对于一些无霜期较长，马铃薯能够有较长生长期的地区，建议生产高淀粉含量的品种或加工专用薯，逐渐改变深加工以菜用薯为原料的现状，对于水源较为充足的地区，建议种植需水量较大且增产空间大的品种。各地区应该因地制宜选种合适的品种，合理有效利用资源。

（三）建立马铃薯绿色生产示范点，开展清洁生产行动

在马铃薯主产区增设马铃薯绿色生产示范点，加快构建农膜回收体系，研发生物降解膜，推动加工废弃物循环再利用。建立农膜生产责任制度，制定农膜生产标准。农膜厚度一致性有利于回收再利用。政府出台政策建立农膜回收站点，形成农户收集、企业循环再利用的模式。加快研发生物降解农膜，推广适合区域自然条件的农膜，降低农户生产成本，提高认可度。发挥马铃薯深加工龙头企业的带动作用，实施废水入田、废渣入饲料，发展种植、加工、养殖循环经济。

（四）技术方面

1. 加强适合马铃薯生产地膜回收器械的研发

可以预见，在经济效益的刺激下，为了提前采收，马铃薯生产的农膜用量将不断增大，棚膜回收利用比较简便，但地膜与马铃薯根茬掺杂在一起，只能人工捡拾回收，成本太高，亟须研发适合的地膜回收器械。

2. 提升加工技术水平，提高资源利用率

目前国内淀粉加工设备比较落后，政府适当给予政策支持，支持马铃薯加工企业引进先进生产设备，提高产品质量和资源利用率。实施产学研相结合，研发国产深加工设备，降低企业生产成本。

3. 适应不同区域的高淀粉品种

目前国内已经有部分推广面积较大的高淀粉品种，但并不是每个主产区都有区域适应性强的高淀粉品种。各主产区应加强适合当地自然条件的中高淀粉品种，淀粉加工专用品种具有实施订单化、全程机械化、规模化、专业化生产的优势，在为淀粉加工业发展提供优质原料的同时，实现与鲜食菜薯的错位发展。

2020—2021 年我国马铃薯产业发展分析报告

一、2020 年马铃薯生产、加工及市场情况

(一)生产情况

2020 年我国主要冬作区马铃薯收获面积和总产量都有所增加，据调查，云南、贵州、四川、广东、广西、福建 6 省(区)冬作马铃薯收获面积较上年增加 20 万亩左右，广东、广西、福建传统马铃薯冬作区收获面积略减、总产量略有增加，云南、贵州和四川马铃薯冬作收获面积和产量均有不同程度增加。二作区的早春马铃薯种植面积总体增加，种植结构也有所调整，呈现大棚薯增加、地膜薯减少的特征。受春季马铃薯的高价影响，北方一作区大春马铃薯种植面积有扩大的积极性，但受土地资源条件及水源涵养政策影响总体略增；近年北方一作区马铃薯生长季节降雨偏多，总体有利于产量的增加，但对大户和散户影响差异巨大，没有灌溉条件的旱地产量增加明显，而大户耕种地块由于寡照、肥料淋溶和排水问题导致整体减产。综合判断，2020 年全国马铃薯收获面积和总产量较 2019 年均略有增加，尤其是北方散户旱地种植的马铃薯单产增加明显。

(二)贮藏、加工情况

1. 贮藏情况

2010 年之后，北方一作区连续数年各级财政支持马铃薯贮藏窖的建设，马铃薯储存能力增加非常明显，形成了小农户简易窖、大户自用中型储藏库、商业化大型代储储藏库和高端气调库相结合的局面。2017 年之后，受市场影响，北方一作区马铃薯冬储量和比例居高不下。2020 年 9 月北方一作区马铃薯大量产新，货源供大于求矛盾突出，种植户多不愿接受地头的低价，西北、华北及东北地区地头销售量同比去年明显减少，种植户被迫入库量却明显增多，在调研的张家口坝上地区交通条件稍微好点的地段甚至出现“一库难求”的状况。进入 10 月北方一作区田间马铃薯采挖陆续结束，中旬之后库(窖)内货源逐渐成为市场供应主体，由于国内市场需求不佳，到月底产地库存货价格虽然居高不下，但购销处于僵持量小状态。11 月北方一作区马铃薯供应主体彻底转向库存货源，随着时间推移，在马铃薯储藏损失的压力下，多地储户出货意愿较前期增强，但总体库存薯销售进度缓慢。

2. 加工情况

2020 年马铃薯淀粉市场行情大起大落，2019 年马铃薯淀粉产量同比下滑 24.91%，受货源供应偏紧影响，价格一度涨到近 5 年的最高水平，主流市场价格达到 8000 元/t 左右。但受公共卫生事件影响，国内下游需求恢复不畅，各行业对淀粉消耗有限。6 月产区部分淀粉厂家开始生产，随着市场供应量的增加，价格不断下滑一直到 9 月主流市场价格跌破 6500 元/t，随后持续上涨。9 月进入淀粉主要生产季，中旬华北地区厂家开工率开始逐渐走高，虽然月初有

部分厂家开始生产，但原料供应量少价高，部分厂家观望居多，月底开工率已达高位。东北地区受台风影响，连续半个月的雨水天气，马铃薯采购困难，厂家开工偏慢，月下旬开始，随着天气好转，厂家陆续开始生产。西北地区月底开始原料供应量逐渐增多，在中秋节前后迎来生产高峰。10月马铃薯淀粉市场表现强势，随着下游需求好转，淀粉厂家挺价心态明显，价格持续走高，进入11月主流市场价格稳定在7000元/t左右。到11月中旬，马铃薯淀粉加工厂家基本结束生产，华北地区整体产量相比2019年小幅增加，东北地区产量同比明显下降，西北地区产量同比增加幅度较大。

（三）马铃薯市场

1. 市场需求

2020年上半年国内主要批发市场马铃薯周交易总量位于近5年以来较低水平，这与国内外公共卫生事件影响下，餐饮行业较长时间内关停，各类学校及校外辅导机构较长时间内停学停课，工厂、工地较长时间内未能复工等有着直接关系（马铃薯内销部分，学校、工地、工厂食堂需求量占据较大需求比重）。即便是后期各行各业陆续复工、复课，经营现状亦多不及往年，再加上马铃薯作为大众菜品，上半年可替代性低价蔬菜供应量大，对于马铃薯总需求量的冲击也比较明显。

2. 上市情况

2020年春节前半个月左右的1月中旬开始，广东和广西冬作马铃薯陆续采挖上市；四川冬作马铃薯于3月初开始采挖上市，销售期基本在3月底4月初结束；福建和云南冬作马铃薯上市期拉得较长，于2月初开始上市，4月底接近尾声。云南、贵州、四川、重庆、湖北、湖南等地早春马铃薯于4月初开始有少量采挖，中旬低山地区进入主销期，高山地区收获上市期为5月中旬至7月底，高山地区收获上市期为7—12月。中原区马铃薯上市最早的地区是山东，最早在3月初四膜马铃薯即有上市，山东和安徽3月底4月初进入三膜马铃薯主销期，5月上旬三膜马铃薯采收销售进入尾声，随后进入二膜马铃薯收获期，6月初地膜马铃薯开始陆续上市，整个中原区马铃薯在6月底收获基本进入尾声。进入7月，西南混作区露地大春马铃薯和北方一作区早熟覆膜马铃薯陆续开挖上市，9月开始西南混作区和北方一作区马铃薯大量采挖，东北、华北和西北陆续进入主要收获季，10月底北方一作区田间马铃薯采挖基本结束。

3. 价格情况

总体来看，2020年我国马铃薯价格“前高后低”特征明显（图1），全年平均价格与2019年持平或略升。受疫情影响，马铃薯耐储运的优势及温饱应急功能彰显，2020年春季马铃薯价格远远高于上年同期，且价格稳定。马铃薯产地价格（包括库存薯和新薯）1—4月则经历了一个快速上扬的过程，4月的高点主要原因是湖北和山东提早上市的四膜马铃薯的高价带动，高达7元/kg，但上市量极小；全国批发市场平均价格2月超过3.8元/kg，创下历史新高，之后随着运输问题的解决价格缓慢下降，3—5月价格比上年同期增加50%左右。

5月开始，无论是批发市场价格（图2）还是产地价格都明显下降。受极端天气影响，多数种植户选择提前秋收以应对多变的气候，马铃薯市场压力也有所提前，夏季到秋季市场行情呈现单边下降，虽然9月之前价格都比上年同期高，但下降趋势却更加明显。9月北方一作区马铃薯新薯大量采挖，产地平均价格跌破上年同期水平，且一直持续，12月上半月价格稍有抬头，但上升趋势不明显；批发市场平均价格也在 9 月接近上年同期水平，10 月虽稳定了一下，但还是在 11 月跌破上年同期水平。

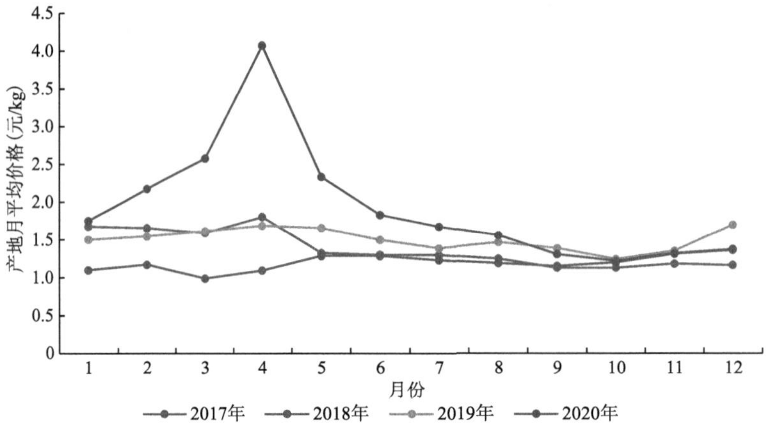

图 1　马铃薯产地月均价格

注：由于山东冷库薯来源复杂，且总体销量不大，对于全国平均价格代表性很弱，因此本图价格为剔除山东冷库薯价格。

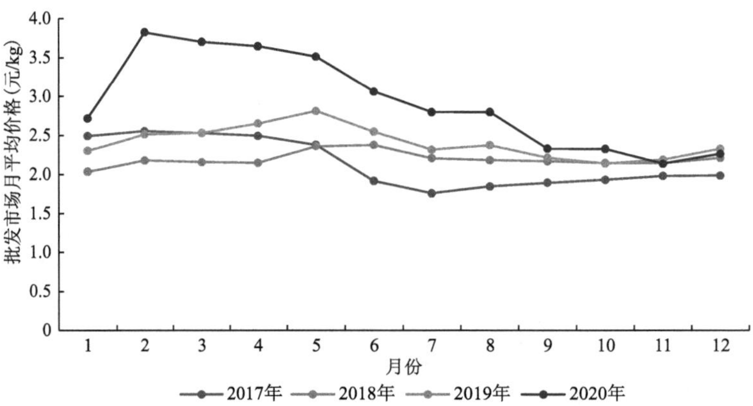

图 2　马铃薯批发市场月均价格

4. 贸易情况

2020 年 1—10 月，我国马铃薯制品进出口总额 45818.34 万美元，其中进出口额分别为 15467.01 万美元和 30351.33 万美元，分别较 2019 年同期减少 3745.21 万美元、730.09 万美元、3015.12 万美元，降幅为 7.56％、4.51％和 9.04％(表 1)。

表 1　近 3 年同期比较　　单位：万美元

	2020 年 1—10 月		2019 年 1—10 月		2018 年 1—10 月	
	10 月	累计	10 月	累计	10 月	累计
贸易总额	4925.65	45818.34	7376.95	49563.55	5099.39	45645.88
进口额	1235.49	15467.01	1689.08	16197.10	1906.51	22283.41
出口额	3690.16	30351.33	5687.87	33366.45	3192.88	23362.47

2020年1—10月，我国马铃薯制品累计进口总额15467.00万美元，其中，冷冻马铃薯0.05 t 0.08万美元、马铃薯细粉及粗粉粉末810.97 t 1020.95万美元、马铃薯粉片颗粒及团粒1188.15 t 1547.49万美元、马铃薯淀粉3633.66 t 3042.34万美元、非醋方法制作或保藏的冷冻马铃薯7761.18 t 8882.97万美元、非用醋方法制作或保藏的未冷冻马铃薯100.12 t 973.17万美元(表2)。进口主导产品以冷冻薯条为主的非醋方法制作或保藏的冷冻马铃薯进口明显减少，进口量和进口额分别下降25.78%和27.64%。

表2 进口制品品种结构

产品	项目	2020年1—10月		2019年1—10月		2018年1—10月	
		10月	累计	10月	累计	10月	累计
种用马铃薯	金额(万美元)	0	0	0	0.14	0	0.48
	数量(t)	0	0	0	0.0002	0	0.0010
鲜或冷藏的马铃薯(除种用)	金额(万美元)	0	0	0	0	0	0
	数量(t)	0	0	0	0	0	0
冷冻马铃薯	金额(万美元)	0	0.08	0	0.0004	0	0.76
	数量(t)	0	0.05	0	0.0015	0	0.62
马铃薯细粉及粗粉粉末	金额(万美元)	87.73	1020.95	51.55	334.53	40.54	607.90
	数量(t)	60.22	810.97	42.33	265.95	29.46	501.61
马铃薯粉片颗粒及团粒	金额(万美元)	55.22	1547.49	52.69	472.27	55.43	444.13
	数量(t)	37.15	1188.15	35.49	309.45	41.38	344.37
马铃薯淀粉	金额(万美元)	237.79	3042.34	174.46	2403.35	383.57	3146.96
	数量(t)	292.81	3633.66	159.50	2304.29	465.49	3773.19
非醋方法制作或保藏的冷冻马铃薯	金额(万美元)	774.23	8882.97	1329.61	12276.75	1337.95	17099.61
	数量(t)	661.33	7761.18	1117.17	10457.71	1350.79	16195.56
非用醋方法制作或保藏的未冷冻马铃薯	金额(万美元)	80.501	973.17	80.77	710.06	89.03	983.58
	数量(t)	9.72	100.12	11.53	93.97	12.53	126.89

2020年1—10月，我国马铃薯制品累计出口总额30351.33万美元，其中，种用马铃薯3.97 t 139.37万美元、鲜或冷藏的马铃薯(除种用)36392.60 t 23576.05万美元、冷冻马铃薯1522.27 t 1503.15万美元、马铃薯细粉及粗粉粉末7.52 t 12.86万美元、马铃薯粉片颗粒及团粒41.17 t 64.23万美元、马铃薯淀粉153.24 t 170.59万美元、非醋方法制作或保藏的冷冻马铃薯2774.98 t 3454.97万美元、非用醋方法制作或保藏的未冷冻马铃薯542.57 t 1430.11万美元(表3)。

表3 出口制品品种结构

产品	项目	2020年1—10月		2019年1—10月		2018年1—10月	
		10月	累计	10月	累计	10月	累计
种用马铃薯	金额(万美元)	61.04	139.37	3.61	61.26	0	71.85
	数量(t)	1.15	3.97	0.08	29.09	0	3.51

续表

产品	项目	2020 年 1—10 月		2019 年 1—10 月		2018 年 1—10 月	
		10 月	累计	10 月	累计	10 月	累计
鲜或冷藏的马铃薯(除种用)	金额(万美元)	2993.21	23576.05	5283.64	28740.56	2746.47	19618.45
	数量(t)	4777.33	36392.60	5851.76	39192.97	4179.47	36202.39
冷冻马铃薯	金额(万美元)	118.41	1503.15	110.11	1353.23	170.54	1374.42
	数量(t)	121.34	1522.27	111.31	1357.78	169.68	1383.13
马铃薯细粉及粗粉粉末	金额(万美元)	0.32	12.86	9.45	106.89	3.23	25.97
	数量(t)	0.20	7.52	5.89	67.41	2.74	21.50
马铃薯粉片颗粒及团粒	金额(万美元)	0	64.23	4.20	48.33	2.59	24.24
	数量(t)	0	41.17	3.15	37.80	2.00	18.18
马铃薯淀粉	金额(万美元)	13.03	170.59	39.88	553.41	12.12	142.96
	数量(t)	12.08	153.24	38.93	574.50	9.83	131.59
非醋方法制作或保藏的冷冻马铃薯	金额(万美元)	335.68	3454.97	131.08	1357.00	147.61	1083.40
	数量(t)	292.73	2774.98	75.16	795.01	75.20	651.79
非用醋方法制作或保藏的未冷冻马铃薯	金额(万美元)	168.47	1430.11	105.90	1145.78	110.33	1021.17
	数量(t)	73.33	542.57	36.42	460.43	42.03	428.01

二、2020 年产业存在的主要问题

种薯市场不规范，专用品种缺乏，加工业整体水平较低，市场营销能力不足等是我国马铃薯产业长期需要解决的问题，2020 年产业调研过程中新发现以下问题。

(一)北方马铃薯生产资源约束

北方一作区能够规模化种植马铃薯的土地已经开发殆尽，多年连作导致土传病害日益突显，尤其是适合马铃薯种薯生产的洁净田块越来越稀缺。河北省提出要加快压减坝上地区水浇地马铃薯种植面积，进一步压缩了优良的商品马铃薯尤其是种薯的土地资源。

(二)北方干旱区降水变多成为灾害

近几年北方地区降水逐渐增多，传统观念上北方旱区降水增多应该有利于农作物的生长，但对于已经形成一套成熟旱作配套技术与装备的商品化马铃薯生产，近年降水偏多造成的损失却异常显著，导致晚疫病防治农药投入增加、肥料损耗增加、烂薯坏薯增多。

(三)马铃薯生产不遵从生态适宜性情况越来越多

2020 年东北地区和河北坝上地区都出现提早种植遭遇冻害的情况，越来越多的种植户为了赶个好价格而提早采挖上市，成为 2020 年北方一作区采挖初期价格就被压得比较低的原因之一。过度地追求早播种早上市违背了马铃薯生产的自然生态适宜性，增加了生产成本和自然风险，也与目前生态农产品的社会需求相背离。

三、2021 年马铃薯产业发展形势分析预测

（一）生产趋势预判

由于 2016 年之后秋季马铃薯价格比较低，且北方压缩水浇地马铃薯面积的力度不会减小，预计 2021 年全国马铃薯种植面积略减；在品种等科技因素的作用下，平均单产水平稳步提升；在不出现大范围灾害影响的前提下，总产量基本稳定或略增。受市场影响，马铃薯上市结构将进一步调整，全国总体大春马铃薯面积将有所下降，而秋作和冬作面积将进一步扩大，尤其是在西南山区。

（二）市场趋势预判

2020 年虽然预计全国总产量有所增加，但由于北方一作区降水偏多，能形成商品量的商业化种植户的产量却总体下降，收获时坏薯烂薯比较多，耐储性也下降，综合判断 2021 年能够上市的商品马铃薯将明显减少。加之进入冬季，新冠疫情有局部复发预期，马铃薯作为方便存放的家庭消费蔬菜品种消费量将明显增加。预计进入“元旦一春节”马铃薯销售旺季，马铃薯价格将逐步恢复合理水平，全年总体回归 2019 年的正常走势。

四、发展建议

（一）以淀粉加工专用种植为突破口推进生产结构与布局优化

淀粉是我国马铃薯加工的主要产品，随着废水排放问题的解决，淀粉加工产能得到释放，近两年都出现淀粉加工用薯紧缺的问题，各主产区应加强适合当地自然条件的中高淀粉品种，淀粉加工专用品种具有实施订单化、全程机械化、规模化、专业化生产的优势，在为淀粉加工业发展提供优质原料的同时，实现与鲜食菜薯的错位发展。

（二）宣传引导消费侧结构性改革

在推进马铃薯生产专用化的同时，通过大力宣传让社会大众认识到专用品种的特点、旱作等特殊生产方式的特点等等，引导马铃薯消费侧结构性改革，逐步形成“产消”对接的良性循环。

马铃薯种业高质量发展战略

马铃薯是我国第四大粮食作物，近年来，种植面积和产量分别是世界的27%和24%左右。马铃薯是重要的蔬菜和加工原料作物，在全国各地广泛分布，以小农户种植为主，规模化种植不到10%，发展马铃薯产业对保障我国食物安全、推进农业结构调整、促进农民持续增收、产业扶贫、乡村振兴和满足市场需求等方面意义重大。品种和优质种薯是马铃薯产业健康发展的重要物质基础，马铃薯是无性繁殖作物，种业主要包括以下几个环节：种质资源收集评价和创制、品种选育、病毒脱除、原原种繁育技术、原种繁殖技术和大田种薯生产技术和质量控制技术等。

一、马铃薯种薯产业面临的形势

1. 国际产业形势

2017 年，全球马铃薯种植面积 2.85 亿亩，平均亩产 1346 kg，总产量为 3.84 亿 t。种植面积呈缓慢下降趋势，总体趋于稳定，2017 年同比略减 1.21%，比 2000 年减 4.43%。平均亩产总体上呈波动提高的态势，分别较 2016 年和 2000 年增长 3.11%和 24.45%。总产量总体呈增长趋势，2017 年同比增 1.86%，比 2000 年增长 18.92%。世界马铃薯总产量前 10 的国家分别是中国、印度、俄罗斯、乌克兰、美国、德国、孟加拉国、波兰、法国、荷兰，单产排名前 10 的国家分别是美国、新西兰、德国、丹麦、荷兰、澳大利亚、约旦、爱尔兰、法国、英国，每公顷产量均在 35 t/hm^2 以上，发展中国家生产水平不断提高，2000—2017 年间，世界单产提高了 24.45%。

从 20 世纪 60 年代始，全球马铃薯生产重心由西向东转移。1961—2016 年，发达国家马铃薯种植面积平均每年减少 1.18%，从 1853.35 万 hm^2 降到了 627.08 万 hm^2；发展中国家则以平均每年 4.69%的速度增加，从 1961 年的 354.91 万 hm^2 增加到 2016 年的 1682.92 万 hm^2，在全球马铃薯种植面积中的份额从 16.02%增加至 66.87%，而且这种两极化的变化趋势仍在持续。

世界马铃薯贸易以冷冻产品为主，贸易额约占世界马铃薯及其制品贸易总额的 40%以上。种薯马铃薯贸易额较小为 9.07 亿美元，仅占世界马铃薯产品出口贸易总额的 6.25%。

2. 全国产业形势

2016—2018 年，我国马铃薯种植面积基本保持平稳，常年种植面积保持在 7100 万～7300 万亩；总产保持稳定增加趋势，目前年总产量基本保持在 9000 万 t 左右的水平；单产水平稳定增长，目前产量保持在 1300 kg/亩左右。“十四五”期间，考虑到种植业结构调整、市场供求和种业及栽培技术进步的综合影响，年种植面积预计在 7000 万～7500 万亩，年总产水平在 9000 万～10000 万 t，单产将继续保持稳定增长，预计“十四五”末期有望突破 1500 kg/亩。

2016—2019 年共育成马铃薯新品种 161 个，中晚熟和晚熟鲜食品种占比较大，加工专用品种较少，三分之二由国内科研院所和高校育成，企业育成品种占比三分之一左右。“十四五”

期间，考虑到种业市场的进一步开放及市场需求和种植效益因素，早熟和中早熟品种及加工品种比例会稳步提升，企业登记品种数量会保持大幅增加，国外引进品种比例相对于“十三五”期间会大幅提高。

2018 年，我国马铃薯及其制品进出口总额为 5.72 亿美元，较 2017 年增加 0.31 亿美元，贸易顺差为 0.4 亿美元。其中，出口额 3.06 亿美元，相比于 2017 年(3.27 亿美元)减少 0.21 亿美元；进口总额为 2.66 亿美元，比 2017 年增加 0.52 亿美元，增幅高达 24.30%。出口产品中，种薯 615 t 157.6 万美元、鲜薯 44.75 万 t 25863.5 万美元(占出口总额的 84.46%)、冷冻马铃薯 1.64 万 t 1624.5 万美元、全粉及淀粉类制品 0.25 万 t 272.3 万美元、非醋方法制作或保藏马铃薯制品(薯条、薯片、薯宝等)1.36 万 t 2705 万美元(占出口总额的 8.83%)；进口产品主要为非醋方法保藏的马铃薯制品和淀粉制品两类，其中非醋方法保藏的马铃薯进口量由 12.58 万 t 大幅增加到 19.26 万 t 21363.6 万美元(占进口总额的 80.16%)、全粉及淀粉类制品进口量 5.83 万 t 5287.2 万美元(占进口总额的 19.84%)。

3. 市场供需关系

我国常年 7000 多万亩的马铃薯栽培面积，每年需要种薯量 1100 万 t 左右，按 2 元每千克计算，总产值达 220 亿元。据专家统计 2019 年实际供应量约 450 万 t，缺口近 700 万 t，主要原因是马铃薯的商品化生产率较低，脱毒种薯使用不足 50%，部分农户自己留种自己消费，对产量和品质的要求不高。在 450 余万吨的脱毒种薯中，由于缺乏质量认证机制，质量也参差不齐。北方一作区种薯基本自给。中原二作区、南方冬作区的种薯均从北方一作区调运。西南混作区在高海拔地区生产一部分种薯，也从北方一作区调入部分种薯，另外农户自留种薯占一半以上。

2019 年我国马铃薯市场行情较 2018 年略有回升，种薯生产和销售也稳中有升。据调研估算，全国种薯销售量大致有 5%～10%的回升，总销售量约 450 万 t。种薯销售价格稳定，北方一作区秋季一级种种薯价格在 1.1～1.4 元/kg。主要种薯企业如希森马铃薯产业集团有限公司、内蒙古民丰种业有限公司、承德大丰马铃薯种业有限公司、渭源渭河源马铃薯种业开发有限责任公司、甘肃田地农业科技有限责任公司等的生产情况与往年相比没有多大调整，但在销售方面均采用了降价或高质低价策略来促进销量保障市场占有率。从统计到的规模企业种薯生产量来看，较大企业的原原种和原种市场占有率达到 90%，一级种市场占有率约 40%。小的种薯生产企业受到的冲击更大，行业的市场集中度略有提升。

4. 国内外产业形势比较

从 20 世纪 60 年代始，全球马铃薯生产重心由西向东转移。1961—2016 年，欧洲的马铃薯种植面积和产量均占全球的 80%以上减少到 2016 年的不到 35%，而亚洲是马铃薯生产蓬勃发展的地区，1961—2016 年种植面积所占全球份额从 10.60%跃升至 52.94%。非洲马铃薯发展也较为迅速，种植面积增加了 6.88 倍，所占份额提升至 9.19%。在其他地区，生产份额几乎没有变化。在 1961—2016 年，发达国家马铃薯种植面积平均每年减少 1.18%，从 1853.35 万 hm^2 降到了 627.08 万 hm^2；发展中国家则以平均每年 4.69%的速度增加，从 1961 年的 354.91 万 hm^2 增加到 2016 年的 1682.92 万 hm^2，在全球马铃薯种植面积中的份额从 16.02%增加至 66.87%，而且这种两极化的变化趋势仍在持续。中国马铃薯种植面积和总产量稳居第一，但相对于发达国家，我国平均单产水平和种薯质量提升空间依然巨大。

二、马铃薯种业发展存在的问题分析

1. 种业创新研发投入严重不足，缺乏规划

国家科技项目的支持与产业规模及发展严重不匹配，造成资源研究和改良滞后，新品种选育滞后于产业发展，企业缺乏品种选育能力，但由于种种原因迫切需要拥有新品种，造成市场上品种名称混乱，一种多名和一名多种现象近年来日益严重。种薯繁育技术尤其是组织培养和原原种繁殖面临成本高、劳动力不足的严重挑战。

2. 品种结构有待于进一步优化

马铃薯按照品种用途类型主要划分为鲜食、淀粉、全粉、炸片炸条、特色等类别，按生育期又可分为不同熟期的品种。我国目前共审定或登记了近 900 个马铃薯品种，但总体上以鲜食和晚熟品种为主，加工专用品种少，国外引进的大西洋和夏坡蒂依然是生产上应用的主要加工品种，淀粉加工专用品种依然缺乏。存在早熟品种缺乏，国外引进品种“费乌瑞”依然是应用面积最大的早熟品种，国内品种仅有中薯系列、早大白等少数品种面积较大。

3. 种薯繁育和质量控制技术落后，优质种薯供应不足

由于投入不足、缺乏组织和推动，种薯生产未建立系统有效的种薯质量检测和监控，尤其是田间繁殖过程中没有专业性的病虫害检测员队伍，种薯质量以企业自检为主，难以保证其种薯的质量。经销商和用户往往只能根据生产商的信誉度来采购种薯，而无法获得具有法律效力的种薯质量认证结果，造成种薯市场秩序相对混乱，纠纷频发。同时检测技术手段等质量控制技术研发比较落后，满足不了种业发展需求。

由于缺乏市场监管，从业人员专业素质不高，利益驱动以次充好、假冒伪劣和伤农损农坑农事件不断发生，发生质量纠纷还缺乏客观公正的质量鉴定评价技术和评判。产地检疫形同虚设，土传病害、检疫性病害、新病虫害随着种薯调运跨区传播和扩散严重。

4. 企业缺乏创新能力和动力

种业企业利润不高，创新能力和动力缺乏。受马铃薯作物特性和市场波动影响，从事马铃薯种薯经营的企业和合作社近年普遍都面临流动资金不足的情况。合作社和公司在进行马铃薯种薯经销中，收购量大，利润空间小，需要的流动资金多，而且资金回收不及时，导致合作社和公司在收购和销售马铃薯过程中流动资金不足；企业间三角债现象严重，政府财政资金赤字严重，导致无法拨付企业种薯款，很多企业面临即将倒闭的风险。

5. 登记品种真实性有待鉴定，品种权难以保护

登记品种的真实性和品种权保护。随着马铃薯品种取消审定和进行登记程序政策的实施，无须通过国家或省级的品种试验即可自行登记品种，部分企业品种权意识淡薄，偷、拿、换品种现象时有发生，如何通过技术手段对品种的真实性进行鉴定并进行备案，对于保护育种者知识产权和种植者合法权益具有重要意义。

登记品种标注特征特性和实际生产表现。登记品种适应性、丰产性、抗病性等生产中实际应用价值申请登记单位自行填报，缺乏权威的鉴定和试验，品种推广和应用盲目性强，企业盲目跟风繁殖种薯，经销商唯利是图营销种薯，种植户盲目听信企业和经销商夸大宣传会造成巨大经济损失，如何明确该品种的实际田间表现并以适当方式发布，是保障种植者权益和指导生产的迫切需求。

6. 种薯企业与国外企业合作不规范，品种和种薯引入国内缺乏监管

为了提升种薯市场竞争力，部分种薯企业与国外企业进行合作并引进马铃薯品种，通过种薯繁育上市销售，一方面增加了种植户的选择和丰富了品种结构，但另一方面，引进品种系谱不完整，抗病性、丰产性、适应性未经系统试验确认和相关部门监管，容易引起产权纠纷和造成生产损失，危害种业健康发展。

7. 市场波动较大，种植和经营效益不稳定

2015—2019 年，受多种因素影响，除 2016 年市场价格较为正常外，其余年份市场价格均较低，种植者收益和经营者效益偏低，出现了薯贱伤农和马铃薯经营企业大面积亏损，马铃薯种植面积和种薯企业进行了较大的调整。

三、马铃薯种业发展的总体思路

(一)发展定位

1. 保障国家粮食安全

马铃薯作为我国第四大粮食作物，提升种业自主创新能力和种业高质量发展，保持马铃薯种植面积总体稳定和总产稳定增加，对于保障国家粮食安全发挥重要作用。

2. 提升产业综合经济效益

通过技术进步完善和提高种薯繁育技术，降低种薯繁育成本和提高种薯生产效率，提升种业综合经济效益，促进种业企业投入资金进行种业自主创新，形成产出、效益和研发良性循环。

3. 促进马铃薯产业高质量发展

通过抗病、耐逆、绿色的突破性品种选育和推广与种薯质量检测体系和市场监管体系建设，为马铃薯产业发展提供优良品种和优质种薯，促进农业高质量发展。

(二)指导思想

以习近平新时代中国特色社会主义思想为指导，全面提升种业自主创新能力、产业支持力、国际竞争力，建设种业强国，为国家粮食安全、生态安全和农林业持续稳定发展提供根本性保障，为实现国家质量兴农、乡村振兴战略提供战略支撑。

(三)基本原则

1. 坚持科技创新

积极导入科技创新机制，在高新技术装备下发展马铃薯种薯产业，组建马铃薯种薯研发科技联合团队，整合现有种薯科研人才队伍、资金、项目，有效提升技术支撑水平，组织联合攻关，培育竞争力强的品种，开发市场认可度高的产品。

2. 坚持企业主体

重点培育区域性马铃薯种薯领军龙头企业，充分发挥企业等市场主体在产业发展、投资建设、产品营销等方面的基础地位，构建以现代化企业为主体的种薯研发推广体系。

3. 坚持市场导向

坚持市场在资源配置中的决定性作用，鼓励现有市场主体优化组合，协调统筹，因地施策，

强化政府规划引领、机制创新、政策支持和配套服务作用，培育壮大从事种薯产业的新型经营主体，营造兼具效率和公平的产业发展环境。

4. 坚持统筹发展

立足各地种薯研发与生产资源禀赋、区位优势和产业基础，在统筹考虑全国马铃薯产业发展与市场供需、调运的基础上，进行马铃薯种薯研发与生产的顶层设计，实现整个马铃薯行业协调发展。

四、马铃薯种业发展区域布局

北方一作区是我国马铃薯最大的主产区，是我国主要的种薯产地。种薯、种苗基地布局范围包括东北地区的黑龙江，华北地区的河北北部、山西北部和内蒙古自治区，及西北地区的陕西北部、宁夏、甘肃、青海等省(区)。

(一)东北地区

(1)基本情况：包括东北地区的黑龙江和吉林 2 省、内蒙古东部、辽宁北部和西部，与种薯、商品薯需求量较大的朝鲜、俄罗斯和蒙古国等接壤。本区地处高寒、日照充足、昼夜温差大，年平均温度在－4～10 ℃，日平均气温大于 5 ℃年积温在 2000～3500 ℃ • d，土壤为黑土，适于马铃薯生长，为我国马铃薯种薯生产的优势区域之一。本区马铃薯种植为一年一季，一般春季 4 月或 5 月初播种，9 月收获。影响马铃薯生产的主要因素是春旱、晚疫病、环腐病、黑胫病和病毒病。

(2)功能定位：根据本区马铃薯产业发展和市场需求及区位优势，本区优先发展鲜食马铃薯种薯生产，其次是发展淀粉加工专用型马铃薯种薯生产，再次是发展食品加工马铃薯种薯生产。

(3)发展方向：一是整合脱毒快繁中心、种薯标准化生产基地和检验检测体系，提高种薯供应能力和质量。二是大力发展机械化生产，提高生产效率。三是建立晚疫病发生流行和蚜虫迁飞预测预报，严格执行产地检疫，防止检疫性病虫害的扩散和传播。四是增加贮藏能力，降低贮藏损失。2025 年全区脱毒种薯应用面积占总种植面积的 60％以上，机械化水平达 90％，贮藏损失控制在 10％以下。

(二)华北地区

(1)基本情况：包括内蒙古中西部、河北北部和山西中北部。该区地处蒙古高原，气候冷凉，年降雨量在 300 mm 左右，无霜期在 90～130 d，年平均温度 4～13 ℃。大于 5 ℃年积温在 2000～3500 ℃ • d，分布极不均匀。土壤以栗钙土为主。由于气候凉爽、日照充足、昼夜温差大，适合马铃薯生产和脱毒种薯繁育。一年一熟，一般 4 月底到 5 月上旬播种，9 月中旬到 10 月上旬收获；影响马铃薯生产的生态因子是干旱、晚疫病和病毒病，社会因子是投入低、生产组织化程度低。脱毒种薯生产技术体系由科研单位脱毒提供给企业，由企业生产脱毒苗、原原种、原种，供应本区域晚熟品种和南方和中原二作区的早熟品种的种薯。主要种薯生产市乌兰察布、锡林浩特、张家口坝上、大同和忻州 6 市，平均脱毒薯覆盖率达到了 40％以上，河北坝上和乌兰察布达到了 60％以上。

(2)功能定位：该区高纬度高海拔，气候冷凉、风大、光照强、昼夜温差大，是我国马铃薯种薯的优势区域，产业优势比较突出，生产的种薯大量调运到中原、华南、华中甚至西南和东南亚。除了山西西北部外，生产区域地势平坦，适合发展机械化。

(3)发展方向：一是降低生产成本，提高种薯质量。通过新技术应用降低原原种生产成本，使农民能够买得起，通过建设核心苗供应中心和脱毒种薯标准化、规范化生产技术体系完善提高种薯质量。二是合理轮作倒茬，控制土传病害。近年来，内蒙古中部地区马铃薯土传病害迅速蔓延，对种薯基地形成了危害，严重地影响了种薯质量，因此应稳定种植面积，合理轮作倒茬，控制土传病害发生，建设高质量种薯生产基地。三是规范种薯生产行为和流通市场，树立品牌意识。加强种薯生产过程中质量控制和检测，尊重品种知识产权，改变种薯市场混乱的现状。

(三)西北地区

(1)基本情况：包括甘肃、宁夏、陕西西北部和青海东部。本区地处高寒，气候冷凉，无霜期在 110～180 d，年平均温度 4～8 ℃，降雨量 200～610 mm，海拔 500～3600 m，土壤以黄土、黄棉土、黑垆土、栗钙土、沙土为主。由于气候凉爽、日照充足、昼夜温差大，生产的马铃薯品质优良，单产提高潜力大。一年一熟，一般 4 月底至 5 月初播种，9 月至 10 月上旬收获。影响种薯生产的生态因子是干旱少雨，社会因子是种植规模小和市场流通困难。目前原原种繁育过剩，而原种和良种供应不足。

(2)功能定位：满足该区域内生产用种为主，小农户和合作社种植为主，机械化难度大。西北地区原原种生产优势最突出，原种生产优势较强，良种生产有一定优势。马铃薯生产用种量大，远距离调运成本高，良种生产在各县本地生产，不宜过度集中。优势县区要在保持原原种生产优势的基础上，加强原种和良种生产。

(3)发展方向：一是整合脱毒快繁中心、种薯标准化生产基地和检验检测体系，提高种薯供应能力和质量。二是积极推进小型机械的应用，提高效率，减少劳动力成本。三是大力推广旱作节水保墒丰产优质种薯生产技术。四是推广改良的简易中小型贮藏库，增加贮藏能力，降低贮藏损失。

(四)西南地区

(1)基本情况：包括云南、贵州、四川、重庆、西藏等省(区、市)，湖南和湖北西部地区、陕西的安康地区。地势复杂、海拔高度变化很大。气候的区域差异和垂直变化十分明显，年平均气温较高，无霜期长，雨量充沛，马铃薯主要分布在海拔 700～3000 m 的山区，海拔 2200 m 以上是主要的种薯生产区域。年生产原原种 2.5 亿粒，原种 5 万 t，一级种薯 80 万 t 左右，种薯基本上供本区域使用，少量外调，主要市场是西南省份的其他地区和相邻的东南亚国家。脱毒种薯覆盖率为 20%左右，良繁体系规模小，缺乏种薯质量控制体系，种薯质量较差，晚疫病、青枯病发生严重，并有块茎蛾、癌肿病等区域性检疫病害。

(2)功能定位：立足西南地区马铃薯产业和东南亚国家、南方冬作马铃薯生产发展需要，以自繁自用为主。针对西南地区马铃薯种植模式多样，一年多季种植，多季供应的产销格局在本区内天然隔离条件好，具有生产优质种薯生态条件的高海拔山区(乌蒙山区海拔 2200 m 以上，武陵山区海拔 1700 m 以上)，重点发展脱毒种薯生产，建成西南地区原种和合格种薯供应基地。在中海拔区域，建设原原种生产基地，发挥气候优势，一年生产 2～3 季原原种，降低原原种生产成本。

(3)发展方向:一是建立原种生产基地。利用气温年度波动不大特点,多季生产原原种降低生产成本。二是建立机械化原种生产基地,平整土地、实现机械化、标准化,控制住病虫害,大幅度提高单产水平,降低生产成本。三是建立种薯基地晚疫病和蚜虫预测预报系统,严格执行产地检疫制度,完善马铃薯良繁体系和质量控制体系,大幅度提高种薯质量。四是推广和改良简易种薯贮藏库和处理室,增加优质健康种薯的贮藏和供应能力,保证马铃薯脱毒种薯的周年生产供应。

五、我国马铃薯种业发展保障措施建议

(一)科技保障

1. 主栽品种国土化

加大主要育种单位尤其是种业企业的品种选育投入力度、创新能力和研发强度,为主栽品种尤其是早熟品种和加工专用品种国土化提供科技保障。

2. 绿色高效种薯繁育规范化

加强种薯繁育过程尤其是原原种生产环节的低耗、高效、劳动力节省的生产体系建设,规范种薯繁育过程中的生产资料准备、生产设施配备、操作流程使用、采后处理和贮藏减损等具体环节,为绿色高效种薯繁育规范化提供科技保障。

3. 种薯质量控制体系标准化

提升组培苗、网棚生产和田间生产等种薯繁育关键环节质量检测的准确率和通量,并通过种薯质量追溯体系分析和解决影响种薯质量的薄弱环节,为种薯质量控制体系标准化提供科技保障。

(二)经费保障

1. 多渠道投入

建立政府支持和引导、科研单位技术支撑、种薯生产企业为主体、种薯生产专业合作社参与的多元化投入机制。国家资金主要用于支持公益性研究单位开展资源创新、种薯质量检测和控制体系等种业基础性研发工作。企业为主投入资金,加强品种选育和推广、种薯繁育基础设施、种薯繁育技术体系和种薯销售体系建设。坚持突出重点、分步实施,构建促进马铃薯种业高质量发展的长效多元投入机制。

2. 联合攻关和利益共享

以国家产业技术体系、良种联合攻关、产业科技创新联盟等平台为依托,联合优势科研单位和企业单位,积极争取多途径支持经费和自筹经费,针对种业发展的科学和产业瓶颈问题开展联合攻关,同时制定相关平台合作共享协议,做到平台共享、成果共享和利益共享。

(三)制度保障

1. 种薯质量认证制度

摸索、完善和建立种薯质量认证制度,从试点企业逐步推广到区域性良种繁育基地和全国

主要种薯基地，为实现种薯市场准入体系的建立提供制度保障。

2. 种薯质量追溯制度

借助大数据模式，建立集种薯生产单位信息、繁育流程信息和市场流通信息的种薯质量数据收集、管理、分析、服务功能于一体的种薯质量追溯制度，为保障经营者和种植者合法权益和效益提供制度保障。

3. 品种真实性鉴定和知识产权保护制度

以登记品种指纹图谱数据库为基础，建立涉及品种登记、鉴别、纠纷和保护的品种真实性鉴定和知识产权保护制度，为维护种薯市场正常秩序和知识产权保护提供制度保障。

(四)服务保障

1. 新品种示范和推广

发挥科研单位的平台优势、企业单位的基地条件优势和市场感知优势以及马铃薯生产合作社的延伸优势，进行全国范围的新品种示范和优良品种的推广，为新品种的更新换代提供服务保障。

2. 市场供需信息监测和预警

利用全产业链大数据建设，通过第三方机构进行全国范围种薯市场供需供求信息监测和预警，为合理调节市场平衡和引导种薯产业高质量发展提供服务保障。

3. 应急救灾服务

针对种业发展中易受自然条件、市场变化影响的如灾害性天气和病虫害突发引起的歉收、不满足市场需求造成的积压等不确定因素，不断完善应急救灾服务预案，为种业可持续健康发展提供服务保障。

国家现代马铃薯产业园建设刍议*

高明杰

（中国农业科学院农业资源与农业区划研究所，北京 100081）

一、国家现代农业产业园的提出

20 世纪 90 年代初中国才开始发展建设现代农业园区，1993 年中国在北京建立第 1 个设施农场以展示以色列设施农业和节水农业为主题，之后 1994 年在上海建立了 10 个市级农业示范区，初步形成现代化农业的格局。接着在 1997 年由国务院与杨凌地方政府共同努力下创立了陕西杨陵农业高新技术示范区，该园区的成功建设成为了当时其他园区建设的样板和楷模。同年也启动了北京、上海、沈阳、杭州和广州等地区的农业高新技术示范区。如今各种类型的农业园区在中国已经进入了迅速发展、规范提升的新阶段，而且愈来愈受到社会民众的关注。

“现代农业产业园”作为一个专有名词，最早是在 2016 年 12 月的中央农村工作会议提出，会议指出“现代农业产业园是优化农业产业结构、促进三产深度融合的重要载体”；2017 年中央一号文件《关于深入推进农业供给侧结构性改革加快培育农业农村发展新动能的若干意见》指出“以规模化种养基地为基础，依托农业产业化龙头企业带动，聚集现代生产要素，建设‘生产＋加工＋科技’的现代农业产业园”，同年政府工作报告中强调“加快推进农产品标准化生产和品牌创建，打造粮食生产功能区、重要农产品生产保护区、特色农产品优势区和现代农业产业园”；2017 年 3 月，国务院副总理汪洋在全国春季农业生产暨现代农业产业园建设工作会议上提出“必须高标准、严要求，宁缺毋滥，要真正发挥对农业供给侧结构性改革的示范引领作用，有效带动产品结构、经营结构、区域结构、产业结构的优化调整”。

2017 年 3 和 4 月，农业部、财政部相继联合下发《关于开展国家现代农业产业园创建工作的通知》和《国家现代农业产业园创建认定管理暂行办法》，标志着国家现代农业产业园创建工作进入实质推进阶段，文件中指出“农业产业园是新时期中央推进农业供给侧结构性改革、加快农业现代化的重大举措”。5 月底，副总理在农财两部联合报送的《关于拟创建国家现代农业产业园遴选工作情况的报告》上批示“现代农业产业园要突出规模种养、加工转化、技术集成、品牌营销等全产业链开发；要探索农民分享增值收益的模式；要有较靠谱的规划和完善的创建方案”。2018 年中央一号文件《中共中央、国务院关于实施乡村振兴战略的意见》继续提到“推进特色农产品优势区创建，建设现代农业产业园、农业科技园”，同年政府工作报告中指出“加快建设现代农业产业园和特色农产品优势区”，鼓励农业产业园建设。党的十九大报告

* 本文发表于《马铃薯产业与健康消费(2019)》(2019 年马铃薯大会论文集文章)。

提出“实施乡村振兴战略”,而农业产业园则是乡村振兴的重要载体之一。

二、国家现代农业产业园的建设现状

国家现代农业产业园的建设宗旨为进一步做大做强优势特色主导产业,促进全产业链开发,聚集现代生产要素,创新农民增收利益联结机制,打造新农民创新创业孵化平台,示范带动省、市、县梯次建设现代农业产业园,形成以产业园为主要抓手推进乡村产业振兴的工作局面。截至2018年底,全国一共分3批批准创建了62个国家现代农业产业园,2019年1月第1批20个国家现代农业产业园通过认定。各地以建设现代农业产业园为重要载体,学习借鉴国家现代农业产业园建设经验,依托优势特色主导产业,不断提升种养规模化、加工集群化、科技集成化、营销品牌化水平,让农民就近就地就业,更多分享产业增值收益,国家现代农业产业园建设取得突出成效。

目前已批准创建的62个国家现代农业产业园主导产业覆盖了粮油糖、果菜茶、畜产品、中药材等几大类产品,但产品间分布不均衡,产业园主导产业涉及产品最多的是果品和蔬菜,分别有21和14个。粮油和养殖等关系国计民生的重要农产品却严重不足,主导产业涉及粮油的只有16个产业园,其中水稻10个、小麦3个、青稞1个、油料2个,主导产业涉及畜禽的只有5个产业园。正是基于国家现代农业产业园主导产业分布现状,《2019年国家现代农业产业园创建的申报公告》中明确将优质粮油作为优先支持的主导产业。

在中国,马铃薯已成为继水稻、小麦和玉米之后的第四大粮食作物。随着马铃薯主粮化战略的不断推进,中国已研发出包括馒头、面条、米制品、地方特色食品、方便即食产品和休闲产品六大系列的马铃薯食品300多种。马铃薯营养全面,是全球公认的全营养食物,含有蛋白质、矿物质(磷、钙等)、维生素等多种成分,营养结构也较合理,具有“地下苹果”之称。因此,随着人们对马铃薯营养价值认识程度的不断加深,其作为改善中国居民膳食结构的优质粮食作物的作用将逐步显现。但从可查阅的资料来看,目前尚未有一家国家现代农业产业园明确以马铃薯为主导产业。到2020年全国一共要创建300个国家现代农业产业园,各马铃薯主产区应该抓住这个机遇申报创建以马铃薯为主导产业的国家现代农业产业园,通过“生产+加工+科技+品牌”聚集现代马铃薯生产要素,促进马铃薯产业的转型升级,提升马铃薯产业供给质量和效益。

三、现代马铃薯产业园建设思路与原则

现代马铃薯产业园建设应全面贯彻“创新、协调、绿色、开放、共享”的新发展理念,按照“绿色兴农、品质兴农、科技兴农”的总体思路,以马铃薯产业绿色高质量发展为纲,以推进马铃薯产业供给侧结构性改革为主线,按照“强种薯、精加工、优鲜食”的理念优化品种结构,走“科技兴薯、市场促薯、质量强薯”之路,统一规划、统一管理、统筹发展,推进“生产+加工+科技+品牌”一体化发展,集中连片建设生产基地,引导农产品加工向产业园集中集聚,打造马铃薯优势产业集聚区、现代农业科技先行区、产业利益连接示范区和一二三产业融合发展区。

建设现代马铃薯产业园过程中,应遵循以下基本原则:一是因地制宜、重点突破。根据当地生态条件和目标市场,突出区域优势和地方特色,以种薯和加工专用薯为重点规划核心区和

适宜区，引导生产要素向标准化基地集中，促进优势区域规模壮大，效益提升。二是龙头带动、示范引领。重点培育马铃薯种薯和加工领域的领军龙头企业，充分发挥马铃薯产业链条长、带动能力强的特点，形成完整的马铃薯产业链，拉动包装、运输、信息服务等相关产业共同发展，进而带动区域经济发展。三是保护优先、绿色发展。坚持“绿水青山就是金山银山”的基本思路，以保护和改善区域农业生态与环境为优先目标，实现马铃薯产业的生产方式绿色、产品绿色、环境绿色的全程绿色集成配套技术体系。四是科技创新、品牌引领。积极导入科技创新机制，在高新技术装备下发展马铃薯产业，特别在品种选育、种薯扩繁和精深加工等环节上，组建马铃薯产业化开发的科技联合团队，培育竞争力强的品种，开发市场认可度高的产品，加强地方马铃薯品牌打造与宣传，培育具有区域影响力的企业品牌，提高市场竞争力。五是市场主导、政策扶持。充分发挥市场在资源配置中的决定性作用，鼓励现有市场主体优化组合，大力推动招商引资，引入领军型马铃薯加工企业，优化资源配置，增强发展活力。同时，发挥政府在政策引导、宏观调控、支持保护、公共服务等方面的作用。

四、现代马铃薯产业园建设重点任务

(一)提升主导产业

1. 开展种薯生产保护区划定工作

将马铃薯种薯列为当地重要农产品，按照《中华人民共和国国家标准马铃薯种薯生产技术操作规程》中种薯田的选择标准和《关于做好粮食生产功能区和重要农产品生产保护区划定工作的通知》的相关要求划定种薯生产保护区，对已划定的种薯生产保护区地块，进行统一编号命名，建立电子地图和数据库。

2. 加强马铃薯规模化、标准化、专用化种植基地建设

支持开展中低产田改造、高标准农田建设、土地整治，推进标准化的马铃薯种植示范建设。开展马铃薯标准化生产示范，建立完善特色农产品标准体系，实施全程质量监管，实现马铃薯生产技术规程全覆盖。推广“龙头企业＋合作社＋农户＋基地”的模式，发挥龙头企业的带动作用，推进设施农业和标准化规模化种植基地建设。

3. 做强马铃薯精深加工与流通业

以马铃薯主导产业优势为基础，以涉农经营组织为主体，以农业龙头企业为引领，以加工流通集聚园区为平台，围绕马铃薯及其关联产业发展种植、加工和贮运全产业链，做大做强马铃薯精深加工业，完善产品安全贮藏、冷链物流、批发市场等农产品流通体系。

(二)促进绿色高质量发展

1. 推广轮作倒茬与土地污染防治行动

总结推广种养有机结合、合理轮作倒茬的生态农业模式，因地制宜实施作物倒茬与轮作休耕。持续开展土地污染防治行动，重点实施减肥、减膜、减药，主要化学品投入实现明显减少，推广应用水肥一体化设备与技术，鼓励和支持有机肥、分解膜使用，加大节水减肥力度。

2. 积极引进和推广良种良法，着力建设绿色农产品生产基地

针对提质增效转方式中的关键领域和薄弱环节，加快建立起良种、良法、良田、良机配套，

促进生产向绿色、高效和生态方向发展。重点扶持马铃薯农作物良种良法示范基地的能力建设，加快新品种新技术的引进、创新和集成推广运用，着力建设绿色马铃薯生产基地，促进农业由数量型向质量效益型转变。

3. 建设农产品质量安全监测平台与检测体系

创建国家认证的脱毒马铃薯种薯质量监督检测测试中心，开展第三方脱毒马铃薯种薯质量检验、仲裁检验、委托检验，完成市场抽检和检测标准制定、修订等任务，并开展技术咨询，业务培训等相关工作；健全马铃薯生产投入品和质量安全监管体系，完善投入品登记、生产、经营、使用等马铃薯生产企业内部管理制度，农业行政管理部门加强市场监督等管理制度、产地准出市场准入制度、质量追溯等监管制度，加强市场抽查力度。重点推动马铃薯种薯生产、加工和流通企业建立诚信制度，率先全面实行种薯的质量认证制度和种薯质量追溯制度。

4. 治理马铃薯加工污染

引进、试验、筛选马铃薯汁水和废渣综合循环利用技术，扶持大型马铃薯加工厂环保设施的升级改造，继续对分散的小型淀粉加工厂和加工作坊进行关停并转。

(三)提升马铃薯产业科技支撑水平

1. 强化产业园农业科技支撑

建立马铃薯专家工作站及其配套科研设施，充分整合区域内马铃薯科研机构、马铃薯种植农场、大型经纪人等各方力量，组建马铃薯产业化开发的科技联合团队，开展马铃薯育种、脱毒种薯生产、栽培、贮藏、加工等领域联合攻关，同时加强与国外马铃薯科研机构和专业化公司的合作，提升原始创新能力。

2. 强化马铃薯全程机械化生产技术推广

以高起点、高质量、高标准为原则，建设马铃薯全程机械化生产技术集成示范技术示范基地，进行以深耕、起垄、播种、中耕培土、收获前去秧、挖掘机和联合收获机收获相结合的马铃薯生产机械化作业流程示范推广，加强对马铃薯农机补贴，将范围扩大到国外先进机械，进一步提升农机具产品质量。

3. 提升产业园信息化水平

实施农业信息化工程，深化智慧农业建设，以“互联网＋”为载体，采用大数据、云计算等技术，改进监测统计、分析预警、信息发布等手段，建设集多媒体展示指挥监控、农业生产智能控制、农技专家技术远程实时指导、农产品电子商务、园区行政管理等于一体的信息化服务平台，促进农产品安全质量大数据监测平台与监测体系建设，实现农产品质量安全全程可追溯，促进农业生产过程精准化、农业全程管理信息化、农业资源管理数字化、农业设施装备智能化，提升产业园农业信息化服务能力。

4. 强化农业公共服务能力建设

强化地方政府技术推广、病虫害防控以及农产品质量安全监管等职能作用，完善农业社会化服务体系，建立新型马铃薯产业发展技术推广体系，提高农业社会化服务水平。以现有农技推广体系为依托，建立马铃薯产业发展技术推广体系和信息平台，重点支持农技推广中心组建网络技术推广和农民马铃薯技术培训体系。在马铃薯主产区建立马铃薯高产示范区，以集成综合农艺及机械化技术为支撑，通过建立新品种脱毒种薯展示示范，配套高产栽培技术，提高应用适宜品种、高质量脱毒种薯水平。做好马铃薯政策性保险及金融服务，负责农业政策性保险、农村金融等政策的宣传和咨询服务，协助做好相关工作。

(四)促进一二三产业融合发展

1. 补足短板，健全产业链

围绕主导产业，加强马铃薯产业的研发、检测、生产、加工、收贮、物流、销售、休闲观光为一体的全产业链发展，推动区域农业产业链、供应链、价值链重构和演化升级，建成马铃薯一二三产业融合发展区，形成产加销、农工贸和生产、生态、休闲的产业发展格局。

2. 发展新业态，促进产业升级

通过发展新业态，促进传统营销渠道转型升级，大力推广“生产基地＋中央厨房＋餐饮门店”“生产基地＋加工企业＋商超销售”等营销模式。积极利用“互联网＋”电商平台，大力发展农村电商和网上营销，促进产品订单化、定制化生产加工和销售，减少流通环节和成本。大力发展马铃薯鲜薯及其加工品的电子商务，建成集品牌宣传、展示销售于一体的品牌农产品展示展销中心，实现线上线下协同推进。

3. 发挥农业多功能性，促进农业休闲观光蓬勃发展

挖掘马铃薯产品特色和文化内涵，推进薯业博览馆和文化创意产业园建设，发展薯业会展经济，开办薯业博览会、产品展销会等，提高马铃薯产业的知名度和市场影响力。

(五)加强品牌推介与维护

1. 实施“区域品牌＋企业品牌”的母子品牌战略

制定统一的产地农产品质量标准、生产技术规程，挖掘产品特色和文化内涵，按照政府推动、协会主导、企业参与、品牌共享的原则打响马铃薯区域品牌；引导企业制定品牌建设规划，开展绿色、有机食品认证和地理标志登记保护，按照政府奖励、依法保护、企业自主的原则打造具有市场影响力的马铃薯种薯和加工产品企业品牌。

2. 加大马铃薯品牌宣传与节庆打造

定期举办“马铃薯文化艺术节”活动，邀请有关部委、国内外知名专家学者、大型马铃薯生产、加工、销售企业，各级新闻媒体等相关单位参加，举办高端论坛、商务洽谈、文艺演出、名优产品展览等文化旅游活动，弘扬马铃薯文化，提高马铃薯品牌知名度。

(六)改革创新利益连接机制

1. 引导农民发展合作联社，鼓励合作联社纵横发展

引导合作联社以租赁、股份合作等形式参与土地流转，加快马铃薯产业规模化、集约化经营。建立合作联社规范社名录，充分发挥专业合作组织的带动作用。鼓励合作联社纵横发展、有效联合。横向发展，即专业一体化、规模化经营化发展，为成员提供政策咨询、技术培训、信息收集和行业自律等服务；纵向发展，即成员单位之间互相探索和开展马铃薯精深加工经济模式，共同扩大经营业务范围，提高合作联社的市场竞争能力。

2. 打造“双创中心”，着力促进创新创业环境升级

突出产业园的创新、创业、创投、创客四大功能，构筑完善产业创新链，将产业园打造成为“双创”人才特区。通过制定相关的优惠政策广泛吸引农业科研机构、院校的院士在产业园建设实验室、工作站或实验基地，实现产业园科技创新人才队伍快速壮大。同时，建立高级人才

返乡创业服务机制，鼓励高校毕业生、企业主等各类人才返乡创业创新。将现代科技、生产方式和经营模式引入产业园，促进创新创业环境升级。

3. 完善利益分享联结模式，带动农民增收

以龙头企业、合作社为主要载体，以农民增收为核心，围绕订单合同、服务协作、流转聘用等利益联结模式，积极引导龙头企业、合作社、村集体、农户形成稳定合作关系，鼓励马铃薯加工龙头企业与合作社给园区注入设施、资金和装备等现代生产要素，让农民更多分享加工和销售环节利益，实现利益共赢。

马铃薯区域布局与地区发展

我国马铃薯区域格局演变及其影响因素分析*

张烁[1]，罗其友[1]，马力阳[2]

（1. 中国农业科学院农业资源与农业区划研究所，北京 100081；
2. 西安科技大学马克思主义学院，西安 710054）

一、引言

近年来，马铃薯产业快速发展，种植面积不断扩大[1,2]。但是，一些地区盲目扩种、跟风种植等问题日渐突出，导致市场竞争加剧，价格波动加大，部分地区市场优势不明显、种植规模缩减，马铃薯区域格局正在发生变化。开展研究马铃薯区域格局演变及其影响因素，对优化马铃薯生产区域布局、促进马铃薯产业持续发展具有重要意义。

目前马铃薯区域格局演变的研究较少，相关文献从不同角度研究了马铃薯区域分布特征及变化趋势，主要研究内容包括区域比较优势分析[3-5]、种植区域集中程度[6,7]、生产重心演变轨迹和种植区域的扩展趋势等[8,9]。部分学者在此基础上进一步分析了区域分布变化的成因，研究结果显示，影响马铃薯空间分布的自然因素包括气候条件和自然灾害，社会经济因素包括市场需求、价格、生产技术水平、比较收益和政策等[10]。研究方法包括定性分析和定量分析[11,12]，并且对影响因素进行了区域对比分析。总的来看，目前大部分文献从省域尺度分析区域分布特征及变化趋势，缺少县域尺度的研究。在区域格局演变的成因方面，影响因素包括了自然、社会和经济因素，且研究方法不断完善，但实证研究较少，并且缺少比较不同因素在不同地区和不同时间段的重要程度。基于此，本文使用全国马铃薯县级数据，研究马铃薯种植格局演变趋势，并进一步研究其影响因素，目的是为马铃薯种植合理布局提供参考，为下一步马铃薯区划研究提供理论依据。

二、数据来源与研究方法

（一）数据来源

本文以全国作为研究的区域范围，使用 1990—2016 年我国马铃薯县级种植面积、产量和单产数据研究区域格局演变趋势。由于数据的限制，本文选取 2011—2018 年作为时间样本，选取黑龙江、辽宁、陕西、甘肃、青海、宁夏、新疆、内蒙古、河北、山西、重庆、四川、贵州、云南 14 个省份作为地区样本，利用马铃薯省级数据研究区域格局演变的影响因素。马铃薯县级种植

* 本文发表于《中国农业大学学报》，2020，25(12)：151-160.

面积和脱毒种薯应用数据源于国家马铃薯产业技术体系，马铃薯省级单产数据源于国家统计局，用工数量、化肥费用和种子费用数据源于《全国农产品成本收益资料汇编》[13]、全国气象监测站降水和气温月值数据源于中国气象局。

(二)研究方法

1. 核密度分析

Arc GIS 提供的核密度分析工具[14]是以 Silverman 在其著作中所描述的二次核函数为基础。本文运用核密度工具探讨马铃薯种植区域的空间分布特征，核密度分析法主要是借助移动的栅格单元对空间范围内点要素的密集程度进行估计[15]。

$$D(x_i, y_i) = \frac{1}{ur}\sum_{i=1}^{u} k\left(\frac{d}{r}\right) \tag{1}$$

式中：$D(x_i, y_i)$为空间位置(x_i, y_i)处的核密度值；r 为距离衰减阈值；u 为与位置(x_i, y_i)的距离小于或等于 r 的要素点数；k 函数则表示空间权重函数；d 表示当前要素点与(x_i, y_i)两点之间的欧氏距离。

2. 全局空间自相关

全局空间自相关是对地理要素属性值在整个区域的空间特征描述，本文选取全局 Moran's Ⅰ指数来测度马铃薯种植的全局空间自相关程度，计算公式如下[16,17]：

$$I = \frac{n\sum_{i=1}^{n}\sum_{j=1}^{m} w_{ij}(x_i - \bar{x})(x_j - \bar{x})}{\sum_{i=1}^{n}\sum_{j=1}^{m} w_{ij}\sum_{i=1}^{n}(x_i - \bar{x})^2} \tag{2}$$

式中：n 为县空间单元总数，x_i和 x_j分别为马铃薯种植面积在地区 i 和 j 的观测值，$\bar{x}$ 为均值，w_{ij}为空间权重矩阵。标准化 Z 常用于检验全局 Moran's Ⅰ指数的显著性水平，计算公式如下[18]：

$$Z_{\text{score}} = \frac{I - E(I)}{\sqrt{\text{Var}(I)}} \tag{3}$$

式中：$E(I)$、$\text{Var}(I)$分别表示 Moran's Ⅰ的期望值和方差。全局 Moran's Ⅰ的取值在$[-1,1]$，在给定的显著性水平下，当 $I>0$，表明存在空间正相关，即马铃薯种植面积较高(或较低)的地区在空间上显著聚集；当 $I<0$，表示空间负相关，即该区域与周边地区马铃薯种植面积存在空间差异；当 $I=0$，表示空间不相关，即马铃薯在空间上随机分布。

3. 固定效应模型

为了研究我国马铃薯区域格局演变的影响因素，本文基于 2011—2018 年 14 个省份的面板数据，构建区域格局演变影响因素的实证模型。通过对比混合 OLS、随机效应模型和固定效应模型的结果，从而判断出使用固定效应模型更合适。使用混合 OLS 方法的基本假设是核心控制变量不存在个体效应，而检验结果显示大多数个体虚拟变量都很显著，基本能够证明存在个体效应，混合 OLS 模型不适用。随后对固定效应和随机效应进行比较，检验结果显示拒绝随机效应模型，基本可以判断固定效应模型更加适用。因此本文使用固定效应模型，并且在证明个体效应和时间效应都较为显著的基础上，采用双向固定效应模型进行研究。实证计量模型如下[19,20]：

$$Y=\beta_0+\beta_1 x_1 it+\beta_2 x_2 it+\beta_3 x_3 it+\beta_4 x_4 it+\beta_5 x_5 it+\mu_{it}+\varphi_t+\varepsilon_{it} \quad (4)$$

式中：i 表示省份，t 表示年份，Y 表示总产量，β_0，β_1，β_2，β_3，β_4，β_5 表示常数项，x_1 表示气候指数，x_2 表示用工数量，x_3 表示化肥费用，x_4 表示种子费用，x_5 表示脱毒种薯应用率，μ_{it} 用于控制地区固定效应，φ_t 用于控制时间固定效应，ε_{it} 表示误差项。

三、马铃薯区域格局演变分析

（一）种植面积变化分析

2016 年，我国马铃薯种植面积和产量分别达到 7203.6 万亩和 1698.55 万 t，相比 1990 年分别增加 68%和 162%。其中华北、东北、西北和西南地区种植面积占比达到 89%左右，是我国马铃薯主产区。西南和西北地区种植面积分别达到 3255.09 万亩、1614.87 万亩，增幅分别为 120%和 74%，面积占比分别为 45%、22%。华北地区种植面积为 1164.78 万亩，增加了 31%，东北地区面积为 402.32 万亩，下降了 16%，面积占比分别降至 16%、6%。

（二）格局演变

1990 年我国马铃薯种植格局整体呈现“单核心＋外围小中心”的分布特征（图 1a）。核心种植区域分布在城口、巫溪、巫山、云阳、开州、恩施等；“外围小中心”区域分布在绥化、齐齐哈尔、大同、乌兰察布、榆林、张家口、天水、定西、平凉等。

2000 年种植格局仍然呈现“单核心＋外围小中心”的分布特征（图 1b），但随着乌兰察布、大同、张家口等地区核密度的增加，核心区域转移到了蒙中、晋北和冀西北；重庆、恩施、达州等地区核密度下降，由“核心区”变为“外围小中心区”。

2010 年种植格局呈“单核心＋外围小中心”分布（图 1c），由于固原、定西和平凉等地区核密度逐渐增加，甘东南和宁南成为“核心区”；随着乌兰察布和张家口等地区核密度下降，蒙中、晋北和冀西北逐渐退出“核心区”；齐齐哈尔和绥化的核密度下降，黑西南逐渐退出“外围中心区”。

2016 年，马铃薯种植表现为“双核心＋外围小中心”的分布特征（图 1d）。近年来，毕节、昭通、曲靖、六盘水、宜宾、遵义等地区核密度不断增加，核心区域转移到云东北和贵西北。定西、平凉、白银、兰州、固原和中卫等地区核密度增加，成为第二个强核密度区域。绥化、张家口、大同、朔州、榆林等地区核密度逐渐下降。

综上，1990—2016 年，我国马铃薯种植格局整体呈现出由“单核心＋外围小中心”向“双核心＋外围小中心”演变的态势。1990—2016 年甘东南、宁南、云东北和贵西北马铃薯种植区域的核密度逐渐增加，蒙中、晋北、冀西北和黑西南逐渐下降。可能的原因是西南一些地区在气候、经济收益、生产技术和政策等方面具有相对优势。西南地区气候温和、水量丰富，马铃薯多分布于高原、丘陵[21]，自然条件适合马铃薯生长，一些地区大规模发展冬季马铃薯，冬季马铃薯商品性和卖相普遍较好，具有明显的市场优势[22,23]。西南地区马铃薯净利润高于其他粮食作物和油菜等，农户生产积极性高，大面积冬闲田为马铃薯规模种植提供了土地资源。当地推广的免耕覆盖稻草马铃薯栽培技术，简单易行且能够节约成本，农户认可度高。云南、贵州等地区为了脱贫致富相继出台马铃薯产业扶持政策[24,25]。东北地

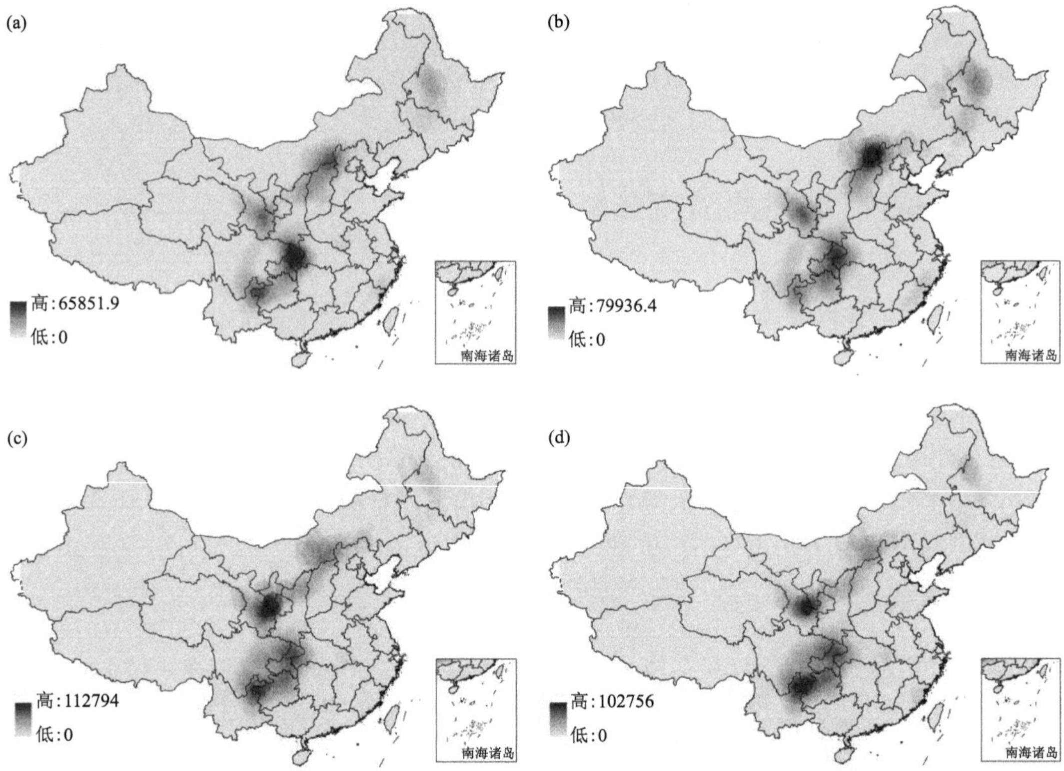

图1　1990年(a)、2000年(b)、2010年(c)、2016年(d)我国县域马铃薯种植核密度分析

区马铃薯的利润远低于水稻，农户生产积极性不高[26,27]。西北地区气候冷凉，马铃薯种植气候适宜性较好。在华北地区近几年由于马铃薯连作，土传病害加重发生，加之冬季马铃薯一般2月上市，调节鲜薯上市时间、增加市场供给同时，对北方一些省份马铃薯销售造成一定冲击。

目前，我国马铃薯种植集中分布在四大热点区域，分别是以甘肃南部为核心的西北地区，以云贵川渝为核心的西南地区，以内蒙古中部为核心的华北地区和以黑龙江为核心的东北地区，整体由“单核心＋外围小中心”向“双核心＋外围小中心”演变。西北和西南地区核密度增加，逐渐发展为“核心区”。华北和东北地区核密度逐渐下降。

(三)空间自相关分析

1. 全局空间自相关分析

由表1可以看出，马铃薯种植面积的全局Moran′s Ⅰ均大于0，且P为0，结果通过了显著性检验，说明马铃薯种植表现为集聚特征，具有空间正相关关系，即种植规模较大的县相互邻近，种植规模较小的县相互邻近。同时，Moran′s Ⅰ从1990年的0.6775下降到2010年的0.4942，2016年上升到0.5981，说明马铃薯种植的空间相关性先减弱后增强，空间集聚程度先降后升。

表 1　马铃薯种植面积的全局莫兰指数

年份	Moran's Ⅰ	P	Z 统计量
1990	0.6775	0.0000	59.3750
2000	0.6494	0.0000	59.3912
2010	0.4942	0.0000	43.9285
2016	0.5981	0.0000	52.5457

2. 局部空间自相关分析

为了更好地反映局部地区的空间集聚情况，本文进一步进行局部空间自相关分析，将马铃薯种植的集聚类型分为高—高、低—低、高—低和低—高四类。从 LISA 集聚图(图 2)来看，1990—2016 年我国马铃薯种植面积变化表现出明显的局部分异，大部分县域落在了高—高、低—低和低—高类型区。

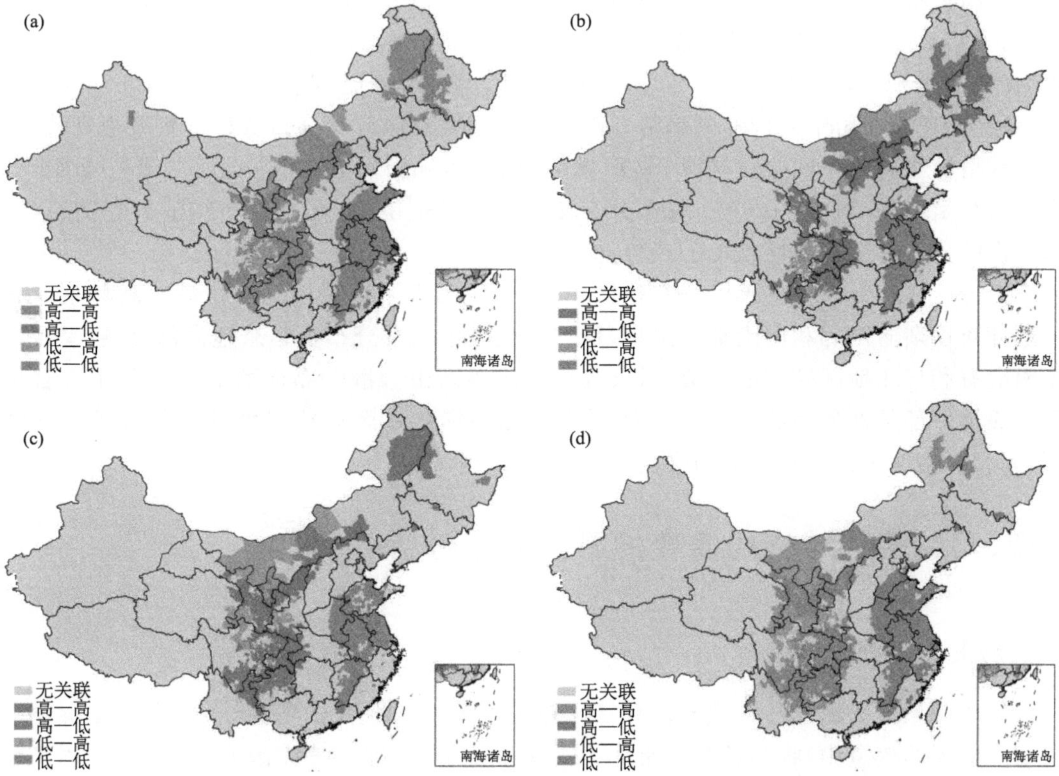

图 2　1990 年(a)、2000 年(b)、2010 年(c)、2016 年(d)我国县域马铃薯种植面积变化 LISA 图

高—高类型区为马铃薯种植热点地区，该类型区内县域内、县和其相邻县域马铃薯种植面积差异较小，集聚程度都较高。1990 年该类型区分布在 337 个县，包括齐齐哈尔、海拉尔、集宁、包头、呼和浩特、朔州、天水、定西、陇南、重庆、恩施、西昌、昭通、遵义、毕节等地区。2000 年减少至 314 个县，哈尔滨、延安、中卫、甘南等地区分布范围减小，四平、广安、宝鸡、承德等地区范围扩大。2010 年增至 324 个，绥化、兴安盟、松原、大庆、承德、太原、大同等地区分布范围减少，庆阳、吴忠、自贡、遂宁、内江、乐山、南充、眉山、宜宾、黔南等地区范围扩大。2016 年增

至 349 个，黑河、锡林郭勒、张家口、忻州、陇南等地区空间分布范围缩小，宝鸡、延安、固原、襄阳、黔西南等地区分布范围扩大。由此可知，该类型分布范围缩减的地区主要分布在我国东北和华北地区，范围扩大的主要分布于西南地区。随着时间的变化，高—高类型区域逐渐由东北和华北向西北和西南地区集聚。

低—低类型区为马铃薯种植冷点地区，县域自身、县和其相邻县域马铃薯种植集聚程度都较小。1990 年该类型区分布在 542 个县，主要包括山东、江苏、安徽、江西、商丘、周口、杭州、衢州、河源、韶关等地区。2000 年减少到 413 个，东营、烟台、威海、宁波、绍兴、金华、衢州、武汉、黄石等地区分布范围减小，许昌、漯河、信阳等地区分布范围扩大。2010 年增至 478 个，杭州、嘉兴等地区范围缩小，邯郸、济南、东营、德州、聊城、滨州、安阳、鹤壁、新乡、濮阳等地区范围扩大。2016 年增至 690 个，天津、石家庄、唐山、秦皇岛、邢台、保定、沧州、廊坊、衡水、上海、台州、丽水等地区分布范围扩大。该类型区基本分布在华东地区的部分县，呈现继续向东南沿海和华北地区延伸的趋势。

低—高类型区县域自身马铃薯种植集聚程度较低，相邻县域集聚程度较高，形成局域异质“冷点”。1990—2016 年该类型区数量由 204 减少到 187 个县，西南地区和内蒙古中部的分布范围缩减，西北地区的范围扩大。随着时间的变化，低—高型区域逐渐由分散分布向西北地区集聚，并且呈现向四川中部延伸的趋势。高—低类型区县域自身马铃薯种植集聚程度较高，县域之间种植面积变化空间差异较大，集聚程度较低，形成局域异质“热点”。1990—2016 年该类型区的数量从 19 增加到 23 个，整体分布比较分散且范围小，基本分布在部分省的边界，在东部省份的分布范围有缓慢增加的趋势。

综上，高—高、低—低集聚区分布范围扩大，低—高集聚区范围缩小。高—高集聚区由相对分散分布逐渐向西北和西南地区集中，低—低集聚区基本分布在华东地区部分县，呈现继续向东南沿海和华北地区延伸的趋势，低—高集聚区逐渐由分散分布向西北地区集中并且呈现继续向四川中部延伸的趋势。以上分析证明东北和华北地区马铃薯种植的集聚程度逐渐下降，西北和西南地区集聚程度逐渐提高。

四、马铃薯区域格局演变的影响因素分析

（一）变量选取

马铃薯区域格局演变是自然条件和社会经济等多因素综合作用的结果，本文在解释区域格局演变成因的变量中，将马铃薯产量作为被解释变量，分别从气候因素、生产投入要素和技术水平方面选取 5 个解释变量，包括气候指数、用工数量、脱毒种薯应用率、种子费用和化肥费用。

1. 气候指数（x_1）

气候对马铃薯种植具有决定性作用，已有研究成果表明，降水量和气温对马铃薯生育期及产量具有重要影响[28,29]。本文利用气候的指数公式，测算气候因素对马铃薯产量的影响。其公式为：$\mathrm{Wea}^j=\dfrac{P_j}{1.07^{T_j}}$，其中 Wea^j 表示 j 年气候指数，P_j 表示 j 年马铃薯生育期平均降水量，T_j 表示 j 年马铃薯生育期平均气温。

2. 用工数量(x_2)

近年来人工成本及其占比不断上升,2018 年四川、云南人工成本占比超过 60%,已经成为总成本的重要组成部分。为解决多重共线性问题,本文将人工成本替换为用工数量。用工数量是指马铃薯生产过程中生产者(包括其家庭成员)和雇佣工人直接劳动的天数。

3. 化肥费用(x_3)

化肥是马铃薯生产重要投入要素,化肥费用是指实际施用的各种化肥费用之和。

4. 种子费用(x_4)

种子是马铃薯重要生产资料,种子费用是指马铃薯种植实际使用的种薯费用。

5. 脱毒种薯应用率(x_5)

本文选取脱毒种薯应用率代表技术水平。脱毒种薯应用率是指脱毒种薯应用面积在总种植面积中的比例。

(二)分样本回归结果分析

1. 空间分样本回归

华北、东北、西北和西南地区是我国马铃薯主产区,且各地区变化趋势不同,这种差异可能受不同因素的影响,因此,通过空间分样本回归,对不同地区马铃薯生产的影响因素进行对比分析。结果显示(表 2),2011—2018 年,气候指数、用工数量和脱毒种薯应用率对四大地区马铃薯生产均有显著影响,其中,气候指数和用工数量对华北影响较大,影响系数分别为 0.1281 和 2.3994;对西南影响较小,影响系数分别为 0.0984 和 1.8608。脱毒种薯应用率对西南影响较大,对华北影响较小,系数分别为 32.6463 和 29.1438。

表 2 马铃薯区域格局演变影响因素地区分样本回归结果

因变量产量	华北	东北	西南	西北
气候指数	0.1281***(0.0396)	0.1175***(0.0395)	0.0984**(0.0411)	0.1103***(0.0397)
用工数量	2.3994**(0.9601)	2.1871**(0.9545)	1.8608*(0.9827)	2.0533**(0.9481)
脱毒种薯应用率	29.1438***(10.4432)	29.8223***(10.3195)	32.6463***(10.4947)	29.7650***(10.2170)
种子费用	0.0249(0.0416)	0.0273(0.0412)	0.0209(0.0417)	0.0265(0.0408)
化肥费用	0.0163(0.0284)	0.0152(0.0281)	0.0103(0.0286)	0.0131(0.0278)

注:括号内为标准误差,*、** 和 *** 分别表示通过 10%、5%和 1%的显著性检验。

地区样本回归结果说明,近几年技术水平、气候和劳动力投入对主产区马铃薯种植区域格局具有显著影响。气候和劳动力投入对华北地区的影响程度大于其他地区,技术水平对西南地区的影响程度大于其他地区,但各影响因素影响程度的区域差异较小。

2. 时间分样本回归

马铃薯种植区域格局受多种因素的影响,随着时间的推移,气候和社会经济等因素的影响程度可能发生变化。因此,通过时间分样本回归,分析不同时间段马铃薯生产影响因素的变化情况。结果显示(表 3),2011—2014 年和 2015—2018 年气候指数、用工数量、脱毒种薯应用率对马铃薯生产具有显著影响,其中,气候的影响系数从 0.1115 降至 0.0939,用工数量的系数从 2.0565 增加到 2.4973,脱毒种薯应用率的系数从 30.2229 降至 25.0166,但依然高于其他因素。

表 3 马铃薯区域格局演变影响因素时间分样本回归结果

因变量产量	2011—2014 年	2015—2018 年
气候指数	0.1115*** (0.0415)	0.0939** (0.0408)
用工数量	2.0565** (0.9902)	2.4973** (0.9940)
脱毒种薯应用率	30.2229*** (10.5273)	25.0166** (10.5908)
种子费用	0.0127(0.0428)	0.0116(0.0418)
化肥费用	0.0229(0.0302)	0.0080(0.0282)

注:括号内为标准误差,** 和 *** 分别表示通过 5%和 1%的显著性检验。

时间样本回归结果说明,2011—2018 年技术水平、气候和劳动力投入对马铃薯种植区域格局具有显著影响。其中,气候和技术水平影响程度有所下降,劳动力投入影响程度增加,但技术水平影响程度仍高于其他因素,说明技术水平是这段时期马铃薯种植区域格局的重要影响因素。

3. 空间与时间分样本回归

为了得出综合性结论,再次对华北、东北、西南和西北地区进行时间分样本回归,结果显示(表 4),2011—2014 年和 2015—2018 年气候指数、用工数量、脱毒种薯应用率对各地区马铃薯生产具有显著影响。其中,各地区脱毒种薯应用率和气候指数的影响系数不同程度下降,用工数量的影响系数不同程度上升。从各因素对不同地区的影响程度来看,气候指数、用工数量和脱毒种薯应用率对各地区马铃薯生产具有显著影响,其中气候指数和用工数量对华北的影响程度高于其他地区,2011—2014 年其影响系数分别为 0.1375 和 2.6120,2015—2018 年分别为 0.1191 和 3.0366;脱毒种薯应用率对西南的影响高于其他地区,2011—2014 年影响系数为 32.5853,2015—2018 年系数为 27.4067。

表 4 马铃薯区域格局演变影响因素时空结合分样本回归结果

因变量产量	华北		东北		西南		西北	
	2011—2014 年	2015—2018 年	2011—2014 年	2015—2018 年	2011—2014 年	2015—2018 年	2011—2014 年	2015—2018 年
气候指数	0.1375*** (0.0400)	0.1191*** (0.0395)	0.1268*** (0.0340)	0.1088*** (0.0394)	0.1079*** (0.0418)	0.0904** (0.0411)	0.1199*** (0.0402)	0.1018*** (0.0396)
用工数量	2.6120*** (0.9693)	3.0366*** (0.9766)	2.3961** (0.9650)	2.8279*** (0.9713)	2.0734** (0.9969)	2.5102** (1.0002)	2.2619** (0.9596)	2.6965*** (0.9641)
脱毒种薯应用率	29.1740*** (10.5393)	23.9754** (10.622)	29.8324*** (10.4236)	24.6273** (10.4993)	32.5853*** (10.6194)	27.4067*** (10.6928)	29.7152*** (10.3249)	24.5047** (10.3884)
种子费用	0.0096 (0.0427)	0.0101 (0.0417)	0.0125 (0.0423)	0.0125 (0.0413)	0.0069 (0.0428)	0.0060 (0.0418)	0.0121 (0.0419)	0.0115 (0.0409)
化肥费用	0.0293 (0.0303)	0.0131 (0.0283)	0.0276 (0.0230)	0.0119 (0.0280)	0.0221 (0.0306)	0.0071 (0.0285)	0.0250 (0.0297)	0.0097 (0.0276)

注:括号内为标准误差,** 和 *** 分别表示通过 5%和 1%的显著性检验。

以上说明,近几年气候、劳动力投入和技术水平对我国主产区马铃薯种植区域格局具有显著影响,技术水平的影响程度相比其他因素较大。在时间上,技术水平和气候的影响程度整体下降，劳动力投入的影响程度整体上升，但变化幅度较小。在空间上，气候和劳动力投入对华北的影响程度高于其他地区，技术水平对西南的影响高于其他地区，但不同影响因素的影响程度区域差异较小。

五、结论和讨论

本文采用空间统计分析方法和县级统计数据，定量分析了我国1990—2016年马铃薯区域格局演变趋势。基于2011—2018年14个省的面板数据，运用双向固定效应模型分析区域格局演变的影响因素。得出以下结论：①我国马铃薯种植集中分布在四大热点区域，分别是以甘肃南部为核心的西北地区，以云贵川渝为核心的西南地区，以内蒙古中部为核心的华北地区和以黑龙江为核心的东北地区，整体由“单核心＋外围小中心”向“双核心＋外围小中心”演变。西北和西南地区核密度增加，逐渐发展为“核心区”。华北和东北地区核密度逐渐下降。②我国马铃薯种植的空间分布表现为显著集聚，集聚程度先减后增，主要表现出高—高、低—高和低—低集聚类型，东北和华北地区马铃薯种植的集聚程度逐渐下降，西北和西南地区集聚程度逐渐提高。高—高集聚区由相对分散分布逐渐向西北和西南地区集中，低—低集聚区基本分布在华东地区，呈现继续向东南沿海和华北地区延伸的趋势，低—高集聚区逐渐由分散分布向西北地区集中并且呈现继续向四川中部延伸的趋势。③我国马铃薯区域格局演变主要受气候、劳动力投入和技术水平等要素的影响，其中技术水平的影响程度相比其他因素较大。短期内各影响因素的影响程度会因时间和空间的差异而有所不同，但差异较小。

本文研究证明马铃薯区域格局逐渐发生改变，并且是由多因素导致，当前亟须制定全国马铃薯综合区划方案，为优化空间布局提供参考。技术水平对马铃薯生产的影响较大，大范围推广脱毒种薯、提升马铃薯种植技术水平有助于提高马铃薯产量和质量。马铃薯产业已经成为部分地区脱贫增收的支柱产业，但相比三大主粮，政策支持力度小，建议实施良种和机械等补贴，促进马铃薯产业发展。此外，马铃薯种植还受到市场形势的影响，应加快建设马铃薯大数据平台，实时传递价格和市场供求信息，以合理调控马铃薯生产规模、规避市场风险和保证薯农收益。

参考文献

[1] 罗其友，刘洋，高明杰，等. 中国马铃薯产业现状与前景[J]. 农业展望，2015，11(3)：35-40.

[2] 金黎平. 我国马铃薯产业发展现状和展望[C]. 中国作物学会马铃薯专业委员会. 马铃薯产业与农村区域发展. 中国作物学会马铃薯专业委员会：中国作物学会，2013：20-30.

[3] 钟鑫，蒋和平，张忠明. 我国马铃薯主产区比较优势及发展趋势研究[J]. 中国农业科技导报，2016，18(2)：1-8.

[4] 罗善军，何英彬，罗其友，等. 中国马铃薯生产区域比较优势及其影响因素分析[J]. 中国农业资源与区划，2018，39(5)：137-144.

[5] 李勤志，冯中朝. 我国马铃薯生产的区域优势分析及对策建议[J]. 安徽农业科学，2009，37(9)：4301-4302,4341.

[6] 关佳晨，蔡海龙. 我国马铃薯生产格局变化特征及原因分析[J]. 中国农业资源与区划，2019，40(3)：92-100.

[7] 吕超，耿献辉，张荣敏. 中国马铃薯种植的时空布局演化研究[J]. 统计与决策，2017(18)：136-140.

[8] 杨亚东，罗其友，王道龙，等. 中国马铃薯区域分布影响因素分析[J]. 中国农业资源与区划，2018，39(2)：76-81.
[9] 方超. 中国马铃薯生产空间布局变迁及影响因素分析[D]. 合肥：安徽农业大学，2017.
[10] 吕超，孙国锋. 中国马铃薯生产区域布局的时空特征与驱动机制研究——基于主产区的面板数据的分析[J]. 中国农业资源与区划，2019，40(6)：34-41.
[11] 杨亚东，罗其友，王道龙，等. 中国马铃薯区域分布影响因素分析[J]. 中国农业资源与区划，2018，39(2)：76-81.
[12] 刘合光，谢思娜. 中国马铃薯生产区域格局变化及其成因实证分析——基于1995—2010年省份面板数据[J]. 农业经济与管理，2013(1)：72-78.
[13] 国家发展和改革委员会价格司，全国农产品成本收益资料汇编[Z]. 北京：中国统计出版社，2012—2019.
[14] SILVERMAN B W. Density estimation for statistics and data analysis[M]. London ：Chapman&Hall，1986：76.
[15] 冉钊，周国华，吴佳敏，等. 基于POI数据的长沙市生活性服务业空间格局研究[J]. 世界地理研究，2019，28(3)：163-172.
[16] 任平，吴涛，周介铭. 基于GIS和空间自相关模型的耕地空间分布格局及变化特征分析——以成都市龙泉驿区为例[J]. 中国生态农业学报，2016，24(3)：325-334.
[17] MORAN P. The interpretation on statistical maps [J]. Journal of the Royal Statistical Society，1948(2)：243-51.
[18] CLIFF A，ORD J. Spatial processes：Models and applications [M]. London：Pion，1981.
[19] 徐瑾，潘俊宇. 交通基础设施促进经济增长的时空差异与机制分析——基于双向固定效应模型的研究[J]. 经济问题探索，2019(12)：29-42.
[20] 陈强. 高级计量经济学及Stata应用[M]. 北京：高等教育出版社，2010.
[21] 周磊，马改艳，彭婵娟，等. 中国马铃薯生产风险区划实证研究——基于19个马铃薯主产省的数据[J]. 中国农学通报，2016，32(32)：193-199.
[22] 徐勇，李华，朱春梅. 四川马铃薯产业形势分析及展望[J]. 农村经济，2013(2)：64-66.
[23] 孙东升，刘合光. 近期国内马铃薯市场形势分析与展望[J]. 农业展望，2008(11)：6-8.
[24] 黄尧先，马浪浪，陈黎. 毕节市马铃薯产业发展形势及对策[J]. 农业展望，2015，11(4)：41-44.
[25] 陈良正，彭子芸，李丹桐，等. 对云南省粮食安全综合示范区建设的研究和建议[J]. 经济问题探索，2007(7)：153-158.
[26] 杨亚东. 中国马铃薯种植空间格局演变机制研究[D]. 北京：中国农业科学院，2018.
[27] 米健，罗其友，高明杰. 南方冬作区马铃薯发展趋势、区域格局与增产潜力[J]. 中国农业资源与区划，2012，33(3)：73-79.

2018 年西北地区马铃薯产销调研报告

为了解西北主产区马铃薯收获及市场形势，调研组走访了渭源、临洮、安定等定西马铃薯主产县的马铃薯科研人员、政府管理部门、种植区典型农户、马铃薯合作社、龙头企业、马铃薯收购点等，获取了一手生产与市场资料。

一、生产情况

2018 年，甘肃省定西市各主产县（区）马铃薯播种面积出现了不同程度的下降，个别调研对象反映当地马铃薯播种面积下降幅度达到 30%以上，综合各方面的调研信息，估计定西市马铃薯播种面积下降幅度在 10%以上。

2018 年定西市降雨量明显多于往年，而定西市种植马铃薯品种多为抗旱品种，遇上降水较多年份反而产量不好、品相也较差，只有极少调研对象反映产量增加的情况。综合考虑播种面积和单产的变化，估计今年定西市马铃薯总产量有明显的下降，降幅超过 10%。受超量降水影响，可供上市的商品量也出现明显下降。

二、市场情况

内蒙古的乌兰察布地区和河北坝上地区既是我国商品薯主产区，也是种薯主产区和马铃薯淀粉加工集聚区之一。

（一）商品薯市场

定西市 10 月初开始有摊贩收购马铃薯，初期收购价格较低，在 0.8 元/kg 以下；进入 10 月中旬，随着人们意识到今年货较往年少，价格有所提高，根据不同品种及品相，价格稳定在 0.9～1 元/kg，较 2017 年同期有 0.1 元左右的上涨，摊贩往外地发货上车价格为 1.12～1.14 元/kg；调研当时还不是定西市马铃薯收购高峰期，往年高峰期一般是在 11 月，农户收完药材后将马铃薯上市。

（二）种薯市场

据渭源县五竹良种马铃薯繁育协会会长刘永红反映，这两年马铃薯种薯销路不好，往年种薯的销售区域主要是西北五省和西南三省，90%调往新疆（主要是用作生产淀粉原料薯），2017 年开始由于环保部门查得严，很多淀粉厂关停，基本已经不从这里调种。2017 年与农户签订的回收价格高，价格在 0.9～1 元/kg，协会与农户签订的价格都会比市场价高 0.05 元左右，2018 年春天有 200～300 t 的种薯以 0.2 元的价格卖给淀粉厂，客户都不愿种马铃薯了，2018 年春天出现了客户不来拉货的情况，宁愿损失定金。

(三)淀粉薯市场

在甘肃达不到商品薯规格的马铃薯比例占比四分之一左右，这部分马铃薯基本都是作为淀粉加工原料。摊贩收购淀粉薯的价格基本在 0.56～0.6 元/kg，由于调研时淀粉厂绝大多数还未开始收购原料薯，摊贩交往淀粉厂的价格还不明朗。从摊贩收购淀粉薯的价格来看，要低于 2017 年，主要是由于 2018 年马铃薯含水量大、出粉率低。

三、加工情况

在国家可持续发展和农业绿色发展战略大背景下，环保部门进一步加大了对马铃薯淀粉加工企业的监管力度，截至调研时点，定西市马铃薯淀粉加工厂绝大部分并未开工或收购原料薯，整个定西市的加工园区只有蓝天淀粉一家在收购原料薯。

2018 年马铃薯出现商品量降低但价格仍不理想的局面，马铃薯淀粉加工企业的关停导致大量淀粉薯不能进入加工环节是重要原因之一，淀粉加工企业收购量大幅压缩，种植户的小薯没有出路，拉低了商品薯的市场价格、影响了农民的切实利益。

四、综合判断

2018 年，以甘肃省定西市为代表的我国西北主产区马铃薯播种面积明显下降，虽然气候因素不利，但由于技术的贡献单产基本稳定，总产量下降幅度基本与面积变化相当；受部分病害及降水量较大的影响，马铃薯商品性能降低，加之薯块含水量大导致的损耗增加，2018 年西北地区供应市场的马铃薯商品量将明显减少；西北地区马铃薯商品薯价格总体好于 2017 年，但淀粉薯由于出粉率低的原因价格低于 2017 年。

2018 年华北地区马铃薯产销调研报告

为了解华北主产区马铃薯收获及市场形势，调研组走访了马铃薯科研人员、政府管理部分、种植区典型农户、马铃薯合作社、龙头企业、马铃薯收购点等，获取了一手生产与市场资料，总结如下。

一、生产情况

2018 年，内蒙古的乌兰察布地区和河北坝上地区马铃薯播种面积均出现了下降，根据对相关行业管理部门和科研人员的调查，乌兰察布播种面积下降幅度在 10%左右，河北坝上地区播种面积下降幅度还要大些，估计在 10%～20%。退出的大部分是种植大户和公司，农户由于与市场连接不是很紧密，很大程度上是为了自己消费而生产，减少得不多。

2018 年，乌兰察布和坝上等华北马铃薯主产区降雨较多，这种现象对两个地区马铃薯生产的影响却有所不同。乌兰察布地区马铃薯出苗前比较干旱，但出苗后降雨量较好，对马铃薯等块茎作物有利，滴灌和喷灌的马铃薯平均亩产能达到 3 t，旱地平均亩产也能上 1 t；在河北坝上地区普遍存在同一块地单产都低于 2017 年，据相关专家分析主要是后期雨水多，土壤养分流失导致马铃薯膨大期缺肥。

综合考虑播种面积和单产的变化，估计 2018 年乌兰察布地区马铃薯总产基本与 2017 年持平，而河北坝上地区马铃薯总产会有比较明显的下降。同时，由于收获时烂薯多于往年，加之薯块含水量大不易储存，2018 年华北地区马铃薯可供上市的商品量将出现明显下降。

二、市场情况

内蒙古的乌兰察布地区和河北坝上地区既是我国的商品薯主产区，也是种薯主产区，同时还是马铃薯储藏的主要地区。

(一)商品薯市场

该地区从 8 月底早熟品种收获，300 g 以上田间价格 1.4 元/kg 以上；进入 9 月，荷兰十五价格 1.28～1.3 元/kg，226 价格 1～1.2 元/kg，克新价格 1.0 元/kg 左右；9 月下旬 226 和克新等大货价格普遍降到 1.0 元/kg 以下；国庆过后由于多数马铃薯已经收获入库，田间价格回升到 1.2 元/kg 以上。2018 年商品薯市场价格与 2017 年比较，存在比较大的分歧，但基本特点是种植户、管理部门等靠近生产端的主体多认为 2018 年秋季价格低于 2017 年，而马铃薯收购商贩等靠近市场端的主体多认为 2018 年价格略高于 2017 年。

(二)种薯市场

2018 年种薯市场仍然不好，前几年都是人们秋天早早把种薯订好，2018 年秋季都在观望。

分析其原因，一个是近两年种薯不挣钱，来年是不是继续种还在犹豫；二是从 2016 年开始出现春季再买价格更低的势头；三是市场混乱，个别种薯公司着急回笼资金，低价销售种薯，山东市场出现了坝上供应种薯 700～800 元/t 的价格，低于商品薯价格；四是马铃薯现在是非主要农作物，种薯生产放松了实行登记制，导致种薯生产主体鱼龙混杂，2018 年坝上微型薯产量中只有一半左右是有资质的企业生产出来的，正规企业成本高、价格上无法与小户竞争。

(三)库存薯市场

进入 10 月中旬，田间马铃薯已经很少，部分入库的马铃薯开始往外发货，价格基本为 1.4 元/kg 左右，高于当时田间价格 0.1 元。由于 2017 年冬天存马铃薯的出现亏损，存储量下降，2018 年交通方便、位置好点的地方差不多能存满。稍微偏远的地区空窖很多，2018 年乌兰察布地区和河北坝上地区的马铃薯入库储存比例要明显低于 2017 年，库存的马铃薯出售的预期价位在 1.6 元/kg 以上。

三、综合判断

2018 年，内蒙古中部、河北坝上等我国华北主产区马铃薯播种面积明显下降，在技术进步的作用下单产略有提升，总产下降幅度低于面积减少幅度；受部分病害及马铃薯收货前降水量较大的影响，马铃薯商品性能降低，加之薯块含水量大导致的损耗增加，2018 年华北地区供应市场的马铃薯商品量将明显减少；华北地区马铃薯收获前期价格明显好于 2017 年，大量收获期田间价格与 2017 年基本相当，库存薯的市场估计会明显好于 2017 年。

2018 年南方冬作区马铃薯调研报告

一、冬作区 2017/2018 年生产与市场情况

(一)福建

1. 生产情况

2017/2018 年度，福建马铃薯播种面积与 2016/2017 年度基本持平，2 月 6 日发生了一次较严重的霜冻，正值福建南部产区马铃薯薯块膨大期和北部产区马铃薯苗期。霜冻导致马铃薯生育被打断，南部产区出现整个植株都被冻坏的现象，北部产区马铃薯苗等恢复后重新再生长，虽然采取了喷施叶面肥和杀菌剂、追肥等补救措施，但马铃薯产量和商品性都受到了较大影响，北部产区的收获期比上个年度也整体推迟 15～20 d。

2. 市场情况

福建南部产区春节期间(2018 年 2 月 15 日左右)新鲜马铃薯上市，上市初期价格为 3.2～3.4 元/kg，与 2017 年同期基本相当，2 月底 3 月初降低到 2 元/kg 左右，到了 3 月下旬价格降至 1.4～1.6 元/kg，明显低于 2017 年同期 2.0～2.2 元/kg，2018 年虽然价格不理想但马铃薯走货基本顺畅，不存在明显的滞销现象。北部产区由于较正常年份收获期延迟，目前尚未开始采挖，估计 4 月底开始采挖出售，目前已有部分客户出价 1.6 元/kg 预订。

(二)广东

1. 生产情况

2017/2018 年，广东马铃薯播种面积与 2016/2017 年度基本持平，受闰月及 2 月初的霜冻影响，上市时间比 2017 年推迟超过 10 d。广东内部马铃薯生产布局出现较明显的调整，惠东县的铁涌镇、稔山镇和平海镇等传统马铃薯生产区面积近两年持续压缩，而受政策的刺激，传统产区的一些种植大户开始往有种植补贴的非传统产区转移，惠东全县的大户生产规模在收缩，以前种植 200～300 亩的大户，2018 年没有超过 150 亩。据调研，惠东县稔山镇 2017 年种植面积就减少 10%以上。另外，受霜冻影响，2018 年产量和商品率都有一定程度下降，统货中 300 g 以上的只能占到 70%，400g 以上的 40%以下。

2. 市场情况

春节前(2 月初)惠东县铁涌镇新马铃薯上市，开市价 2.7 元/kg，远低于 2017 年 3.4 元/kg，而且初始阶段的市场销售力也不强，遭遇钝市。春节后降到 2.4 元/kg，2 月底降到 2.2 元/kg，进入 3 月跌破 2.0 元/kg，3 月下旬跌至 0.8 元左右，此价格一直维持到 4 月 20 日左右，4 月 23 日中原地区马铃薯受灾导致当地新上市马铃薯价格高企的影响在惠东有所显现，价格回升到 2.0 元/kg 的水平。为了促进种植户马铃薯销售，惠东县政府出台了 3 月 23 日—4 月 8 日马铃薯收购补贴政策，即收购商每收一吨马铃薯补贴 50 元，虽然在一定程度上促进

了种植户的销售，但由于收购商收购完后也不能顺利外销，仍不能将马铃薯货款支付给种植户。现在冷库出货基本都是 2.2 元/kg 统货收的，出库价格每千克要再加上 0.5 元的成本（冷库费 0.3 元/kg、包装、人工、运费等）才能保本。

（三）小结

总体来看，广东和福建 2017/2018 年度马铃薯种植面积较上一年度基本稳定，但收获马铃薯面积和产量将有比较明显的下降（5%以上）。虽然能够上市的商品数量明显降低（10%左右），但今年马铃薯价格却不甚理想，大宗售价基本维持在略高于盈亏平衡点的位置，连年的效益降低导致马铃薯种植户继续种植的积极性受到严重打击。

二、冬作区 2018 年市场困境致因分析

（一）国际市场冲击

近两年广东、福建马铃薯出口量大量缩减，主要原因是冬作马铃薯生育期间天气越来越复杂，导致收获时间较前些年往后推迟。目前巴基斯坦冬作马铃薯比惠东提早十几天上市，抢占了东南亚市场的先机，由于巴基斯坦马铃薯生产成本远低于惠东，因此惠东马铃薯很难再有较好的出口机会。2015 年之前，惠东马铃薯比巴基斯坦早上市一周左右，在东南亚市场报价很高，也带动了巴基斯坦马铃薯的出口价格。同时，近两年人民币升值，也在很大程度上降低了惠东马铃薯在东南亚市场的价格竞争力。

（二）外省市场冲击

首先，近年西南地区都在利用当地的低热河谷地区大力发展冬作马铃薯，尤其是云南冬作马铃薯与广东上市时间相当，但成本比惠东低很多，对传统冬作产区形成较大冲击。其次，2017 年秋季北方地区收获的马铃薯库存量太大，春季持续低价出货，虽然从消费群体上与南方冬作区马铃薯重合不大，但很大程度上拉低了春季市场的整体价格。

（三）已有销售组织受损

以惠东为例，马铃薯的销售渠道受阻。一方面，现在基本没有外地客商来惠东收货，基本都是当地经销商直接往外地市场发，最初是外地客商来惠东收购，当地人代办，后来当地经销户为了获取更大的利润空间直接拉货到外地市场，结果经常会遭到当地市场经销户的价格打压，从而这个渠道受到了很大的影响。另一方面，惠东马铃薯的市场信誉，尤其是在广州江南市场被惠东的小农行为给搞坏了，惠东收购商的收购模式是 75 g 以上的统货收购，为了增加更高规格马铃薯的比例，农户出售时分拣不严格，比如很多不到 150 g 的掺杂到大薯的箱子里，导致市场信誉受损；而反观山东，是净地收购模式，出售农户掺假的动力不足，规格分拣严格。

（四）当地生产模式导致生产成本居高不下

南方冬作区马铃薯生产成本特别高的主要原因是地块比较小，一方面限制了机械的使用，

增加了成本更高的人力投入;另一方面,即使是能使用机械的田块,单位面积机械成本也会提高,比如起垄 1 亩地 120 元,2 分的地块收费 30 元(折算每亩 150 元),半亩地收 70 元(折算每亩140 元)。出口东南亚的马铃薯除去每千克 1.6 元的收购成本,再加上 0.6 元的装袋、包装、上车等材料和人工成本,出口每千克只有不到 0.1 元的利润,一旦马铃薯收购价有所上涨根本就没有出口空间了。

三、冬作区 2018/2019 年趋势分析

(一)2018 年冬种马铃薯会大面积减少

取决于两个因素:一是 2017 年往外放种薯、放农资的经销商好多都没能收回货款,二是马铃薯产业的龙头企业所剩无几,对产业的带动能力越来越小,甚至有的国家级扶贫龙头企业,2018 年没收马铃薯。

(二)马铃薯生产者结构将发生变化

种植大户由于成本刚性较大,抗市场风险能力较差,2018 年会有相当数量的大户退出马铃薯生产。散户不计自投劳动,其物质成本在 0.9~1.0 元/kg,产量 2.5 t,一亩地能有至少 1000 元收益,其他作物没有这个收益水平。

2019 年西北地区马铃薯产业调研报告

2019 年 10 月 16—20 日,国家马铃薯产业技术体系经济研究室一行赴甘肃省定西市和宁夏回族自治区固原市进行调研,在马铃薯主产县和当地种植户、种薯和马铃薯淀粉企业负责人、农业部门负责人等马铃薯产业相关主体深入沟通,了解今年西北地区马铃薯种薯、商品薯生产和市场情况,以及马铃薯产业绿色发展的现状。

一、马铃薯生产情况

(一)生产规模

西北地区 2019 年马铃薯种植面积整体比 2018 年的种植面积减少。定西一部分农户反映 2019 年种植面积比 2018 年减少 1/3 左右。宁夏 2019 年种植面积 160 万亩,比 2018 年减少 23%,固原马铃薯种植面积在 2017 年达到 150 万亩的峰值之后,在 2018 年面积急剧压缩到 97 万亩,缩减了三分之一,2019 年马铃薯面积仍然进一步缩减。2019 年甘肃、宁夏等西北地区降雨量也有明显增加,单产水平提高显著,综合估计西北地区总产量与上年基本持平。

在调查中了解到由于自有土地种植马铃薯投入高、收益不稳定的特点,当下很多马铃薯种植散户都放弃了种植,外出打工,而受限于当地地形地貌的特点,马铃薯发展规模化种植比较困难,马铃薯种植大户很难完全吸收散户放弃种植的面积。在市场调节的作用下,种植利润率低、总效益难以支撑家庭生活,众多散户不断退出市场,尤其是过去盲目扩大到旱地的马铃薯种植和年轻劳动力支撑的生产,随着全国马铃薯种植不断向优势区的转移而大量压缩,当下西北地区的散户种植主要由一些没有进城的中老年劳动力支撑。

(二)生产成本

西北地区马铃薯平均生产成本为 1500～1600 元/亩,其中,种薯基本 2.6 元/kg,每亩用量 150 kg 左右,费用大约 390 元/亩,地膜用量 8～10 kg,100 元/亩,化肥 130～160 元/袋,每亩化肥 480～500 元,农药(含人工费用)130～140 元/亩,由于 2019 年降雨量增加,易生病害,用药次数 9 次,比往年多 2 次,但水费减少,往年浇灌 3 次,2019 年浇灌 1 次,约 50 元/亩,滴灌费用 280 元/亩,滴灌带 1 元/kg,每亩用量将近 1 km,收获人工费用 130 元/人/d。有的地区政府发放地膜、化肥,补贴标准为地膜 8 kg/亩,化肥 3～4 袋/亩。

(三)品种结构

西北地区主要种植品种有青薯 9 号、陇薯 3 号、陇薯 7 号、陇薯 10 号、庄薯 3 号、冀张薯 12 号、新大坪等。青薯 9 号紫皮黄肉,产量比较高,淀粉含量基本在 14%～15%,可作菜用薯或加工薯。陇薯 3 号淀粉含量平均 18%,最高可达 24%左右,口感好,可作加工薯、菜用薯。陇薯7号薯形较长、扁，颜色偏黄，芽眼多，淀粉含量18%左右。陇薯10号薯形较长，表皮光滑、芽眼浅。庄薯3号黄皮黄肉红芽眼，淀粉含量16%～18%，但由于口感差不作菜用薯，一般作加工薯。冀张薯12号水分含量较高，抗逆性好，产量较高。新大坪属于中晚熟菜用型品种，在薯形上不占优势，亩产比较低，但在西北地区马铃薯生长期基本在120～140 d，口感好，在市场上受欢迎。

二、马铃薯市场情况

(一)商品薯市场

受商品薯总产量增加的影响，虽然2019年价格较2018年有所上涨，但对于生产者而言整体价格仍不太理想，不同地区价格都在1.0～1.1元/kg，混装价格在0.9～1.0元/kg。9月刚起货时价格行情略好，现在基本稳定在1～1.2元/kg，大薯价格能达到1.2元/kg，新大坪精品薯收购价能达到1.4元/kg。

(二)加工原料薯市场

2019年西北地区淀粉薯加工薯价格基本在0.9～1元/kg，2018年价格0.6元/kg左右，同比上涨50%以上。定西蓝天集团收购淀粉薯价格在1.0～1.16元/kg，而往年价格仅0.48元/kg，翻了一倍还多。固原淀粉薯收购价格也普遍在0.90元/kg以上，而往年0.4元/kg都没人收。当前淀粉薯价格差别主要是品种差异，与不同品种淀粉含量有关。红皮黄肉的青薯9号相比于白皮白肉的品种而言，淀粉白度较低，相比于庄薯3，宁薯4等淀粉薯价格普遍低0.1～0.2元。白皮白肉的淀粉薯可卖到1元/kg，青薯九号在0.9元/kg。由于农户种植的马铃薯商品薯率一般不到60%，小薯占了很大比重，因此小薯价格增加能有效带动农民收入增长。

三、马铃薯加工储藏情况

(一)淀粉加工

国家环保政策收紧后，马铃薯淀粉加工业不断转型升级。达到排污标准的企业可以开工，宁夏2019年有12家企业开工，产能每年都在1万t以上。有45家企业纳入了待开工名单中，符合环保条件后才能开工。由于2019年大型淀粉加工厂都开工了，导致对淀粉薯的需求增加。而近两年由于西北地区降雨量增加，马铃薯商品率较高，小薯数量较少，淀粉薯价格2019年位于较高水平。

2019年全粉市场价在1万元/t，而2018年在9500元/t左右，有小幅涨价，但原料薯已经由2018年的大于800元/t，涨到现在的1100元/t左右，平均每千克涨了0.2元以上。企业产品主要面向固定的订单客户，为了保持长期的合作关系，并没有跟随原料价格大幅上涨。全粉加工比淀粉加工有更高的原料要求，有一些干物质含量较高的品种较为受欢迎，而由于没有自己的专用薯种植基地，当地专用薯种植量又比较少，2019年该公司收购专用薯面临货源不足的问题。

(二)储藏情况

受淀粉薯价格高涨的影响,增加了人们对商品薯价格的升高预期,很多种植户对商品薯出售处于观望态度,不少种植户选择将小薯出售、大薯入库,或者在地里不急于起货。尤其农户入库待价而沽的比例高于以往。不过对于一些理性的种植户来说,对窖藏带来的不确定市场风险采取规避策略,尤其是入冬后南方冬作马铃薯上市对窖藏薯冲击巨大,只要能略微收益就会选择出售。

四、存在问题

(一)农村劳动力流失成为马铃薯面积下降的主要因素之一

西北地区农村人口流失现象比较普遍,农村空心化问题比较突出。与进城务工相比,从事农业生产的经济效益较低,越来越多的农户放弃农业生产,进城务工。土地被流转出去或撂荒,马铃薯种植面积逐渐减少。小农户在生产主体中所占比重逐渐下降,种植大户占比逐渐上升。

(二)优质、专用品种缺乏且规范种植难度大

近年来,定西和固原通过育种、引进种植了青薯、陇薯、宁薯和庄薯等品种系列,但仍然存在抗性变差、品质退化和适应性降低等问题,增产潜力大、抗逆能力强、品质优良的加工专用型品种十分缺乏,尤其配合贯彻国家“主食化"战略推广种植的生全粉加工型品种极度匮缺。首先,生产因素的限制。质量优良的脱毒种薯是马铃薯生产获得高产的关键,而目前定西和固原脱毒种薯生产企业较少,原种生产能力有限,种薯供应能力有待提高。其次,由于受地理条件影响,定西和固原生态条件脆弱,马铃薯生产种植中面临较严的资源环境约束。目前当地推广马铃薯规范化种植的规模小,还没有形成标准化种植的良好发展环境。

(三)马铃薯加工规模快速扩张,但精深加工不足

西北地区新成立的马铃薯加工企业主要以淀粉加工为主,虽然企业的总设计加工生产能力在不断提高,但是实际加工量仍然有限。绝大多数加工企业生产设备落后,缺乏资金,技术创新能力低,企业管理水平低,仅仅从事技术含量低的简单粗加工,精深开发产品少,结构相对单一。并且精深加工仅有淀粉、全粉及粉条、粉丝、粉皮等几种产品,工业用途广泛的变性淀粉产品开发种类少、层次低。市场需求日益增长的高附加值马铃薯方便快餐食品加工还基本处于空白。

(四)部分地区农膜处理方式不当

西北地区部分地区已经开展农膜回收工作,并且效果显著,但有些地区农膜的处理方式依然是简单收集、堆放,有的连同滴灌管带打碎还田,其中也包括大规模种植的合作社,不进行回收处理的主要原因是收集人工费用较高,回收价格较低,大约 1 元/kg,农户回收意愿不强。当地马铃薯覆膜面积占总种植面积的 20%～30%,玉米则是全部覆膜,不合理的处理方式给

环境治理带来沉重负担。定西成宏再生资源回收有限公司是废弃物再利用的典型案例，回收废旧地膜，并进行清洗造粒，但辐射带动范围仅限于定西安定区，覆盖范围需要进一步扩大。

（五）市场营销能力不足

在市场营销方面西北地区马铃薯产业还存在很多问题：一是仍然存在“先生产，后销售”或“重生产，轻流通”的思想，现代市场营销观念还很淡薄。二是企业和农户之间缺乏最基本信息沟通，一般企业不愿意将真实的内部消息透露给农户，致使鲜薯的供应销售不及时。三是马铃薯的种植较分散，未形成统一的销售规模，缺乏将分散的千家万户小规模生产者和瞬息变化的市场连接起来的网络组织。目前大多数马铃薯市场的经营组织机制、销售网络不是特别健全，对价格波动的缓冲和市场风险的调控能力还十分缺乏，远远不能满足当地马铃薯生产发展的需要。

五、发展建议

（一）优化种植品种结构，增加淀粉薯种植面积

优化马铃薯种植结构，根据自然条件和市场需求优化品种布局。在西北地区无霜期较长的地区，适当增加高淀粉品种的种植面积，供应加工企业，相比菜用薯，能够提高资源利用率，同时也能降低企业生产成本。合理的种植结构一定程度上能够减轻菜用薯价格波动，有利于马铃薯市场的稳定。

（二）鼓励农户土地流转，实现规模化生产

政府引导、鼓励进城务工的农户把土地流转给种植大户，实现规模化生产，同时，农户能够增加一项收入。当前，种植大户基本已经掌握了马铃薯种植技术，能够实现规模种植、科学管理，提高单产水平的同时统一马铃薯质量。种植大户能够通过订单生产的方式规避市场风险，降低价格波动带来的损失，一定程度上保证农户的经济收益，同时有利于马铃薯产业的发展。

（三）发挥政府、企业的带动作用，开展农膜回收工作

政府对废旧农膜再加工的企业适当给予补贴，鼓励企业带动周边农户回收农膜，在各乡镇设置回收点，逐渐扩大辐射范围。引导农户辨别、使用标准厚度的农膜，提高废旧农膜回收率。实施“以旧换新”，适当提高废旧地膜的价格，提高农户回收地膜的积极性。

（四）完善利益联结机制，拓展马铃薯销路

开拓马铃薯产品市场，首先是要建立和完善马铃薯加工企业之间的市场竞争机制，既要打破条块分割，又要避免无序过度竞争。其次是要建立和完善龙头企业、科技服务等中介机构、农民之间的利益联结机制，要保护农民利益，引导他们进入、适应市场，成为市场竞争主体。此外要充分发挥自身比较优势，努力开拓马铃薯产业的国际市场。

2019 年华北地区马铃薯产业调研报告

2019 年 10 月 9—12 日，国家马铃薯产业技术体系经济研究室一行赴张家口、乌兰察布、呼和浩特进行调研，在马铃薯主产县和当地种植户、种薯和马铃薯淀粉企业负责人、农业部门负责人等马铃薯产业相关主体深入沟通，了解 2019 年张家口、乌兰察布和呼和浩特马铃薯种薯、商品薯生产和市场情况，三地马铃薯产业绿色发展的现状。

一、马铃薯生产情况

(一)生产规模

通过三地种植户和农业管理部门的交流，了解到这些地区马铃薯种植面积都有不同程度的缩减。2019 年张家口马铃薯统计面积 162 万亩，比 2018 年减少 12 万亩；乌兰察布和呼和浩特虽然统计面积相较 2018 年有所增加，但相关调查的种植户、管理部门、专家等基本都表示实际面积有所下降，降幅不会低于 10%。但由于 2019 年降雨量较大且雨水非常及时，马铃薯单产增加幅度很大，华北地区马铃薯总产量较 2018 年增加。

北方地区马铃薯种植面积进一步缩减跟当前中国马铃薯种植空间格局演变的大趋势有关，全国马铃薯种植的重心有从东北向西南演进的趋势。宏观原因是国内马铃薯价格的低迷，去年有很多大面积种植的农户都赔了钱。微观原因是北方一作区马铃薯种植户的种植行为越来越理性，连年重茬马铃薯病虫害严重，生产要素投入成本不断高企，地租不断上涨的背景下北方地区在马铃薯种植比较优势方面越来越比西南地区处于下风，西南地区很多马铃薯种植都是利用冬闲田，土地机会成本几乎为零的情况下，北方地区马铃薯种植就具有不小的成本劣势。

(二)生产成本

种植大户商品薯亩生产成本基本在 2400～3000 元，而种薯亩生产成本在 4000 元左右，主要包括种子、农药、肥料、机械、水电、灌溉、地租、人工等费用。其中所占比重较大的是种薯、肥料和人工，种薯 800～1000 元/亩，肥料 600～700 元/亩，人工成本上涨较快，收获季人工费用大约 360 元/亩，最高涨到 380 元/亩，土地流转费用不同地区差距较大，多数地租每亩 200 元左右，但乌兰察布有的种植大户地租能达到 500 元/亩。

(三)品种结构

华北地区种植马铃薯品种主要有冀张薯 12 号、费乌瑞它、希森 6 号、V7、克新 2 号、中加 2 号等，黄皮黄肉的品种比白皮白肉的品种更受市场欢迎。冀张薯 12 号近几年推广速度较快，在内蒙古马铃薯种植面积中冀张薯 12 号占比达到一半左右，武川县 2019 年冀张薯 12 号种植面积占全县 80%左右。

二、马铃薯市场情况

(一)商品薯市场

2019 年马铃薯价格比 2018 年看涨,价格基本在 1.0～1.6 元/kg。8 月中旬之前上市的价格能够达到 1.6 元/kg,甚至将近 1.8 元/kg。进入 9 月之后,价格逐渐下降,最近价格基本降到 1.0 元/kg 左右,大薯在八月中旬之前基本是 1.5～1.6 元/kg,集中收获期间价格开始下降。V7 是比较畅销的品种,张北地区 V7 价格在 1.4 元/kg 左右,陕北可达 1.9 元/kg,并且价格还在上涨。希森 6 号最高可达 1.7～1.8 元/kg,现在希森 6 号 1.3～1.5 元/kg。中加 2 号重量达到 100 g,价格在 1.4 元/kg 左右,300 g 以上能达到 1.5 元/kg。冀张薯 12 号 1.1 元/kg 左右,荷兰系列 1.1 元/kg 左右,夏波蒂 1.4 元/kg 左右。

(二)加工原料薯市场

2019 年淀粉薯的收购价格较往年大幅增加,在呼和浩特市和林县华欧淀粉厂调研的信息显示,淀粉加工薯已经由 2018 年的 550 元/t 上涨到 2019 年的 800 元/t,淀粉厂承受了巨大的成本压力,淀粉价格也由 2018 年的 5000 多元每吨上涨到 8000 多元每吨,往年每千克 0.15 元左右即可收购加工薯,而 2019 年涨到了 0.25 元左右。

三、马铃薯加工储藏情况

(一)淀粉加工

2019 年华北地区马铃薯生产及雨水较好,大薯率高导致淀粉加工薯供应量大幅降低,加之前两年停工的部分淀粉加工厂经过整顿后 2019 年纷纷开工,原料减少和需求量增加的双重压力。随着原料价格的大幅上涨,淀粉价格由 2018 年每吨 5000 多元上涨到 7000～9000 元。

(二)储藏情况

华北地区马铃薯仓储能力最近几年增加非常明显,小农户基本家家有窖,种植大户有的自己建有仓库。每个种植大户的储存量从几十吨到几千吨不等,有的种植户认为价格太低,选择入库储存,2020 年春季价格有所上升再上市。与 2018 年相比,2019 年仓库储存量明显降低,商都 80%的窖已经储满,而 2018 年基本所有仓库都储满。但从入库的绝对量来说仍然很大,2019 年农户存得比较多,库存压力大,集宁所有库基本都存满了,主要原因是 2018 年存马铃薯的基本都赚了,判断 2019 年还会赚。

四、存在问题

（一）种薯市场混乱，缺乏管制

马铃薯品种由审定制度转向登记制度，种薯市场缺乏监管，种薯市场更加混乱，品种与品种名称一对多和多对一的现象普遍。例如，冀张薯12号又称作226，特性是白皮白肉，含水量较大，但又出现与它同名的，黄皮黄肉且淀粉含量高的马铃薯。近几年马铃薯品种更新较快，新品种研发出来不经过质量监测就能推广，导致有的品种抗逆性不好，产量不稳定，农户利益受损。

（二）部分地区种植品种单一，市场风险较大

国内市场需求更加倾向于个头偏大、表皮光滑、黄皮黄肉等外观比较好的品种，一些地区为迎合市场需求，大面积种植市场最畅销且高产的品种。微7和冀张薯12号是比较高产的品种，有的县80％的农户种植的品种是冀张薯12号，如果国内市场需求发生较大的变化，从注重外观转向更加注重口感或两者并重，单一的品种结构将会给薯农带来较大的经济损失。其他品种市场行情较差的时候可以销往淀粉加工企业，但冀张薯12号含水量高，加工企业不愿收购。

（三）废弃物处理方式不环保，绿色生产意识薄弱

废弃物处理主要是指种植过程中地膜的处理方式和深加工过程中废水、废渣的处理方式。第一，当前地膜处理方式主要是简单收集、堆放，然后填埋或焚烧，当前土壤中地膜残留量逐年上升，对土壤和空气产生污染。乌兰察布地膜每亩平均使用量是3.5 kg，如果开始开发旱地种植，地膜用量将会上升，因为旱地覆膜种植马铃薯，可以提前上市获取更高的经济收益。目前土壤中农膜残留量正在逐年上升，2018年残留量为2.83 kg/亩，而2019年累计达到了4.39 kg/亩。农膜回收工作开展难度较大，农膜生产者责任意识薄弱，生产的厚度不达标，导致回收的农膜厚度不一，加上夹杂的杂质多，难以再利用，农户和企业开展农膜回收工作的积极性都很低。

（四）深加工技术落后，资源浪费严重

与荷兰、瑞典等国家相比，我国深加工技术落后，资源浪费的问题比较突出。以淀粉加工行业为例，当前淀粉加工最先进的设备投入产出比例为7 t多马铃薯和8 t水生产1 t淀粉，水可以循环利用，但国内普通的设备投入产出比例是8 t马铃薯和16 t水生产1 t淀粉，而且不循环用水，浪费了原料和水资源。

马铃薯种植专业化程度比欧洲一些国家低，原料浪费比较严重。我国马铃薯淀粉加工企业大多是把菜用薯作为原料，淀粉含量10％～11％，有的地区马铃薯淀粉含量可达16％～17％，而西欧北欧的国家是专业化生产，用淀粉含量高的加工专用薯作为原料，淀粉含量18％～20％，在原料使用量上的差距较大。

五、发展建议

(一)设立种薯监管机构,提高市场准入门槛

种薯的质量决定了马铃薯的产量、质量和薯农的经济收益,建议政府设立监管机构或者给现有机构赋权,制定种薯市场的管理规定,提高种薯市场的准入门槛,质量检测合格的品种可进入市场。建议给马铃薯相关的协会赋权,支持开展病毒检测和种薯追溯体系建立等工作,监督种薯企业的经营行为,维护种薯市场秩序。

(二)优化种植品种空间布局,规避市场风险

综合区域自然、社会经济条件,结合区域比较优势,优化品种空间布局,为不同地区提出种植建议,避免单一品种大规模种植。对于一些无霜期较长,马铃薯能够有较长生长期的地区,建议生产高淀粉含量的品种或加工专用薯,逐渐改变深加工以菜用薯为原料的现状,对于水源较为充足的地区,建议种植需水量较大且增产空间大的品种。各地区应该因地制宜选种合适的品种,合理有效利用资源。

(三)建立马铃薯绿色生产示范点,开展清洁生产行动

在马铃薯主产区增设马铃薯绿色生产示范点,加快构建农膜回收体系,研发生物降解膜,推动加工废弃物循环再利用。建立农膜生产责任制度,制定农膜生产标准。农膜厚度一致有利于回收再利用。政府出台政策建立农膜回收站点,形成农户收集、企业循环再利用的模式。加快研发生物降解农膜,推广适合区域自然条件的农膜,降低农户生产成本,提高认可度。发挥马铃薯深加工龙头企业的带动作用,实施废水入田、废渣入饲料,发展种植、加工、养殖循环经济。

(四)提升加工技术水平,提高资源利用率

目前国内淀粉加工设备比较落后,政府适当给予政策支持,支持马铃薯加工企业引进先进生产设备,提高产品质量和资源利用率。实施产学研相结合,研发国产深加工设备,降低企业生产成本。鼓励适宜高淀粉品种种植区的农户种植加工薯专用品种,企业与农户实施订单模式,规模化、专业化生产。

2019 年东北地区马铃薯产业调研报告

2019 年 10 月 22—24 日，国家马铃薯产业技术体系经济研究室一行赴黑龙江省绥化市和齐齐哈尔市进行调研，在望奎、克山等马铃薯主产县和当地种植户、种薯和马铃薯淀粉企业负责人、农业部门负责人等马铃薯产业相关主体深入沟通，了解当年黑龙江省马铃薯种薯、商品薯生产和市场情况。

一、马铃薯生产情况

(一)生产规模

东北地区 2019 年马铃薯种植面积与 2018 年种植面积相比呈下降趋势。由于今年降雨量比去年增加，普遍小垄栽培，烂薯现象比较严重，受土传病害的影响，单产有所下降。从调研的情况来看，绥化望奎县 2019 年种植面积在 10 万亩左右，克山县种植面积不足 5 万亩，都比 2018 年种植面积减少。部分合作社和种植大户 2019 年种植面积比 2018 年缩减 15%～20%，有的种薯生产合作社面积缩减 40%。从单产情况来看，2019 年东北地区降雨较多，远远超过马铃薯生长的需求，而且在收获期还在降雨，导致很多大薯烂在了地里，对马铃薯单产造成了较大的负面影响，综合估计 2019 年东北地区马铃薯呈现面积和产量双减局面。

(二)生产成本

生产成本平均 1500～1700 元/亩，部分合作社生产成本 2000 元/亩以上。土地流转费用 400～600 元/亩，有的地块流转费用已经上涨到 700 元/亩。种薯费用 150 kg/亩，4.0 元/kg。化肥用量从 60 kg/亩到 110 kg/亩不等，基本 150～300 元/亩，种植大户费用较高。农药(含人工费)300 元/亩，由于 2019 年降水多，为了预防晚疫病，有的农户用药 10 次，比往年多 2 次。一般种薯的化肥、农药使用量比商品薯的用量少，有机肥用量大约 1.5 m^3/亩。滴灌成本 100 元/亩，部分地区政府承担一部分灌溉费用。收获过程中人工成本高的地区达到 450 元/亩。

(三)品种结构

东北地区种植的品种主要有荷兰 7 号、荷兰 15 号、尤金、延薯、大西洋、兴佳 2 号、克新 13 号、克新 27 等，其中，尤金产量较高、口感好，在当地认可度比较高，荷兰属于高产品种。目前北大荒种薯研发中心已经开展高淀粉品种筛选的工作，选种的早熟品种(75 d 以内)主要有荷兰、费乌瑞它，计划用尤佳 70 代替荷兰。中熟品种(85 d 左右)主要是兴佳 2 号，计划逐渐淘汰该品种，改为种植克新 22，淀粉含量可达 17%左右。晚熟品种主要有延薯 4 号，计划淘汰该品种，推广东农 310、克新 27、垦薯 1 号，这些品种淀粉含量能达到 18%～20%。

二、马铃薯市场情况

(一)商品薯市场

2019年马铃薯价格同比上涨。望奎县9月马铃薯已经起货完毕,最开始收货的时候价格在1.1元/kg左右,调研时商品薯价格基本1.2～1.4元/kg,同比上涨30%左右。东北地区马铃薯主要依靠外销。据农户反映,2019年大部分已经销售,商品薯供应哈尔滨、天津、重庆等地。

(二)加工原料薯市场

有的企业收购加工薯实行"以质论价",淀粉含量13%以上的0.64元/kg,像东农310这种淀粉含量达到18%～20%的品种,收购价0.8元/kg以上,淀粉含量每增减1%,价格变动0.02元。干物质达到22%,收购价1.0元/kg以上,干物质每增减1%,价格变动0.05元。

大部分马铃薯是供应外地加工企业并且采取订单销售的方式。但由于2019年降雨多、秋季两次降温,马铃薯出现红头的现象,质量下降,加工企业收购量有所下降。北大荒马铃薯集团的马铃薯属于自产自销,马铃薯种薯研发中心生产的马铃薯直接供应集团内部淀粉、全粉加工企业。

三、马铃薯加工储藏情况

(一)淀粉加工

北大荒马铃薯集团是目前黑龙江省最主要的淀粉加工企业,收购的马铃薯淀粉含量基本在14%～15%,淀粉含量较低。淀粉产能5万t/年,但目前年产2万～3万t,消耗原料超过20万t。淀粉产量较低是由于黑龙江省年降水量超过600 mm,受灾减产,损失较大,造成原料短缺。淀粉产量的50%销往旺旺集团。2019年售价8000元/t,质量差一些7000元/t,淀粉价格波动较大。全粉产能5000 t/年,2018年生产4000 t,2019年基本3000～4000 t/年,每天消耗原料200 t左右,生产全粉36～38 t。2019年销路较好,全粉厂、淀粉厂基本7月开始生产。

(二)储藏情况

有些农户为了等待更好价格往往会选择入窖,大部分都是自己修建窖,租用一个2.5万kg的窖租金500元/年。据望奎县马铃薯合作社社长反映,现在当地马铃薯种植面积缩减了一半,窖中存有两千多吨马铃薯。根据他的个人经验,马铃薯进入11月到元旦之前价格会比较好。等待价格上涨后再将窖中马铃薯出售,能获得更高收益,窖中的马铃薯最迟四月能够全部出窖售卖完。

四、存在问题

(一)种薯市场混乱,冲击传统种薯生产地位

我国马铃薯种薯管理由审定制变为登记制,由于缺乏管制,种薯市场变得更加混乱,每年登记的新品种达到100种以上。其中,一部分种薯未经监测,质量和稳定性无法保证,这些不合格的种薯进入市场,影响了黑龙江省种薯的销售。由于需求量的下降,绥化望奎县陇薯联社已经逐年降低种薯繁育数量,部分企业种薯的生产明显受当前种薯市场现状的影响。

(二)政策支持力度相对较小,农户种植积极性低

与玉米、大豆等作物的政策相比,马铃薯的政策支持力度较小。2019 年玉米的补贴是 30 元/亩,大豆的补贴是 255 元/亩,2018 年补贴达到了 320 元/亩。而马铃薯补贴额度低,扶持性项目少,价格波动较大,经济效益不稳定,农户种植积极性较低,马铃薯种植面积逐渐缩减。东北地区农业种植结构的政策导向性特征较为明显。

(三)自然条件变化,区域比较优势减弱

近年来,东北地区降雨量逐渐增多,2019 年黑龙江省降雨量超过 600 mm,由于部分地区采用小垄栽培的方式,积水较多,烂薯情况比较严重。由于土壤的黏度较高,马铃薯夹杂泥土较多,影响外观。另外,东北地区土传病害影响范围和程度逐渐增大,影响了马铃薯产量和质量的提高。由于降雨量增加,农户为了预防病害,增加农药使用量,马铃薯生产成本增加。受以上因素的影响,2019 年东北地区质量不达标的马铃薯增多,销往淀粉厂和外地市场的量减少。

五、发展建议

(一)建立和完善马铃薯脱毒种薯繁育体系及质量监测体系

引进先进的检测设备,研究和推广成本低、速度快的脱毒技术,进一步扩大脱毒种薯的应用面积;此外还必须加快与优良品种相配套的高产高效栽培技术的示范与推广,大幅度提高黑龙江省马铃薯的单位面积产量与经济效益。

(二)加强产业化发展,延伸产业链条

在建立几个相对稳定的脱毒种薯基地和生产基地的基础上,扩大、提高现有的种薯生产基地。要做好基础研究工作,如积极引进外来种质资源和挖掘本地具有发展前景的种质资源,争取建立一个相对完善的马铃薯基因库,为选育、改良适宜品种打下坚实的基础。要鼓励和扶持本地的加工企业,帮助其开拓国内外销售市场,在生产、加工、销售等各环节上为其发展服务。

东北地区马铃薯产业加工环节薄弱,加工比例低,利用层次低,产业链短;直接消费比例高,消费层次偏低。因此,延伸马铃薯产业链条势在必行,主要是支持企业扩大规模,进行技

术、设备更新和新产品开发;支持企业转变机制,实施品牌战略,培育当地马铃薯产业的名优产品。

(三)调整种植品种,提高栽培技术

研发抗逆性较好的品种,根据近几年气候变化趋势,东北地区需要抗涝、高产的品种,马铃薯加工企业则需要抗逆性好、淀粉含量高的品种。今年减产地块大多采用小垄栽培的方式,而大垄栽培的地块受影响程度低于小垄栽培的地块。建议农户改用 90 cm 大垄栽培的方式,最大限度避免积水导致的烂薯、减产。

(四)增加政策支持力度,提高种薯生产积极性

东北地区种薯繁育历史比较悠久,技术较为成熟,种薯繁育过程要求更加严格,政府适当增加补贴,积极调整投入方式,借鉴直接补贴、良种补贴、贷款贴息等办法,支持脱毒种薯繁育体系建设、脱毒种薯推广、马铃薯商品基地建设、配套技术研究等,促进东北地区马铃薯产业的可持续发展。

2020 年甘肃省定西市马铃薯产业调研报告

甘肃省定西市安定区是全国三大马铃薯主产区之一，地处甘肃省中部，气候冷凉、昼夜温差大、土质疏松、土壤富含钾元素，发展马铃薯产业有着得天独厚的自然气候及区位优势。所产马铃薯薯块大、薯皮光滑、干物质含量高、口感好、耐运输、耐贮藏，市场竞争力强。目前“定西马铃薯”已被认定为中国驰名商标和地理标志证明商标，被评为“中国百强农产品区域公用品牌”“甘肃十大公共区域品牌”。2019 年成功创建了以马铃薯为主导产业的甘肃省定西市安定区国家现代农业产业园，逐渐形成了产业链条完备、联农带农能力强、科技支撑程度高的马铃薯产业发展区域。

2020 年 10 月 9—11 日，调研组赴甘肃省定西市安定区及其周边地区对于马铃薯生产、加工、销售、联农带农等情况进行调研。旨在了解安定区及周边马铃薯产业现状，跟踪分析马铃薯市场行情，为广大薯农、企业、研究人员提供参考借鉴。

一、产业现状

（一）马铃薯种植现状

1. 马铃薯良种繁育体系逐渐完善

定西市安定区依托国家现代农业产业园，以香泉镇为核心，建立“原原种—原种——一级种”梯次扩繁的马铃薯种薯繁育体系，并瞄准优质脱毒种薯繁育和优质淀粉型加工薯两个方向，打造马铃薯生产带。基本形成以甘肃农业科学研究院、甘肃农业大学等科研院校为主的新品种培育队伍，并通过壮大爱兰薯业等 15 家种薯企业，改造提升组培室、微型薯日光温室、育种网棚、种薯贮藏窖等种薯生产基础设施，更新病毒检测等仪器设备，进行优质脱毒种薯的繁育，可进行 5 亿粒优质脱毒种薯的繁育。2017 年定西市被农业农村部评为第一批马铃薯区域性良种繁育基地。

2. 马铃薯生产标准化程度提高

为促进马铃薯产业提质增效，定西市安定区依托马铃薯标准化种植基地建设，提升马铃薯种植水平。目前，已集成应用脱毒种薯、深松耕、起垄覆膜、绿色防控、机械化收获等技术，实行统一施肥标准、统一机械作业、统一田间管理。建立绿色化、标准化、规模化的连片种植基地。通过规模化种植、完备的配套设施、高产优质的马铃薯种植基地，实现良种良法配套，农机农艺融合的马铃薯种植过程。

3. 生产规模基本稳定

虽然经历了年初疫情期间的价格小高潮，但定西市马铃薯种植面积并未大幅增加，只在安定区及周边地区略有增加。出现这情况可能与种植户市场风险敏感度升高有关，种植规模扩张较为理性，盲目跟风市场的行为减少。单产有所下降，主要与 2020 年气候变化相关，受雨水增多影响，土传病害较为严重，晚疫病较为严重。

4. 淀粉薯占比高，商品薯占比较小

定西市马铃薯种植规模在地市中名列前茅，但受水资源等环境资源条件限制，马铃薯主要在旱地、山地进行生产，与内蒙古和榆林地区相比水肥条件较差，商品薯品质、品相总体不具备优势，竞争力较弱。但是，这样的生产条件下，淀粉加工原料薯却有比较大的竞争优势。

5. 马铃薯生产成本压力较大

种植大户、农民合作社和企业的马铃薯种植成本较高，尤其是马铃薯种植期所用的地膜、肥料费用，收获环节的人工费用以及贮藏库的租赁费用。在薯丰源了解到，该企业每年土地流转费用为800元/亩，在马铃薯收获时节分拣费100～120元/人，这些生产成本呈现上升趋势。普通农户也存在同样问题，种薯、地膜、肥料等生产资料成本较高，投入产出率较低。

(二)马铃薯销售现状

1. 秋季马铃薯价格普遍偏低

总体来看，今年马铃薯销售价格升降情况与其他地区趋势大体一致，均出现春节前后售价高，节后售价下滑的情况。不同种类马铃薯价格情况不尽相同，大致呈现以下几种特征：一是大型企业的优质种薯价格波动幅度不大。这类企业大多采取订单销售形式，客源稳定且销路广，抗市场风险能力较强，荷兰十五可卖到2.4～2.6元/kg、V7可卖到3.0元/kg。二是淀粉薯、商品薯价格较低。2020年淀粉薯与商品薯价格都略低于2019年同期，价格不理想，商品薯2019年同期可卖至1.0元/kg，2020年只有0.4～0.5元/kg，精品薯才可以卖0.5元/kg以上。在西巩义镇俊秀马铃薯收购点了解到，由于周围农户大多在山地、旱地种植马铃薯，受各因素影响，收获的马铃薯品相、质量较差，因此只能按淀粉薯价格回收。

2. 马铃薯组织化对销售起到重要作用

定西市安定区和会宁县推进了“订单托底”的联结模式，即通过引导企业和合作社按照“价格托底、订单收购”的原则，由经营主体与种植农户签订收购订单。2019年安定区30万亩标准化基地全部实现订单化种植，稳定了4万多农户的收入预期。其中蓝天集团与安定区80多个农户专业合作社签订了马铃薯种植订单，带动2.6万户贫困户在内的10多万户农民发展马铃薯产业，户均年增收8300元。会宁县祁连雪淀粉厂每年与合作社及分散农户均签订合同，淀粉薯收购价格为0.96～1.0元/kg，惠及周边地区马铃薯种植户。

(三)马铃薯产业链现状

1. 马铃薯产业链条逐渐完备

马铃薯产业园区的建设，依托15家马铃薯种薯繁育企业和11家马铃薯加工企业，形成了以香泉镇为中心的种薯繁育区、以巉口镇为中心的北部精深加工区和南川综合物流区，发展种薯扩繁和精深加工，建成马铃薯及其制品生产线49条，年消化鲜薯62.06万t以上，从精淀粉、全粉等延伸到马铃薯饼干、马铃薯糕点等主食化产品及休闲食品。初加工转化率已达到84.4%，农产品加工业产值与农业总产值比达到3∶1。通过薯香源、蓝天等龙头企业带动，有效延长了产业链，实现了马铃薯产业就地加工增值，带动了农户增收。

2. 马铃薯产业扶贫带农能力初现

定西市安定区现有农民专业合作社573家，其中经营生产马铃薯的农民专业合作社有

175 家，国家现代农业产业园范围内 30%以上的农户加入合作社联合经营，形成了完善的委托生产、订单农业、贷款担保、入股分红、利益返还合作等联农带农机制，园内农民人均可支配收入 11150 元，高出全区平均水平 31 个百分点。会宁县祁连雪淀粉厂通过统一流转、统一供种、统一收购、统一销售的形式，构建稳定的农业产业联合体，进行产业扶贫。薯香源通过“公司+基地+农户”较为完备的马铃薯良种繁育推广体系，累计推广马铃薯一级种面积 200 万亩以上，增产马铃薯 1350 万 t，新增纯收入 1350 亿元，每年安置下岗职工和农民工 560 人次以上，有效辐射带动了更多农户参与马铃薯产业化经营而持续增收。

二、存在问题

(一)安定区精深加工区排污环境承载力有限

尽管产业集聚带来的集群化发展利于各类资本的集中，但马铃薯精深加工区淀粉加工废水排污量与当地承载力不相匹配成为突出的问题。尤其是，巉口镇作为精深加工区的主阵地，蓝天、薯香源等大型马铃薯加工龙头企业集聚在此，生产季节产生大量加工废水。马铃薯淀粉加工过程中，会产生大量的含有丰富蛋白质、淀粉、纤维、多糖等有机营养物的工艺水(分离汁水)，其 COD 值高达 30000～40000 mg/L，直接排放会导致严重的环境污染。尽管大型加工企业具备一定的污水处理能力，但其他小型加工企业治污能力弱，在巨大排污量面前，环境承载能力已到极限。

(二)马铃薯重产量忽视质量

一是受当地“水肥气热光”条件影响，以及多旱地山地的土壤条件，在商品薯的质量上并不处于优势区，大多商品薯在品相质量上较内蒙古、榆林差；种薯繁育所要求的种植技术、设备、管理等要求较高，普通农户无法达到此类标准，自种马铃薯所占比例较大，因此这部分马铃薯由于农户自身种植技术、肥料药物等生产资料缺乏，导致所产马铃薯质量较差，80%以淀粉薯进行出售，在增收上不具备优势。二是马铃薯受其耐旱耐瘠薄的生物学属性影响，较好成活、生长且产量较大，因此，只注重了增产所带来的增收情况，并未注重“精耕细作”带来品质上的增收。

三、对策与建议

(一)平衡产业兴旺与生态保护之间的关系

当前阶段现代农业发展进入全面转型的新时期，尤其是在“绿水青山就是金山银山”理念深入人心的当前，马铃薯产业发展要立足于生态保护优先发展理念，扛起生态保护的责任，坚守“生态环境质量只能变好，不能变坏”的底线，推进生态文明建设向纵深发展。倡导绿色种植、绿色加工方式，推广绿色科技，追求绿色生态环境，加大绿色食品供给，这既是满足人民群众消费升级的需要，也是促进农民增收的必然要求。

(二)强化马铃薯产业高质量发展

应聚焦与强调马铃薯产业高质量发展,生产出高标准的农产品、打造出高生产效益的农业产业、建设出高效完备的生产经营体系,以提高马铃薯产品的国内国际竞争力。如积极推进马铃薯新品种推广,优化马铃薯种植结构,丰富马铃薯品种资源,加快马铃薯新品种更新换代推广步伐。引进马铃薯机械化栽培技术模式,着力降低马铃薯种植成本,改进种植方式,拓宽马铃薯产业种植的新渠道。在种植过程中减少化肥、地膜等农资对农业面源污染,使用新型环保农资材料,促进农业农村部提出的“一控、两减、三基本”的目标落到实处。

2020 年华北地区马铃薯产销情况调研报告

坝上地区是我国马铃薯的主要产区之一，马铃薯生长所需的自然条件较好。该地区温度适宜，日照充足，昼夜温差大，雨热同季；土壤条件好，沙质含量高、土壤疏松，利于马铃薯块茎的膨大和干物质积累，该地区生产的马铃薯产量高、商品性好，市场竞争力较强。

2020 年 9 月 16 日，调研组奔赴河北省张家口市张北县、内蒙古锡林郭勒盟太仆寺旗，通过与马铃薯企业、农牧局、马铃薯种植大户、马铃薯种植散户、马铃薯专业合作社访谈的形式，对坝上及周边地区的马铃薯产销状况进行调研，了解坝上地区马铃薯生产、销售现状。

一、产销现状及成因分析

(一)马铃薯种植现状

坝上地区马铃薯种植面积基本持平，部分地区稳中有增。总产量略增，单产略有降低，马铃薯的市场商品量相对减少。张北县马铃薯种植面积与去年基本持平，总体产量略有增加，全县马铃薯实际种植面积 25 万亩，其中种薯面积 5 万亩，原原种面积 2000～2500 亩。

马铃薯种植大户与专业化企业，普遍认为今年马铃薯的土地流转、肥料、打药、贮藏费、人工费等生产成本较往年增加不少。对于一般的企业化生产，2020 年肥料费用为 680 元/亩，较 2019 年增加 80 元/亩；全生育期内进行 11～12 次打药，2020 年使用的飞机喷药技术相较于往年的普通喷灌技术的成本大大增加；2020 年雇工费增加明显，普遍比上年增加 50 元/d，马铃薯分拣费用若与蔬菜收获季冲突，雇工费可高达 300 元/d。

(二)马铃薯贮藏现状

对于没有贮藏能力的种植户或企业来讲，每逢金秋，都要打一场抢订仓库的“战役”，马铃薯贮藏库“一库难求”。受季节影响，坝上地区将迎来低温霜冻的情况，马铃薯受冻会进一步出现表皮凹凸斑，组织发生褐变的情况，进而腐烂，影响售卖，使得利润受损。再者，马铃薯产量较高，种植大户或企业所需的储藏空间相对较多，因此，每逢收获季节，马铃薯贮藏库供不应求，甚至需要提前半年预定。

(三)马铃薯销售现状

总体来看，马铃薯销售价格升降情况与往年趋势大体一致，均出现前期售价高，后期售价低的情况，但 2020 年 9 月张北县马铃薯销售价格为近几年的“谷底”。目前 9 月的张北县田间走货价格为 0.4～0.6 元/kg，相较于 8 月早熟品种售价降低 0.3～0.4 元/kg，相比往年同期降低 0.1～0.2 元/kg。受 2020 年极端天气影响，多数种植户选择提前秋收以应对多变的气候，不仅坝上地区，其他地区也在进行马铃薯的收获与销售，因此，马铃薯消费市场消化压力过大，导致价格与行情低迷。坝上地区9月中下旬开始出现霜冻天气，若不能及时贮藏则会导致马铃薯受冻，市场价格受损。但由于该地区马铃薯贮藏窖有限，因此一些没有马铃薯贮藏能力且未能及时租到仓库的种植户选择在田间低价出售马铃薯，加之冻害的时间效应，形成低价出售一低价收购的恶性循环，进一步形成马铃薯价格的低价趋势。

在调研过程中发现，马铃薯专业化企业面对秋季的销售"寒冬"，其价格与销路更具备稳定性。通过与张北县奇志马铃薯种业访谈了解到，该公司采取先订货后出货的形式，价格受现阶段市场冲击波动不大，销售价格按订单合同规定买卖，价格波动不大，销售渠道也相对固定。

二、存在的突出问题

(一)马铃薯生产面临资源硬性约束

受河北省《张家口首都水源涵养功能区和生态环境支撑区建设规划(2019—2035年)》的影响，未来张家口市马铃薯生产可用的水浇地面积未知。因此，如何在土壤侵蚀严重、土壤养分贫瘠、土壤物理性状差等问题的旱地种植马铃薯，并能保证产量和质量，是今后该地区发展面临的关键问题。

(二)技术实力未转化成市场竞争力

受周边种植区域影响，张北地区尽管具有较强的马铃薯培育能力，但马铃薯技术输出力度较弱。张北县作为全国的种薯基地，受当地农牧局扶持与农科院支持，使得该地区农户获取马铃薯种植信息渠道广、种植品种优，使得自身具备较强的马铃薯育种能力，从而提高了全县马铃薯种植生产基础水平。但目前还未具备较强的技术输出途径，市场占有率不高。

(三)马铃薯产业化发展仍然滞后

调研地区马铃薯贮藏、加工龙头企业仍然偏少。马铃薯基本是在田间出售，贮藏设施不健全，先进贮藏设施少，贮藏损失大，转运成本高。大多数马铃薯只用于鲜食或者进行初加工、低附加值产品仍占较大比例，加工深度不够，经济效益不高。

三、思考与建议

(一)几点思考

1. 市场化运作是保证产业长期发展与生命力的源泉，在产业扶持中，政府应把握"度"

"政府引导、企业运作、农户参与"是实现产业兴旺与现代化的理想状态。政府应做到"扶持有度"，在方向引导而不是"包办"。有时过多的干预破坏了市场原本的需求平衡，面对政府的补贴，一部分人有利所图，为补贴而进入扶持的产业市场，容易发生"扎堆"现象。一些龙头企业受政府关注与管理过多，有可能背离企业发展的初衷，阻碍自身的进一步发展。因此应适当放权于市场，发挥市场机制资源配置的效率优势，自主形成适合当地发展模式、规模的产业。据调研了解，张北县的马铃薯产业市场化程度强、成熟度高的原因主要在于政府的简政放权，相较于其他政府补贴、扶持的地区，更能反映市场需求现状，具有长期性。

2. 企业运作在乡村发展中的逻辑

乡村社会是一个熟人社会，任何经济社会活动都要考虑乡村社会关系和特点。企业主体应扎根乡土并与村集体和村民形成良性互动。可遵循来自乡土社会各种社会关系、伦理关系的约束，在土地流转、雇工过程中与村庄和村民形成良性互动，在实现自身利润的同时为村民创造增收空间，避免"水土不服"。

3. 发挥新型经营主体在脱贫攻坚、产业兴旺中的带动作用

企业、合作社等新型经营主体是连接市场与农户的纽带，寻求有效且稳定的利益联结模式，对于扶贫与产业兴旺的作用巨大。在调研的过程中了解到，太仆寺旗通过政府引导、政策扶持、能人带动等一系列政策及条件，采取"政府＋企业＋贫困户"的农业产业化模式，发展订单生产，通过"电商＋扶贫"模式进行马铃薯售卖。太仆寺旗益源农业有限公司通过"一亩薯"的种植形式帮扶贫困户，每个贫困户可使用一亩地进行马铃薯种植，益源农业提供马铃薯薯种，农户进行无化肥农药的纯天然种植，并于秋季进行统一回收，依托公司取得的有机商标、无公害认证，打造"蒙太源"品牌，在旗内专门电商平台进行销售。2020 年，共扶持 315 户贫困户，按照 2.0 元/kg 的价格进行保底回收，种植品种有黑金刚、大西洋马铃薯等。

(二)政策建议

1. 强化马铃薯生产的科技支撑与专业化程度

继续提高对于马铃薯的科技支撑，如针对水浇地马铃薯主推轻简化节水绿色优质高产栽培技术，在马铃薯培育种植技术、专业管理人员、仪器设备等方面给予支撑，对马铃薯实施精细化管理。在优化品种、预防土传病害、提质增效等方面不断完善。

2. 延伸产业链条，高质量发展提升马铃薯附加值

加大对于马铃薯精深加工的扶持与建设，在进行粗加工的基础上，逐步增加薯泥、薯片、粉丝等食品加工，甚至是环保涂料、生物胶等其他深精加工环节。

3. 形成政府引导、企业运作的模式

在马铃薯的发展过程中，不断寻求市场与政府职责的边界，以及政府扶持产业的临界点。政府负责产业大方向的把控作用，减少对上级政策的过度解读，放权于市场。使马铃薯产业具有市场化程度高、市场成熟度高的特点，这样更具长期性和生命性。

贫困地区马铃薯产业发展指引

一、马铃薯产业发展情况

(一)全国总体情况

马铃薯耐干旱、耐瘠薄、抗灾能力强、稳产高产,是唯一能在我国各省(区、市)大面积种植的农作物,在保障国家粮食安全、推进农业结构调整和促进农民持续增收方面具有不可替代的重要作用。

近年来,我国马铃薯生产规模稳定发展。全国种植面积近年来有所减少,但单产和总产都有不同程度的增长。2015—2019 年,全国马铃薯种植面积从 7356.7 万亩减少到 7208.5 万亩,减少 2%;鲜薯总产量从 8752.5 万 t 增加到 9541.6 万 t,增加 9.0%;单产由 1189.7 kg/亩增长到 1323.6 kg/亩,增长 11.3%。

马铃薯价格和种植效益总体都呈增长趋势。2015—2019 年,马铃薯生产价格从 1.10 元/kg 增长到 1.48 元/kg,增长 27.0%;马铃薯亩产值也由 1308 元增长到 1959 元,增长幅度为 49.6%。

我国马铃薯生产区域布局变化明显。2015—2019 年,我国云南、贵州、四川和重庆等西南一二季混作区种植面积稳中有升,占全国比例由不足 42%上升到 47.7%,而北方一作区种植面积比例却下滑到 40.3%。

(二)贫困地区马铃薯产业发展情况

我国马铃薯生产的分布与贫困县分布高度契合,在 14 个连片特困区中都有马铃薯种植,由北向南从大兴安岭南麓山区、燕山太行山区、吕梁山区、六盘山区、秦巴山区,到武陵山区、乌蒙山区、滇桂黔石漠化区和滇西边境山区,均是我国马铃薯的主产区,全国 70%以上的马铃薯种植面积分布在这些贫困地区,马铃薯是当地重要的粮食作物、经济作物和饲料作物,在精准扶贫中发挥着重要作用,已成为当地解决粮食安全和改善人民生活的重要支柱产业。

近年来,54 个贫困县马铃薯生产在全国的地位逐步提升,种植面积、总产量都呈较大幅度的增长。2015—2019 年马铃薯种植面积由 1640.0 万亩增长到 1836.3 万亩,增长 12.0%,总种植面积占全国比重从 22.3%增长到 25.5%;鲜薯总产量由 2234.0 万 t 增长到 2709.4 万 t,增长 21.3%,总产量占全国比重从 25.5%增长到 28.4%;贫困地区马铃薯单产由 1362.2 kg/亩增长到 1475.5 kg/亩,增长 8.3%。

贫困地区马铃薯总产值、总销售额和电商销售额实现快速增长。2015—2019 年,马铃薯总产值从 246.8 亿元增长到 353.2 亿元,增长 43.1%;总销售额从 157.2 亿元增长到 215.4 亿元,增长 37.0%,其中电商销售额从 1.75 亿元增长到 9.78 亿元,增长 459.2%;注册商标数从 180 个增长到 330 个,其中"两品一标"数量从 36 个增长到 116 个,增长 222.2%;带动脱贫人口从 190.9 万人增长到 231.1 万人，增长 21.1%；带动贫困户人均年增收从 817.3 元增长到 1188.6 元，增长 45.4%，年均增长 9.82%。

2020 年贫困地区马铃薯生产规模和增收带动能力进一步扩大。2020 年种植面积达到 1904.9 万亩，总产量 2890.4 万 t，单产达到 1517.3 kg/亩，年产值为 383.9 亿元，总销售额为 229.2 亿元，其中电商销售额为 12.9 亿元，注册商标达到 355 个，“两品一标”数量达到 132 个，带动贫困人口 237.6 万人，带动贫困户人均年增收 1393.9 元。

二、存在的问题与风险

(一)农田基础设施严重不足

贫困地区的马铃薯生产区域主要分布在高寒山区和丘陵地区，立地条件导致田块破碎，田间道路、机耕路不配套，无法满足产品运输和机械耕作的需要。此外，干旱也是影响贫困地区马铃薯生产的主要限制因素，属于典型的雨养农业，北方地区马铃薯产区基本分布于半湿润半干旱区，而南方产区降水季节性分布不均，冬春干旱常发、频发，这些区域农田灌溉设施严重缺乏，对马铃薯生产造成严重影响。

(二)优质多抗专用化品种缺乏

贫困地区生态条件复杂多变，频繁调种、特殊的气候及连作种植习惯造成马铃薯晚疫病发病较重，晚疫病生理小种进化快，原有种植品种抗性不断下降，病虫害种类不断增加，危险性病虫害易发、多发，目前优质、多抗新品种缺乏，晚疫病、土传病害防控难度加大。此外，多数地区马铃薯品种类型比较单一，主要以鲜食菜用型品种为主，适合当地生态条件的加工专用型马铃薯品种短缺。

(三)种薯市场规范化程度较低

华北的坝上地区以及西北的甘肃定西均是我国马铃薯种薯的主产区，但马铃薯种薯经营“小、散、乱”问题比较突出，存在种薯繁育企业、合作组织无证生产和经营及种薯种植户私繁滥卖现象，这种松散的生产模式所产种薯质量差异较大。市场上由于种薯与商品薯、种薯质量等级的辨识难度大，种薯质量参差不齐、假冒伪劣现象突出。

(四)马铃薯加工业发展滞后

贫困地区马铃薯加工量占总产量的比重和加工产品附加值不高，产业链不长，企业开工不足，对产业的拉动较小，同时加工环节污染问题比较突出，进一步限制了加工企业对马铃薯生产的带动作用。目前加工企业一般根据市场状况组织生产，加工原料的收购也是随行就市，对马铃薯产业的“稳定器”和龙头牵引作用发挥不够。

(五)产业自身发展能力较弱

近年来，各级政府每年都安排不少资金扶持贫困地区马铃薯产业，但目前多数地区产业自身发展能力较弱。贫困地区马铃薯种植户中绝大部分有文化，有体力、有能力的青壮年劳动力外出打工，留守农民的科技文化素质普遍偏低，新技术推广困难。马铃薯经营主体规模小、层次和水平较低，市场组织化程度不够高，尤其是营销体系建设落后，基本未建立起稳定的产销对接渠道。

(六)马铃薯种植效益不确定性增加

经过多年发展，我国马铃薯已基本实现周年生产、四季均衡上市，供给充足。但近年来马铃薯消费总体下滑，目前全国马铃薯供求关系宽松，马铃薯市场竞争激烈，市场价格波动加剧，加之生产成本快速上升，马铃薯种植收益不确定性明显增加。

三、发展建议

(一)合理优化产业区域布局

优化区域布局和品种结构，重点建立专业化生产基地和科学合理轮作制度。西南和西北立体种植区，在低海拔贫困地区大力发展早熟鲜食品种，中海拔贫困地区重点发展优质商品薯，高海拔贫困地区以脱毒种薯繁育为重点，有条件的地区逐步建立马铃薯产业内循环链条。马铃薯一作区，要建立科学的马铃薯轮作制度，区域布局上充分考虑马铃薯生产轮作倒茬需求，解决多年连作导致的土层破坏和土传病害问题。

(二)加快高产优质品种选育

充分利用科研机构和高校的研发资源，组织专家团队对高产优质种薯研发进行联合攻关，应用杂交育种和现代生物工程技术，加快实现高产优质马铃薯的培育，并在此基础上开展专用型马铃薯品种的定向培育，尤其是选育高淀粉、品质好、抗逆性强的品种，切实增加马铃薯市场竞争力和有效供给。

(三)加强产业基础设施建设

加大对农田基础设施建设的投入力度，建设适应山区农田灌溉的小塘坝、小水窖等“五小”水利工程，增加山区、半山区农田灌溉比例；推进标准薯田建设和高质量梯田改造，有效推进土地平整和土壤改良力度，适宜地区推广应用马铃薯种收全程机械化。配合马铃薯生产核心基地，因地制宜建设冷链物流和仓储设施，提高鲜薯仓储物流水平。

(四)规范种薯生产与市场

我国马铃薯种薯生产基地基本都位于贫困地区，种薯生产与市场的规范运行事关全国马铃薯产业全局。探索建立种薯生产地方标准(或企业标准)，提高种薯生产的标准化和规范化；建议政府管理部门设立监管机构或者给现存有资格的机构赋权，制定种薯市场管理规定，提高种薯市场准入门槛，质量检测合格的品种可进入市场。建议给马铃薯相关的协会赋权，支持开展病毒检测和种薯追溯体系建立等工作，监督种薯企业的经营行为，维护种薯市场秩序。

(五)加快培育新型经营主体

实施龙头企业培育行动,引导龙头企业强化精深加工技术的研发、引进和应用,推进马铃薯多重转化增值,打造若干马铃薯精深加工强县。加强流通市场的建设,完善营销体系,发挥销售大户、协会经纪人、农民合作组织联结分散农户与市场的作用,支持其建立稳定的销售市场网络。推动马铃薯生产、加工、物流、销售、服务有机结合,促进当地一二三产业融合发展,着力打造一批具有完整产业链、较强竞争力和较高知名度的区域优势特色马铃薯产业集群。

马铃薯技术经济评价

北方地区马铃薯抗旱增产增效综合技术效益特征分析

北方是我国马铃薯最大的主产区，种植面积占全国的近一半，主要集中在干旱和半干旱地区。我国北方地区气候干燥，降雨量小而蒸散量大，干旱缺水直接影响马铃薯正常的生长发育，成为制约我国北方地区马铃薯产业发展的重要限制性因素。根据大的地理区位、海拔、纬度、气候等自然条件，就马铃薯栽培来讲，北方一作区又可以进一步分为华北一作区、西北一作区和东北一作区，国家马铃薯产业技术体系于"十三五"期间将"一季作马铃薯抗旱增产增效综合技术研究"列为体系重点任务之首。为了准确评估该任务的研发效果，经济室牵头联合山西大同、宁夏固原和内蒙古呼伦贝尔试验站开展了北方一季作区马铃薯抗旱增产增效综合技术的调查与评价。

一、评价区域选择

山西大同、宁夏固原和内蒙古呼伦贝尔分别是我国华北一作区、西北一作区和东北一作区的马铃薯生产典型代表区。采用大同、固原和呼伦贝尔三个试验站 2011—2013 年所开展马铃薯抗旱增产增效综合技术示范研究数据资料，与当地农户种植模式进行对比，分析和评价各项技术的经济效果。调查内容包括技术示范和农户生产过程中各要素的投入、产出、水分利用效率和肥料利用效率等。

二、评价技术介绍

马铃薯抗旱抗病膜下滴灌技术（简称"膜下滴灌技术"）、马铃薯机械化秋覆膜节水保墒栽培技术（简称"秋覆膜技术"）、马铃薯大垄机械化增产增效综合技术（简称"大垄栽培技术"）分别是当前在我国华北一作区、西北一作区和东北一作区主要推广的三种马铃薯抗旱增产增效综合技术模式（简称"抗旱增产技术"）。

（一）马铃薯抗旱抗病膜下滴灌技术（大同）

马铃薯抗旱抗病膜下滴灌技术是针对我国干旱地区缺水少雨的生产实际，将地膜覆盖栽培技术和喷灌技术相结合，在马铃薯种植上提出并推广应用的一项技术。覆膜可有效地减少田间蒸发，保持土壤水分；滴灌是所有灌溉方式中最节水和水分利用率最高的。膜下滴灌可以减少土壤水分蒸发，提高肥料利用率，降低田间马铃薯冠层空气湿度，降低晚疫病发生，提高水分利用率。该技术适宜于我国北方甘肃、宁夏、陕西、山西、内蒙古中西部和河北北部等干旱少雨地区。

(二)马铃薯机械化秋覆膜节水保墒栽培技术(固原)

马铃薯机械化秋覆膜节水保墒栽培技术(简称“秋覆膜技术”)是在当年秋末冬前雨后,土壤墒情最好时抢墒覆膜,第二年再种植马铃薯的一种保墒抗旱技术。采取在秋季土壤水分大量蓄积阶段覆膜,延长地膜覆盖时间,减少水分蒸发损失,保证作物适时播种,减少春旱威胁,提高逆境成苗率。

(三)马铃薯大垄机械化增产增效综合技术(呼伦贝尔)

根据我国东北地区马铃薯连片种植、机械化作业的生产实际,马铃薯大垄机械化增产增效综合技术孕育而生。为了与其他作物的栽培相配套,我国北方一作区传统马铃薯栽培多采用60～70 cm 的小垄,而小垄栽培方式不利于马铃薯作物生长发育。采用 80 cm 以上的大垄栽培方式能够增加薯田的通风透光率,增加马铃薯植株的光合作用面积,同时还能保墒,降低结薯部位的温度,增加结薯空间,能结大薯、多结薯,能使薯田高产优质。

三、技术经济评价

(一)物质要素投入量大

由于采用高密度种植、增施肥料、滴灌等技术手段,三项抗旱增产技术生产成本均高于传统农户种植模式。膜下滴灌技术每亩种植密度为 3000～3500 株,亩用种量约 150 kg,比农户模式高 50 kg;秋覆膜技术每亩需农膜 5 kg,成本 60～75 元。总的来看,2013 年膜下滴灌技术、秋覆膜技术、大垄栽培技术每亩成本分别为 1550 元、1095 元、1046 元,比当地农户种植模式分别高出 470 元、55 元、74 元。

(二)劳动力投入明显减少

膜下滴灌行间无灌溉水分,杂草不宜生长,能减少锄草投工,大大降低了劳动量和劳动强度。采用膜下滴灌技术,每亩只需投入 4～5 d,比农户种植模式减少 50%左右。

(三)要素生产效率较高

采用膜下滴灌技术,可溶性化肥随水直接施入马铃薯根系范围,肥料利用效率高。根据调查,2013 年采用秋覆膜技术、大垄栽培技术的肥料利用率分别为 27.1%和 48.6%,分别比当地农户种植模式高出 2.7 和 3.4 个百分点。

膜下滴灌属于局部灌溉,能有效地减少了大水漫灌造成的渗漏,通过地膜覆盖减少蒸发。秋覆膜技术延长了地膜覆盖时间,减少水分蒸发损失,提高春季播种期土壤墒情,增加耕层土壤贮水量。根据调查,2013 年采用秋覆膜技术、大垄栽培技术的作物水分生产率分别比当地农户种植模式提高 47.3%和 34.5%。

(四)增产增效效果明显

与农户种植模式相比较,三种抗旱增产技术都能显著地提高马铃薯产量。根据调查,2013

年膜下滴灌技术、秋覆膜技术、大垄栽培技术平均亩产分别为2100 kg、1988 kg、1830 kg，分别比农户种植模式增产600 kg、638 kg、470 kg，增幅为40.0%、47.3%、34.6%。

三种抗旱增产技术能够大幅提高单产水平，因此增收效果显著。根据调查，2013年膜下滴灌技术每亩收益可达3150元，比农户种植模式增加900元，其中每亩净收益为1600元，比农户种植模式增收430元，增幅36.8%(表1)。秋覆膜技术每亩收益可达2385.6元，比农户种植模式增加765.6元，其中每亩净收益为1290.6元，比农户种植模式增加710.6元，增幅122.5%(表2)。大垄栽培每亩收益可达2196元，比农户种植模式增收672.8元，其中每亩净收益为1150元，比农户种植模式增加598.8元(表3)。

表1　大同地区马铃薯抗旱抗病膜下滴灌技术和农户种植模式成本收益比较

项目	2012年		2013年	
	膜下滴灌	农户模式	膜下滴灌	农户模式
总成本(元)	1420	1000	1550	1080
种薯(元/kg)	300(150)	200(100)	300(150)	200(100)
化肥(元/kg)	260(60)	160(40)	160(60)	160(40)
农膜(元/kg)	60(5)	0(0)	60(5)	0(0)
灌溉(元/m^3)	100(50)	0(0)	120(50)	0(0)
农药(元/kg)	80(0.5)	0(0)	60(0.3)	0(0)
劳动力(元/d)	320(4)	640(8)	450(5)	720(8)
总收益(元/亩)	3600	2941.92	3150	2250
单产(kg/亩)	2250	1838.7	2100	1500
平均售价(元/kg)	1.6	1.6	1.5	1.5
净收益(元/亩)	2180	1941.9	1600	1170

注：括号内为各要素的投入量。

表2　宁夏固原地区马铃薯机械化秋覆膜节水保墒栽培技术和农户种植模式成本收益比较

项目	2011年		2012年		2013年	
	秋覆膜	农户模式	秋覆膜	农户模式	秋覆膜	农户模式
总成本(元)	880	760	990	940	1095	1040
种薯(元/kg)	270(150)	180(150)	300(150)	240(150)	300(150)	270(150)
化肥(元/kg)	150(50)	120(60)	150(50)	150(60)	150(50)	150(60)
农膜(元/kg)	65(5)	0(0)	70(5)	0(0)	75(5)	0(0)
农药(元/kg)	15(1)	10(1)	10(1)	10(1)	30(1)	10(1)
劳动力(元/d)	300(6)	400(8)	360(6)	480(8)	420(6)	560(8)
其他(元)	80	50	100	60	120	50
总收益(元/亩)	1347.2	1000	1769	1200	2385.6	1620
单产(kg/亩)	1684	1250	1769	1200	1988	1350
平均售价(元/kg)	0.8	0.8	1	1	1.2	1.2
净收益(元/亩)	467.2	240	779	260	1290.6	580
作物水分生产率(kg/m^3)	135.3	100.4	105.7	71.7	73.9	50.2
肥料利用率(%)	25.8	23.6	27.3	23.7	27.1	24.4

注：括号内为各要素的投入量。

表 3　内蒙古呼伦贝尔地区马铃薯大垄机械化增产增效综合技术和农户种植模式成本收益比较

项目	2011 年		2012 年		2013 年	
	大垄栽培	农户模式	大垄栽培	农户模式	大垄栽培	农户模式
总成本(元)	1079	894	1042	920	1046	972
种薯(元/kg)	364(140)	364(140)	330(150)	330(150)	390(150)	390(150)
化肥(元/kg)	128(40)	50(20)	145(40)	68(25)	150(40)	72(25)
灌溉(元/m^3)	40(70)	25(40)	20(40)	30(40)	0(0)	0(0)
农药(元/kg)	95(0.85)	45(0.35)	82(0.75)	57(0.42)	76(0.75)	55(0.4)
劳动力(元/d)	160(1.6)	200(2)	160(1.6)	200(2)	160(1.6)	200(2)
其他(元)	292	210	305	235	270	255
总收益(元/亩)	1923.84	1372.8	2172.8	1481.2	2196	1523.2
单产(kg/亩)	2004	1560	1940	1610	1830	1360
平均售价(元/kg)	0.96	0.88	1.12	0.92	1.2	1.12
净收益(元/亩)	844.84	478.8	1130.8	561.2	1150	551.2
作物水分生产率(kg/m^3)	5.26	4.44	5.99	4.97	4.41	3.28
肥料利用率(%)	49.5	45.0	51.0	47.0	48.6	45.2

注:括号内为各要素的投入量。

四、结论与建议

(一)评价结论

从各项技术示范结果来看,这些抗旱增产技术较传统农户种植模式总体实现增产增效的目的,技术研发目标实现度非常好,具体说有六大特点,即高投入、高效、节水、省工、增产、增效。但是各种技术的物质要素投入量明显高于当地对照生产模式,尤其是化肥、农药、农膜化学投入品投入量明显较大。

(二)建议

相关技术在实现增产增效的基础上,进一步加强要素利用率与生产效率提升的研究,从而切实有效降低马铃薯生产化肥、农药的用量,提高水分生产效率,实现马铃薯生产的"一控两减",促进马铃薯绿色生产模式的研发与示范。

马铃薯绿色生产关键技术应用经济效果评价

马铃薯是一种粮食、蔬菜、饲料和加工原料兼用的重要作物，在中国分布广、能周年生产、经济效益好，对于保障中国食物安全、贫困地区脱贫增收、振兴地区经济意义重大。马铃薯本身是高水肥作物，马铃薯的商品化生产程度越来越高，生产者通过追求产量来实现效益，水肥药等投入越来越多，随着种植面积的不断扩大，在农业绿色发展和高质量发展的要求下研究其绿色生产技术意义凸显。马铃薯产业经济研究团队 2018 年 11 月—2019 年 8 月对云南省盈江县和陆良县的马铃薯种植户进行实地入户问卷调查，获取 509 份有效问卷，并以此为基础开展绿色技术应用经济分析。

一、调查内容

在咨询多位云南省马铃薯产业技术体系专家意见后，确定云南省马铃薯绿色生产技术类型主要为节水灌溉、水肥一体化、有机肥和测土配方施肥四种，以及马铃薯调查问卷的五个方面的主要内容。

(一)农户基本信息

包括被调查者的人口统计学特征如年龄、性别、教育程度和健康状况，家庭基本情况如家庭人口数、年龄结构、就业结构、家庭收入结构、兼业情况和组织程度等。

(二)马铃薯生产现状

包括种植面积、种植年限、生产投入情况、产量、价格和生产上遇到的困难情况。

(三)外部环境现状

包括地形、距县城距离、公路级别、补贴政策情况、贷款难易程度、土壤肥力、干旱情况等。

(四)绿色生产技术采用意愿分析

包括是否愿意采用绿色技术、是否采用了绿色技术、新技术的时机选择、风险偏好、采用后希望达到的目标、采用后担心的问题和是否参加技术培训等。

(五)绿色认知情况

包括生态环境状况、资源浪费情况、生态环境保护政策了解程度、绿色生产的重要性和生产中是否考虑保护环境等。

二、调查样本分布

根据云南省马铃薯种植情况，可分为滇东北、滇西北马铃薯大春作一季种植区，滇中马铃薯多季种植区，以及滇南、滇西南马铃薯冬播作一季种植区三个区域。各地区的地理位置、生态特征、耕作制度和品种分布各不相同。现有调查区中，盈江县属于冬作区最具代表性县域，其中选择种植年份和品种各不相同的旧城镇、新城镇和太平镇作为调研对象；陆良县属于多季种植区最具代表性县域，其中选择种植年份具有差异的大莫古镇和小百户镇作为调研对象；会泽县属于大春作一季种植区代表性县域，其中选择传统马铃薯种植乡镇驾车乡作为调研对象。

509 份有效农户样本分布在盈江县的旧城镇(89 户)、新城镇(66 户)和平原镇(50 户)，陆良县的大莫古镇(105 户)和小百户镇(86 户)，会泽县的驾车乡(113 户)。预调研区澜沧县竹塘乡也取得了少量样本数据，但由于该区具有一定的政策特殊性，暂未把这些数据列入研究对象。

三、样本绿色技术采用总体情况

在前期专家咨询和预调研中了解到，在云南马铃薯生产中应用到的绿色生产技术主要包括节水灌溉技术、水肥一体化技术、有机肥技术和测土配方施肥技术等。因此，在后续的入户调查中，主要针对这些绿色生产技术开展针对性的访问。

从表 1 中可以看出，509 个调查对象中，使用了一种或者一种以上绿色生产技术的农户一共有 168 户，占调研总样本的 33.01%。可以看出，马铃薯种植户绿色生产技术的采用率并不高。

表 1　绿色技术采用情况

调研农户数量(户)	采用绿色技术的农户数量(户)	所占比例(%)
509	168	33.01

总体来看，三种绿色技术普及率都相对偏低，采用农户比例最高的节水灌溉技术普及率也只有 21.41%。而在仅有的 168 户使用了绿色技术的调查农户里面，节水灌溉技术占比达到了 64.88%，有机肥技术为 42.86%，水肥一体化技术为 8.33%，可见不同绿色生产技术，农户采用程度差别较大。在一些较为干旱的种植区，一些农户不得不采用滴灌等节水灌溉技术来保证质量和产量；而水肥一体化技术由于需要较高的技术和设施要求，只有少量种植大户采用了这种技术。由于农户可能同时采用多种绿色生产技术，表 2 中第一行之和不等于总户数 168 户，第二行合计比例不等于 100%。

表 2　不同绿色技术的采用情况

马铃薯绿色生产技术	节水灌溉	有机肥	水肥一体化
采用农户数量(户)	109	72	14
占采用农户比例(%)	64.88	42.86	8.33
占所有农户的比例(%)	21.41	14.15	2.75

四、样本基本特征描述统计分析

(一)户主个体特征

1. 性别

在性别方面,男性户主一共有484户(表3),占了总数的95%以上。而在仅有的168户使用了绿色技术的调查农户当里面,由男性作为决策代表的占94%左右。这个结果跟总体的性别比例相当,差异不大,因此,这可能说明性别跟绿色生产技术的采用行为没有显著的关联。

表3 农户性别分布情况

户主性别	户数	百分比(%)	采用户数	百分比(%)	不采用户数
男性	484	95.09	158	94.05	326
女性	25	4.91	10	5.95	15

2. 年龄

在年龄方面,被调查的农户基本情况如表4所示。其中,年龄在50岁以上的人最多,占了一半以上;其次是年龄在30～50岁的农户,占39.88%;年龄段在30岁以下的人比例最少,不足6%。这也说明了该地区的主要农村劳动力为年龄较大的中老年人,这与实际情况相符。年轻人大多外出打工或从事非农产业,年龄较大后回到农村继续进行农业生产,农村留守的多为祖孙两代。

表4 户主年龄分布情况

年龄	户数	百分比(%)
30岁以下	26	5.11
30～50岁	203	39.88
50岁以上	280	55.01

图1呈现了各个年龄段的农户在种植马铃薯的时候选择应用绿色技术的程度。可以明显地了解到,种植农户的年龄越高,其选择使用绿色技术的意愿也发生了变化,呈现先上升后下降的趋势,30～50岁的农户采用绿色生产技术的比例最高。这也与实际情况较为相符,中年是农业生产的主力军,也积累了一定的生产经验,更愿意尝试一些先进的技术,其采用新技术的概率也就最大。

3. 受教育程度

从表5可以看出,被调查者受教育程度为小学的比例最高,占比为54.62%,然后依次是初中、文盲、高中或中专。其中,高中或中专文化的农户仅有12户,占所有被调查者的2.36%,说明调研区中高水平文化程度的农户严重缺乏。与此同时,文化水平在小学及以下的被调查者达到了58.16%,这是非常不好的现象,暴露了农村地区种植农户的受教育程度低的情况。而且,令人担忧的是3.54%的被调查者是文盲,在强调知识强国,大力推广文字下乡行动的当代,没有受过小学教育的农户仍然存在,这对云南省培育新型农民、促进农业现代化发展将是较大的阻碍。

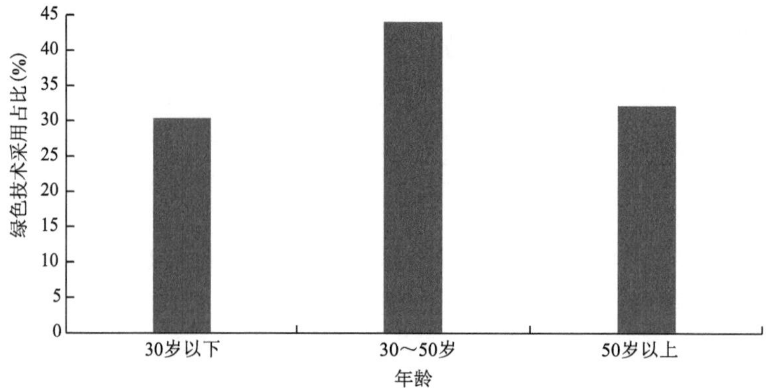

图 1　不同年龄农户绿色生产技术采用比率

表 5　农户文化程度分布情况

文化程度	调研户数(户)	百分比(%)
文盲	18	3.54
小学	278	54.62
初中	201	39.49
高中/中专	12	2.36

如图 2 所示,反映了不同受教育程度农户采用绿色生产技术的比例,可以得出,随着被调查农户受教育程度从文盲到初中的提升,其对绿色技术的采用程度逐渐升高,但高中文化程度的农户反而比上面的小学及以下水平的农户选择应用绿色技术的人更少,出现这种情况的原因可能与选择的样本存在不确定性以及该类样本数量太少有关。

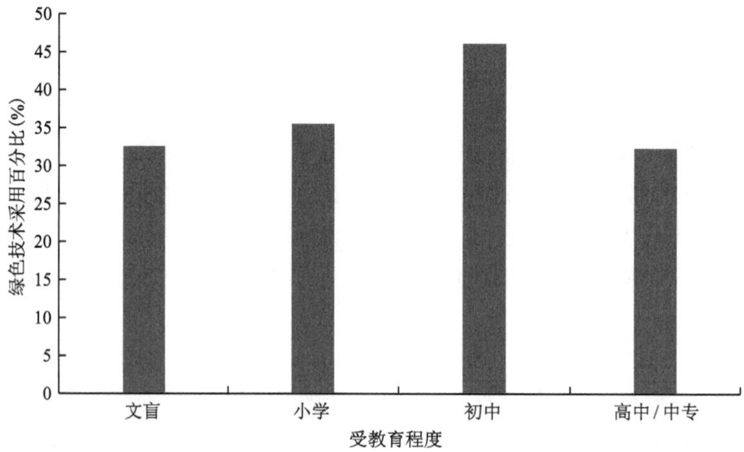

图 2　不同受教育程度农户绿色生产技术采用情况

4. 健康状况

在被调查的 509 户农户中,健康状况较好的有 249 户,占所有被调查者的 48.92%,健康状况很好的占 27.11%,二者之和达到 70%以上(表 6)。能从事农业劳作的农户大多身体状况较好，这与常规认知相同。已知在所有选择使用了绿色技术的被调查农户里面，农户的个人身体情况达到良好的一共 387 户，占 76.03%。这个结果跟这部分用户人数在总体数据所占的比例相近，没有很大的变化，这说明健康状况对农户绿色生产技术采用行为的影响可能不大。

表 6 农户健康状况分布情况

健康状况	户数(户)	占比(%)	采用户数	不采用户数
较差	21	4.13	7	14
一般	101	19.84	32	69
较好	249	48.92	82	167
很好	138	27.11	47	91

(二)生产经营特征

1. 种植规模

未采用绿色生产技术的种植者中，种植规模在 10 亩以下的占比高达 60.12%，而采用绿色生产技术的种植户中 10 亩以下种植户仅占 20.83%，11～30 亩规模的占 64.88%(表 7)，表明马铃薯种植规模与绿色生产技术采用情况可能存在正相关关系。

表 7 农户种植规模分布情况

类别		技术未采用者(户)	比例(%)	技术采用者(户)	比例(%)
种植规模	1～10 亩	205	60.12	35	20.83
	11～30 亩	133	39.00	109	64.88
	31～50 亩	2	0.59	18	10.71
	51 亩或以上	1	0.29	6	3.57

2. 专业化程度

在本文的研究当中，专业化程度指的是单一的以种植耕作的方式来维持生活的农户。在本次调查当中，这部分农户采用绿色生产技术农户占 86.90%(表 8)，这可能说明专业化程度高会使农户在生产中期待更高的收益，也对绿色生产新技术更感兴趣。

表 8 农户专业化程度分布情况

类别		技术未采用者(户)	比例(%)	技术采用者(户)	比例(%)
专业化程度	非农	10	2.93	4	2.38
	兼农	82	24.05	18	10.71
	纯农	249	73.02	146	86.90

3. 农业收入

根据调查情况，马铃薯种植户农业收入情况如表 9 所示，农民种植农业的收入越高，其相对应地选择使用了绿色生产技术的程度也越高，其中，农业收入 6 万元以上的农户中，有 37.50%采用了绿色生产技术，而这一比例在农业收入少于 2 万元的农户中为 2.98%。

表 9 农户农业收入分布情况

类别		技术未采用者(户)	比例(%)	技术采用者(户)	比例(%)
农业收入	少于 2 万	41	12.02	5	2.98
	2 万～4 万	160	46.92	40	23.81
	4 万～6 万	89	26.10	60	35.71
	6 万或以上	51	14.96	63	37.50

4. 组织程度

在采用了绿色生产技术的农户中，有 81.55%参与了合作社或订单农业，而在未采用绿色生产技术的农户中，参与合作社或订单农业的农户仅为 16.42%(表 10)，这可能说明组织化程度会提高农户采用绿色生产新技术的比率。

表 10 农户组织程度分布情况

类别		技术未采用者(户)	比例(%)	技术采用者(户)	比例(%)
组织程度	未参与订单农业或合作社	285	83.58	31	18.45
	参与订单农业或合作社	56	16.42	137	81.55

5. 种植年限

在被调查农户中，有 61.49%种植马铃薯的年限在 10 年以上，这说明调研区确实是马铃薯传统种植区，在长期种植中这些农户也累积了一些经验，而在采用了绿色生产技术的样本中有 37.50%的农户种植马铃薯年限为 6～10 年(表 11)，这部分农户积累了一定的种植经验，对生产中的问题有所了解，同时，也没有形成固定的劳作模式，对新生产技术也更愿意尝试。

表 11 农户种植年限分布情况

类别		技术未采用者(户)	比例(%)	技术采用者(户)	比例(%)
种植年限	1～5 年	28	8.21	13	7.74
	6～10 年	92	26.98	63	37.50
	11～20 年	119	34.90	55	32.74
	21 年或以上	102	29.91	37	22.02

(三)外部环境特征

1. 公路级别

在被调查者中，所在位置的公路级别为乡镇小路的比例占到了所有农户的 41.65%，这说明，接近一半的农户所在村落交通条件较为不便，这也在一定程度上影响了马铃薯产品的运输和价格，也会对绿色生产技术的推广产生一定的阻碍。

表 12 农户公路级别分布情况

类别		技术未采用者(户)	比例(%)	技术采用者(户)	比例(%)
公路级别	乡镇小路	143	41.94	69	41.07
	县道	140	41.06	74	44.05
	省道	58	17.01	25	14.88

2. 农业优惠政策

有 89.98%的被调查者表示，目前没有针对马铃薯种植的补贴政策（表 13），这也与从当地主管部门了解到的情况一致，即近两年调研地区由于将相关财政资金向扶贫相关项目倾斜，关于马铃薯的补贴政策较少。

表 13 农业优惠政策分布情况

类别		技术未采用者（户）	比例（%）	技术采用者（户）	比例（%）
农业优惠政策	补贴	34	9.97	17	10.12
	不补贴	307	90.03	151	89.88

3. 贷款难易程度

值得注意的是 509 份有效问卷中，有 95.87%的农户认为农业贷款容易贷（表 14），这说明调研地区农业贷款的政策是比较好的，农户在遇到困难时会考虑到农业贷款。

表 14 贷款难易程度分布情况

类别		技术未采用者（户）	比例（%）	技术采用者（户）	比例（%）
贷款难易程度	容易贷	330	96.77	158	94.05
	不容易贷	11	3.23	10	5.95

4. 技术培训

在采用了绿色生产技术的农户中，接受过相关技术培训的比例为 81.58%（表 15），而这个比例在未采用绿色生产技术的种植户中为 47.80%，这可能说明，接受技术培训会对绿色生产技术的采用产生正向影响。

表 15 技术培训分布情况

类别		技术未采用者（户）	比例%）	技术采用者（户）	比例（%）
技术培训	未接受过相关技术培训	178	52.20	31	18.45
	接受过相关技术培训	163	47.80	137	81.58

5. 干旱发生频次

在采用了绿色生产技术的马铃薯种植户中有 69.32%的农户所在地块会发生干旱（表 16），这说明了，干旱的发生可能会促使农户更愿意采用滴灌等绿色生产技术来确保马铃薯的产量和品质。

表 16 干旱发生频次分布情况

类别		技术未采用者（户）	比例（%）	技术采用者（户）	比例（%）
干旱发生频次	不干旱	154	45.16	54	32.14
	1～2 次	179	52.49	75	44.64
	3 次或以上	8	2.35	39	24.68

（四）绿色认知特征

1. 农村生态环境污染感知

如表 17 所示，64.64%的农户认为所在区域农村生态环境一般，这说明已经有较多的农户意识到环境状况的改变，乡村并不都像从前那样都是绿水青山。

表 17　农户农村生态环境认知情况分布

类别		技术未采用者(户)	比例(%)	技术采用者(户)	比例(%)
农村生态环境状况怎样	非常差	0	0	0	0
	较差	34	9.97	10	5.95
	一般	218	63.93	111	66.07
	较好	38	11.14	22	13.10

2. 环境保护政策了解程度

被调查者对环境保护政策的了解程度的分布情况如表 18 所示，在比较了解生态环境保护政策的种植户中，技术采用者的比例为 29.76%，技术未采用者为 17.01%；在对环境保护政策一般了解的种植户中，技术采用者的比例为 57.14%，技术未采用者为 66.86%。在以上两种类型的被调查者中，技术采用和未采用者的比例差别并不显著。

表 18　农户环境保护政策了解程度分布情况

类别		技术未采用者(户)	比例(%)	技术采用者(户)	比例(%)
生态环境保护政策了解程度	完全不了解	0	0	0	0
	不了解	55	16.13	22	13.10
	一般	228	66.86	96	57.14
	比较了解	58	17.01	50	29.76
	非常了解	0	0	0	0

3. 农业绿色生产重要性认知

表 19 反映了农户农业绿色生产重要性认知情况，其中 66.01%的被调查者认为农业绿色生产非常重要，这表明，农业绿色生产，在生产中考虑环境保护的因素，已经成为种植户普遍认同的生产方式。

表 19　农户农业绿色生产重要性认知情况分布

类别		技术未采用者(户)	比例(%)	技术采用者(户)	比例(%)
农业绿色生产重要吗	完全不重要	0	0	0	0
	不重要	2	0.59	0	0
	一般	38	11.14	15	8.93
	比较重要	89	26.10	29	17.26
	非常重要	212	62.17	124	73.81

4. 绿色生产技术认知

如表 20 所示，农业绿色生产重要性认知以及绿色生产技术认知中，随着认知情况的加深，采用马铃薯绿色技术的农户比率逐渐升高，这可能说明农户对绿色生产技术的了解以及对绿色生产重要性的认知会提高其采用绿色生产技术的概率。

表 20 农户绿色生产技术认知情况分布

类别		技术未采用者(户)	比例(%)	技术采用者(户)	比例(%)
绿色生产技术认知	不了解	38	11.14	1	0.60
	一般了解	172	50.44	30	17.86
	很清楚	131	38.42	137	81.55

五、经济效果评价

(一)指标选择与描述性分析

样本农户马铃薯亩均产量的平均值为 1700 kg,最少的为 600 kg,最多的达到了 3500 kg;在亩均产值方面,平均值为 4000 元,最少的只有 800 元,最多的则达到了 10000 元(表 21)。

表 21 样本农户的马铃薯生产产出情况

	平均值	最大值	最小值
单位面积产量(kg/亩)	1700	3500	600
单位面积产值(元/亩)	4000	10000	800

平均每亩种薯投入为 500 元,最少的 400 元,最多的为 700 元;每亩平均施用肥料的费用约 170 元,最少的 60 元,最多的 250 元;每亩农药投入平均约 40 元,最少的 30 元,最多的 100 元;每亩平均用工投入为 580 元,最少的未雇工,为 0 元,最多的则达到了 800 元;农机投入平均为 100 元,最少的未使用农机,投入 0 元,最多的投入 200 元(表 22)。

表 22 样本农户的马铃薯生产投入情况 单位:元/亩

	平均值	最大值	最小值
种薯	500	700	400
肥料	170	250	60
农药	40	100	20
劳力	580	800	0
农机	100	200	0

(二)基于投入产出的经济效果评价

1. 节水灌溉技术应用经济效果评价

从投入方面的主要经济指标来看,技术采用组的地块,其亩均总投入为 1425 元,与技术未采用组地块的 1405 元/亩的投入情况相差无几。与此同时,种薯和农机的投入有所减少,而肥料、农药和劳力投入分别比未采用组增加了 2.96%、7.69%和 4.35%,增幅并不明显,这说明节水灌溉技术的应用并不会额外增加马铃薯的生产成本,甚至会由于技术的采用带来更多生产上的便利,减少资源的浪费。从增产效果看,技术采用组的亩均产量为 1973 kg,比技术未采用组的亩均产量增加了 21.34%。从增收效果看,技术采用组与技术未采用组相比,亩均产值增加 16.46%，亩净收益提高了 24.90%(表 23)。

表 23　马铃薯节水灌溉技术投入产出对比分析

	技术未采用组	技术采用组	增量	增幅(%)
种薯(元/亩)	502	493	−9	−1.79
肥料(元/亩)	169	174	5	2.96
农药(元/亩)	39	42	3	7.69
劳力(元/亩)	575	600	25	4.35
农机(元/亩)	101	96	−5	−4.95
亩均总投入(元/亩)	1425	1405	−20	−1.40
亩均产量(kg/亩)	1626	1973	347	21.34
亩均产值(元/亩)	3864	4500	636	16.46
亩净收益(元/亩)	2478	3095	617	24.90

2. 有机肥技术应用经济效果评价

有机肥技术采用方面，从投入方面的主要经济指标来看，技术采用组的地块，其亩均总投入为 1412 元，与技术未采用组地块的 1387 元/亩的投入情况相差无几。与此同时，种薯和农机的投入有所减少，而肥料、农药和劳力投入分别比未采用组增加了 4.14%、5.00%和 4.86%(表 24)，增幅并不明显，这说明有机肥技术的应用并不会额外增加马铃薯的生产成本。

从样本数据来看，马铃薯有机肥技术的应用并未取得良好的增产和增收效果。从增产效果看，技术采用组的亩均产量为 1683 kg，比技术未采用组的亩均产量增加了 7.13%，增幅并不明显。从增收效果看，技术采用组与技术未采用组相比，亩均产值增加 1.96%，亩净收益提高了 2.04%，增幅不明显。以上分析表明，马铃薯有机肥生产技术的应用对提高马铃薯经济效益的效果并不显著。

表 24　马铃薯有机肥技术投入产出对比分析

	技术未采用组	技术采用组	增量	增幅(%)
种薯(元/亩)	501	494	−7	−1.40
肥料(元/亩)	169	176	7	4.14
农药(元/亩)	40	42	2	5.00
劳力(元/亩)	576	604	28	4.86
农机(元/亩)	101	96	−5	−4.95
亩均总投入(元/亩)	1387	1412	25	1.80
亩均产量(kg/亩)	1683	1803	120	7.13
亩均产值(元/亩)	3989	4067	78	1.96
亩净收益(元/亩)	2602	2655	53	2.04

3. 水肥一体化技术应用经济效果评价

水肥一体化技术采用方面。从投入方面的主要经济指标来看，技术采用组的地块，其亩均总投入为 1283 元，与技术未采用组地块的 1390 元/亩的投入情况相差无几。与此同时，除种薯、肥料投入量稍有增加外，其他农药、劳力和农机等方面的投入分别比未采用组的种植地块减少了

7.50%、2.07%和 9.00%(表 25),虽然增减幅度并不明显,但仍说明水肥一体化技术的应用并不会额外增加马铃薯的生产成本,甚至会由于新技术的引进带来马铃薯栽培的规范技术,进而节约成本。

表 25 马铃薯水肥一体化技术投入产出对比分析表

	技术未采用组	技术采用组	增量	增幅(%)
种薯(元/亩)	500	506	6	1.20
肥料(元/亩)	170	172	2	1.18
农药(元/亩)	40	37	−3	−7.50
劳力(元/亩)	580	568	−12	−2.07
农机(元/亩)	100	91	−9	−9.00
亩均总投入(元/亩)	1390	1283	−107	−7.70
亩均产量(kg/亩)	1692	1997	305	18.03
亩均产值(元/亩)	3988	4439	451	11.31
亩净收益(元/亩)	2598	3156	558	21.48

从样本数据来看,马铃薯水肥一体化技术的应用取得了良好的增产和增收效果。从增产效果看,技术采用组的亩均产量为 1997 kg,比技术未采用组的亩均产量增加了 18.03%,增幅明显。从增收效果看,技术采用组与技术未采用组相比,亩均产值增加了 11.31%,亩净收益提高了 21.48%,增幅较为显著。以上分析表明,马铃薯水肥一体化生产技术的应用对提高马铃薯经济效益的效果显著。

六、基本结论

(一)马铃薯种植户绿色生产技术的采用率普遍不高

不同绿色生产技术的采用率也存在较大差异,在所有 509 个调查对象中,使用了一种或者一种以上绿色生产技术的用户一共有 168 户,只占调研总样本的 33.01%。其中,节水灌溉技术占比达到了 64.88%,有机肥技术为 42.86%,水肥一体化技术为 8.33%,可见不同绿色生产技术,农户采用程度差别较大。

(二)随着农村劳动力老龄化的不断加剧,绿色生产技术推广面临巨大挑战

从调查样本的年龄分布来看,调研地区农村劳动力年龄普遍偏大,生产力老龄化现象较为严重,年轻人多外出打工或者从事非农行业,农村留守老人和小孩现象较为普遍。而马铃薯绿色生产技术的采用率随着年龄的增长呈现了先升后降的趋势,表明平均年龄在超过 50 岁以后,随着农户平均教育水平和接受新技术能力的降低,绿色生产技术的采用意愿和效果将明显下降。

(三)适度规模经营和专业化程度的提升,可以促进马铃薯绿色生产技术的应用

分析结果表明,马铃薯绿色生产技术采用比例随着平均种植规模的不断增加而提高,而是

否兼业与农业收入水平两个指标反映了马铃薯种植户的专业化程度，专业化程度高会使农户在生产中期待更高的收益，从而激发对绿色生产新技术的兴趣。

（四）农户绿色认知水平的提升，可以促进马铃薯绿色生产技术的应用

种植户对农村生态环境状况、农业生产资源浪费情况、生态环境保护政策和农业绿色生产重要性四方面的认知水平与其马铃薯绿色生产技术采用行为关系的统计分析均表明，对农户进行农业绿色发展宣传和培训，提升马铃薯种植户的农业绿色发展认知水平，对马铃薯绿色生产技术采用有促进作用。

（五）节水灌溉技术和水肥一体化技术的应用效果良好

在保证不大幅增加投入的基础上，节水灌溉技术和水肥一体化技术的应用使马铃薯种植户取得了良好的增产和增收效果，经济效益较好。其中，节水灌溉技术使马铃薯亩均产量增加了 21.34%，亩净收益提高了 24.90%；水肥一体化技术使马铃薯亩均产值增加了 11.31%，亩净收益提高了 21.48%。而有机肥技术，未对农户的增产和增收产生显著的影响。

马铃薯淀粉加工废水还田利用技术经济评价报告

一、引言

马铃薯是继玉米、水稻和小麦之后的我国第四大粮食作物，也是世界重要粮食作物之一。马铃薯产业是关系农民生计、地区经济发展和粮食安全的重要产业，也是我国实施精准扶贫的关键产业，全国 592 个贫困县中有 549 个以马铃薯作为主栽作物。但是，21 世纪初马铃薯淀粉加工废水超标排放成为主要的环境问题，严重影响马铃薯产业的持续健康发展。

马铃薯淀粉加工废水处理普遍采用的方式是厌氧—好氧生物处理，该方法产生的废水不含重金属及人工合成的有毒有害物质，富含氮磷钾等农作物营养物质，是一种有机废水，具备还田利用的条件废水排放量大，但处理成本高，且没有明确的技术标准，废水还田利用难以落地实施。在这样的背景下，从 2006 年开始，在生态环境部和宁夏回族自治区人民政府的大力支持下，固原市组织科研力量开展马铃薯淀粉加工废水还田利用技术攻关，探索制定马铃薯淀粉加工废水还田利用技术规范和技术要点，力求推动马铃薯淀粉加工废水再利用。

二、马铃薯淀粉加工废水还田利用技术实施要点

(一)还田利用水质指标要求

1. 全盐量

根据美国技术文件《Manual of good practice for land application of food processing/rinse water》中采用的纳吸附比(sodium adsorption ration，SAR)来评估废水长期施用对土壤渗透性及钠中毒的潜在影响，当 SAR 小于 6.0 时，废水长期施用对土壤渗透性及钠中毒的潜在影响可忽略；当在 6.0～9.0 时，废水长期施用对土壤渗透性及钠中毒的潜在影响较大；当 SAR 大于 9.0 时，废水长期施用对土壤渗透性及钠中毒的潜在影响严重。将 SAR 列入还田利用水质基本控制指标，可以更准确评估盐分对环境造成的风险及影响。

2. 硼

大部分马铃薯淀粉加工废水硼远低于《农田灌溉用水标准》(GB 5084—2005)中最严格的标准(≤1 mg/L)，故而不将硼列为马铃薯加工废水还田利用水质控制指标。

3. 硒

考虑到马铃薯淀粉加工废水来源单一，过程中不引入硒元素，且试验中均未检测出硒元素，因此不将硒列为水质控制指标。

4. 石油类

选择控制指标中包括石油类指标在内的其他指标分为蔬菜和旱作两个级别，在田间种植

作物为蔬菜作物时，石油类指标限值仍为 1 mg/L；当田间种植作物为非蔬菜作物时，石油类指标限值为 10 mg/L。

(二)还田利用工艺要求

为解决马铃薯加工废水还田后易产生空气污染的问题，固原市马铃薯淀粉生产企业对废水还田技术有针对性地进行了调整。图 1 是马铃薯淀粉加工废水还田利用工艺路线示意图。

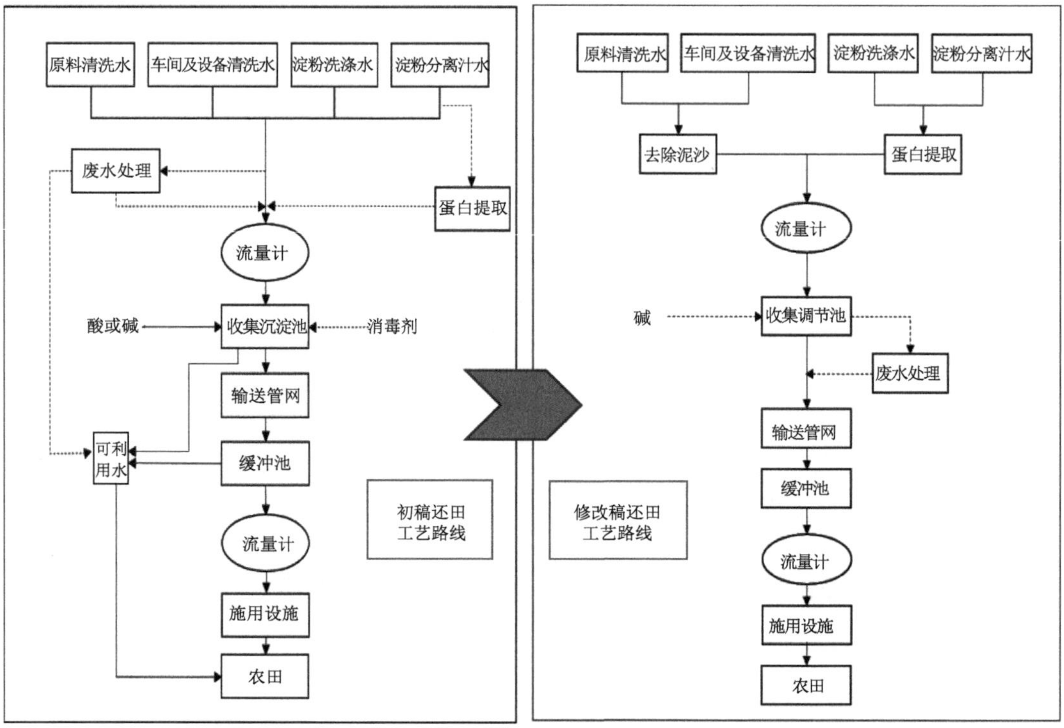

图 1　马铃薯淀粉加工废水还田利用工艺路线示意图

1. 预处理

前端预处理工艺包括加工废水去蛋白化，同时必须经格栅、筛网、沉沙等工艺去除废水中固形物，防止堵塞输水管网及喷灌设施，增加加工废水还田利用的操作性和便利性。

2. 消毒剂

由于所有试点企业均已采用高温热絮凝工艺提取蛋白，可发挥消毒杀菌的作用，因此加工废水在收集池内不再投加消毒剂，在节省企业成本的同时，也避免了环境污染。

3. 废水处理

为了将风险降至最低，技术规范规定企业须定期对加工废水进行检测，以确保排放的加工废水水质对环境、农业及人体的危害低于技术规范要求，不合格的废水禁止还田。

(三)施用设施要求

建议安装泥浆泵、污水泵等抗堵性可靠性较好的输送泵。泵的数量和型号应根据加工废水流量、扬程及输送管网布局等确定。

(四)施用时间要求

1. 施用时间

加工废水最佳施用时间，即秋收后春播前施用利于有机物在地下进行长时间厌氧发酵，利于后期农作物吸收营养成分。同时应注意，遇较大降水天气应停止施用。

2. 施用量

根据科学测算，以“肥力”为限制因子马铃薯淀粉加工废水全年施用量为 60～100 m^3；以 BOD_5 为限制因子，需评估土壤降解速率及土壤休耕期时间等因素，加工废水全年施用量为 80～150 m^3，以水力负荷为限制因子得到加工废水单次施用量为 50～70 m^3。加工废水全年施用总量应综合考虑“肥力”和“BOD_5”，取两者中较小的值为全年施用总量，原则上不多于 100 m^3/年，单次施用量须根据水力负荷计算后确定。

3. 施用方式

“宜采用喷施，也可采用畦施及管施，不宜采用漫灌和沟施等施用方式”。此外，有三种情况需加以注意。一是废水提取蛋白后施用量较大时宜分次施用。二是选择小畦施用时，施用前须平整土地，建立封闭田坎，单畦面积不得大于 150 m^2。三是对坡度大于 5%、土层较薄、砂性土壤宜采用喷施。

(五)监测要求

要求对原料、加工废水、土壤、地下水、地表水、大气及农产品七项每年定期监测，监测项目为六价铬、镉、铅、汞、砷、溶解性总固体、总硬度、氯化物、氟化物、耗氧量（CODMn 法，以 O_2 计）、阴离子合成洗涤剂，监测频率不少于 1 次/年。

(六)应急要求

企业应建立“一企一策”应急预案。当加工废水水质选择性控制指标超时，企业应暂停还田行为，针对超标的水质指标开展评估。在保障不存在持续性环境风险，经再次监测相关指标符合水质标准后企业可依据技术规范要求继续开展还田。

(七)管理要求

企业应将相关加工废水还田利用资料，包括计划以及相关运行、取样、监测和检测记录等归入档案，相关资料保存至少 5 年。同时要进一步强化日常管理要求，充分利用施用计划大纲，做好生产记录，建立还田利用相关科学规律。

三、马铃薯淀粉加工废水还田技术效益分析

(一)环境保护方面

一是马铃薯淀粉加工废水不再进入河流，彻底解决水污染问题，实现资源高效利用和绿色发展；二是实现污染物大幅减排，可减少 COD 产生量约 45%，剩余的 COD 随废水全部还田利用；三是减少污染治理的物质消耗和污染排放；四是通过蛋白提取和即时还田翻耕，消除行业

加工废水的臭气污染；五是减排固体废物（小、残、次马铃薯）；六是增加土壤固碳，实现 CO_2 的大幅减排。

（二）投入成本方面

根据试验测算，每还田 1 t 马铃薯淀粉加工废水，可节约淀粉加工废水处理设施建设和运行费用 1200～1250 元/a，回收蛋白 50 kg/a，马铃薯淀粉加工企业新增经济效益 325 元/a，节约化肥成本 110 元/a，节约农业灌溉用水 15～20 m^3/a，节约用水成本 4.5～5.0 元/a。

（三）农民福祉方面

一是通过实施废水还田试点示范，保障了马铃薯产业的可持续发展，有利于社会稳定；二是通过消耗小薯和残次马铃薯，马铃薯种植户年户均增加收入可达 3000 元；三是增加淀粉加工企业周边农民年流转土地面积，达到 0.25 亩/人，增加农民现金收入达到 200 元/(a · 人)；四是该产业为当地农民增加工作机会，增加农民工资性收入，缩小城乡收入差距。

四、总结与建议

（一）总结

1. 马铃薯淀粉加工工艺及废水水质特征符合还田需求

马铃薯加工废水主要包括马铃薯清洗废水、工艺废水（包括淀粉洗涤精制废水）等，富含氮、磷、钾、有机质等农田所需营养物质。生产工艺的物理化加工和废水水质的富营养化，决定了废水符合还田利用需求。

2. 马铃薯淀粉加工废水还田利用对环境的影响可控

(1)对环境空气质量的影响可控

研究表明粉渣、污泥、废水在厂区或田间积存发酵是产生臭味的主要原因，并且随着温度的升高而加大。因此，农田施用季节最后在深秋初冬，春季要严格控制施用量，禁止夏季施用。

(2)对地下水环境质量的影响可控

施用土地要选择地下水位较深的区域，严格控制单位面积施用量和均匀度，对地下水位进行监测，严防下渗水和地下水水头相接。

(3)对地表水环境质量的影响可控

控制单位耕地面积施用量，保障土壤全部吸收，不产生退水和溢流；防止雨天施用及事故排放，确保废水不入河不进库（湖）。

(4)对土壤环境质量的影响可控

通过控制生产工艺过程，不添加重金属和有害化学原料，保障还田利用的水质要求；控制单位面积施用量，防止土壤“营养过剩”影响。

(5)从输送过程环境影响可控

马铃薯淀粉废水还田严格按照“肥水一体化”方式操作，从工厂车间到田间地头全程采用密封管网输送，一旦发生泄漏必须立即关停，由厂区暂存池暂存，所有沉淀池、缓冲池和暂存池存水时间不得超过 24 h，必须“即产即施”，避免出现环境臭味。

3. 马铃薯淀粉加工废水还田利用可提高土壤肥力

施用废水后的土壤肥力指标检测数据显示，土壤肥力大幅增加，已从原来的极度贫瘠的土壤成为肥沃土壤。试验结果显示，科学适量施用，促进农作物生长发育、农业增产。

4. 马铃薯淀粉加工废水还田利用可提高农作物品质

检测表明，耕地施用马铃薯淀粉加工废水后种植的农作物，籽粒(果实)形态饱满，镉、铬、汞、铅、砷等重金属远低于国家标准，作为有机肥水可有效降低化肥施用，提升农产品品质。

(二)建议

马铃薯淀粉加工废水利用技术回答了废水还田利用关键性问题，但马铃薯淀粉加工废水还田利用对土壤、水体和周边环境的影响是长期的。目前，试验技术只对其进行了为期三年的短期影响观测，未来不排除发生氮磷钾向土壤深层迁移的可能，特别是硝态氮容易随水向下迁移，远期影响和规律尚无法科学观测。因此，建议有关部门组织科研力量继续对马铃薯淀粉加工废水中硝态氮和磷钾等成分迁移的规律做长期定量研究，深入探索废水还田相关理论和实践，充分利用废水价值，科学管控废水还田对土壤、水体和环境的影响。同时，建议相关部门建立健全废水还田利用的理论体系，科学指导马铃薯生产。

注：在调研过程中，中国科学院兰州化学物理研究所刘刚研究员给予技术指导，并提供了相关基础数据和素材，在此表示诚挚谢意！